指文图书

U0721227

椰林怒火

从平也战役到安禄会战

Tổng tiến công：Bình Giã，Saigon，An Lộc

一剑文化 著

台海出版社

图书在版编目（CIP）数据

椰林怒火：从平也战役到安禄会战 / 一剑文化著
. -- 北京：台海出版社，2016.10（2024.9 重印）
　ISBN 978-7-5168-1174-0

Ⅰ.①椰… Ⅱ.①一… Ⅲ.①战争史－东南亚－通俗
读物 Ⅳ.① E330.9-49

中国版本图书馆 CIP 数据核字 (2016) 第 209061 号

椰林怒火：从平也战役到安禄会战

著　　者：一剑文化

责任编辑：刘　峰　赵旭雯　　　　　装帧设计：指文文化
封面设计：郭　娜　　　　　　　　　责任印制：蔡　旭

出版发行：台海出版社
地　　址：北京市东城区景山东街 20 号　　邮政编码：100009
电　　话：010－64041652（发行，邮购）
传　　真：010－84045799（总编室）
网　　址：www.taimeng.org.cn/thcbs/default.htm
E－mail：thcbs@126.com

经　　销：全国各地新华书店
印　　刷：重庆长虹印务有限公司
本书如有破损、缺页、装订错误，请与本社联系调换

开　　本：787mm×1092mm　　　　　1/16
字　　数：260 千字　　　　　　　　印　　张：19
版　　次：2017 年 1 月第 1 版　　　印　　次：2024 年 9 月第 2 次印刷
书　　号：ISBN 978-7-5168-1174-0

定　　价：99.80 元

目录 CONTENTS

序

　　1968年，越南人民军为了争取尽早促成战争胜利，发起了新春总攻击（持续8个月）。在这次大规模的全面进攻行动中，越军把进攻重点放在了西贡、顺化和岘港。其中，又以西贡战役规模最大、最为血腥和残酷。该战役是越南人民军在整个越南战争中损失仅次于广治战役的一场战役，也是联军在整个战争中对越作战获得最大战役胜利的一场战役。为了尽可能还原这场越南战场上最血腥最惨烈的战役，笔者搜集各方资料（重点是北越），努力写成了这本书，作为《神话、谎言与奇迹：溪山血战》的续篇。对想了解越南人民军城市袭击和进攻，以及诸兵种协同进攻和防御战斗特点的越战爱好者而言，此书有一定的参考价值。

【第一章】
不平静的越南南方

北越的布局

1954 年，随着抗法战争的结束，以 17° 临时分界线划分的南北两越逐渐形成。北部以河内为中心，形成了越南社会主义民主共和国；南部以西贡为中心，形成了越南共和国。

这种南北分裂的状态对立志统一的北越来说，一直如鲠在喉。当然，南方中央局的人也是如此。因此，从《日内瓦协议》签署的第一天开始，越南劳动党就大力布置精干人员在南方潜伏下来，以图大计。

按照越南劳动党中央的指示和决策，黎笋和阮威程两人从河内南下，以向南方党政军干部传达《日内瓦协议》和集结部队北撤为由，返回越南南方。阮威程去第 5 联区，黎笋去南部平原，和阮真（后任越南人民军第 2 步兵师师长）、黎德寿一起协商成立南方司令部，在表面维持和平、展开政治斗争的情况下，随时做好武装斗争的准备。

黎笋和阮威程在指示各联区部队集结兵力准备北撤的同时，也秘密布置潜伏力量并组织当地的政治斗争。1954 年 8 月 18 日，广治省越军主力部队约 6000 人先在福蒙集结，然后越过 17° 临时分界线进入越南北方。承天省主力部队第269团也在8月26日越过边海河的贤良桥①，撤进越南北方集结。

相对广治承天地区主力部队的顺利撤退，第5联区沿海平原各省主力部队的撤退却遇到了一定的困难。在第5联区，越军主力部队众多，既有老部队第108团（团长是著名的段奎少校，20世纪90年代出任越南国防部部长，是越军抗法战争中的南方名将之一）、803团，也有平定省120团、安溪大捷王牌部队第96团（团长是著名的阮明洲少校）、98团等等。由于安溪大捷成功吃掉了法军的第100机动团（前身是著名的法军联合国军朝鲜团），法军对第5联区的各个主力团怀恨在心，故意不给这些部队提供车辆和舟船，在越军北撤过程中使绊子，刁难越军，致使第5联区各主力团往平定省首府归仁的集结行动异常缓慢。按照规定，越军要在《日内瓦协议》签署后300天内撤出南方，法军同时也要撤出越南北方，双方以17°线为界脱离接触。不过越军最终还是完成了北撤行动。

在南部平原的第7联区（东部联省）、第8联区（中部联省）和第9联区（西部联省），部队也相继完成集结，乘船北撤。部队北撤的同时，越南劳动党中央加紧进行潜伏部署。

首先积极部署的是第5联区。1955年3月底，第5联区区委和常务班在阮威程支持下召开会议，除了传达《日内瓦协议》精神外，还重点对越南南方的政治形势发展进行了分析。第5联区与会干部普遍认为，越南南方新成立的吴庭艳政权并非真正的和平爱好者，在越南人民军南方部队北撤过程中，吴庭艳政权就进行了多次残杀，杀害了不少留在南方的越南劳动党党员，但此时的行动还是零星而非有组织的。根据当时的情况来看，第5联区区委认为"越南革命是不会以和平的方式实现的"。有了这个判断，加上越南劳动党中央的指示，阮威程指导第5联区布置潜伏力量：联省（即第5联区）省委留下3~5人，省委留下5~7人，县委留下3~5人，党支部在农村的每个支部保留3~5名党员。至于党支部人数，可以根据党员们的实际生活情形，允许灵活变动。

---

① Hiến Lương，国内经常误译成友谊桥、协量桥，实际是贤良桥。

根据统计，截至1955年5月，第5联区从联省省委（区委）到各乡的党支部主要委员（不含游动党员）共有3603人，还有170名交通员。具体分布是：广南省506人，广义省396人，平定省451人，富安省254人，平顺省259人。为了加强领导，越南劳动党中央特地委派陈良（Trần Lương）和武志公（Võ Chí Công）两人分别担任第5联区的区党委书记和副书记。利用越法两军集结的混乱，武志公以宣传停战协定为借口，带机关干部从河内直接飞赴平定省归仁；陈良坐船抵达归仁，抢在《日内瓦协议》撤军结束日（协议签订后第300天）进入了南方，完成了第5联区党政机关首脑的再次组建工作。

在南部平原，黎笋主持召开了秘密会议，黎德寿、范雄、阮经等与会。在会上，黎笋宣布解散抗法时期公开活动的南方局，转而秘密成立南方枢委（Xứ ủy Nam Bộ，抗美时期南方中央局的前身），由黎笋、范友老、阮文荣（Nguyễn Văn Vinh）、黎全首（Lê Toàn Thư）、潘文登（Phan Văn Đáng）、范文绚担任枢委委员，黎笋任南方枢委书记。南部平原的第7、第8和第9联区分别改为东部联省、中部联省和西部联省（1964—1965年又相继改为第7、第8和第9军区）。东部联省由陈文德担任联省书记，中部联省由阮文慕担任联省书记，西部联省由范太阳担任联省书记，武文杰（Võ Văn Kiệt）担任联省副书记，西贡—堤岸区委由阮文灵担任书记。各联省书记同时也主管军事。为了防范吴庭艳可能发起的对根据地的"围剿"，南方还潜伏了许多军事干部。比如抗法战争期间在南部平原首创地道战的名将，先后担任过边葛县队长、第12支队队长和第312中团团长的林国登此时化名为阮文属，由胡志明亲自点将，继续留在南方领导军事斗争。

除了留下精锐干部，黎笋还考虑到吴庭艳可能不会践行"民族和解"策略，且很可能会镇压南方劳动党留下的干部，破坏各地党政机关，若果真如此，他们则需要进行武力对抗。黎笋遂命令南部平原（第7、第8和第9联区）的大部分县队、乡队和主力、地方部队伤员留下来，主力部队和暴露的地方部队北撤转移。不过，为了留下部分战斗骨干，各省对黎笋指示的执行情况各有不同。在薄寮省，越军特地从北撤的307营和410营抽调了200名干部和战士留下来潜伏，作为未来重建部队的战斗骨干和游击队骨干。

要准备武装斗争，光靠潜伏人员是远远不够的，必须要埋武器。按照南方枢委书记黎笋的指示，南部平原各省在部队北撤时纷纷埋枪。有的省份埋枪少，比如永隆省埋枪 120 支，茶永省埋枪 340 支；有的省份埋枪较多，比如美获省埋藏了装备 1 个营的枪支，迪石省与河仙省埋藏了 1000 条步枪，足以装备 8 个步兵连和部分县的乡村游击队，槟知省和防定省的埋枪数量达到足以装备 1 个团又 1 个连的程度，执行黎笋指示最坚决的是薄寮省，埋藏了 2000 条枪支。总的来说，在南部枢委直属的 3 个联省中，西部联省潜伏的军事干部、战斗骨干和埋藏武器数量都比东部联省要多很多，这给未来战争中第 9 军区能迅速在乌明森林扎根打下了极为良好的基础。

不过，《日内瓦协议》的签署，标志着南方抗法斗争的结束，越南劳动党在南方虽然潜伏了不少军事干部、战斗骨干，并埋藏了大量的枪支，可武装斗争毕竟不能公开化，否则就要承担"挑起冲突"的罪名。这个压力使越南劳动党在南方部队北撤集结后决定在南方采取政治斗争，力求控制民心，争取在可能进行的普选中获胜，也就是所谓的依靠选举和平夺权。

在这个方针的指导下，黎笋进行了南部平原劳动党政治力量的布置工作。按照他的指示，南部平原各省省委执行班的干部安排全部由南方枢委指定，然后各省省委又对县委委员进行安排，县委安排各乡支委等。黎笋要求，从省委到县委和支委各执行班（相当于我国的各级党组织党委、党支部）必须机构健全，同时精减人员数量，保证质量，为部队和主要党政机关单位人员北撤后南方的党组织仍能灵活有效运转做准备。

在做好依靠政治斗争鼓动群众，力求在普选中获胜的同时，黎笋也对干部进行了明暗分类安排，一明一暗，"明"自不必说，"暗"指的就是打入对方阵营，进行地下活动。在黎笋的领导下，1954 年 8 月—1955 年 3 月，越南南方各留守干部和党员，从南方枢委到联省省委、市委、县委、支委，都积极进行新时期到南方进行革命斗争的政治思想学习。根据新阶段以政治斗争为主，隐蔽发展敌对阵营秘密力量和潜伏力量的任务情形和要求，黎笋在潜伏干部中掀起了党员人生革命观（nhân sinh quan cách mạng）和共产党人的气节教育工作。在对所有留守党员进行了包括群众关系、阶级意识、活动场合、是否有合法活动的可能的全面考量后，把潜伏下来的党员分成 A、B、C 三类。C 类是指安插在吴庭艳政权内部和心脏地带的秘密党员，他们主要是在敌人阵营里进行活动，政治生活必须直接和南方枢委特派联络员进行单线联系，避免暴露；B 类是指可以公开合法活动的党员；A 类是指潜伏在各个地方进行秘密的不合法运动的党员，比如潜伏下来的军事干部和战斗骨干等。另一方面，黎笋还特地针对 A 类党员和 C 类党员进行指示，要求他们暂时隐蔽下来，放弃一切政治生活和与组织的联系，避免暴露，以便在最紧要的关头（也就是南北两越撕破脸皮的时候）再重新归队。正是黎笋这个巧妙而全面的安排，使越南劳动党在 1955—1960 年之间的大屠杀中仍然能够幸存下来，保留了党组织。就这点来说，黎笋对战争的最终胜利和劳动党在南方的组织系统能维持运转有着不可磨灭的贡献。

除了党员干部以外，黎笋还特别重视对革命劳动青年团的建设。按照他的要求，革命青年团（相当于共青团）不必分成 A、B、C 三个等级。作为越南劳动党组织最可靠的后备队，黎笋指示越南革命劳动青年团要在青年农民、工人和对革命具有坚定信念、勇敢并有智谋的青年社会群众（比如大学生、商业人士等）中积极发展团员，进行高质量建设，同时让团员以各种不同的社会身份对南越的社会和经济界进行全方位渗透，给南方枢委提供南越的经济和社会的全方位资料和情报，以作为政治活动和军事斗争的参考。

此外，根据《日内瓦协议》，抗法时期越盟在南方成立和领导的各个团体、群众政治组织都要取缔，改以各种社会面孔出现，比如工人纠察队、兵民学务组织、各个学校的学生会、各个城市的救济会，以及各省各大城市的女工家政协会等，目的也和革命劳动青年团一样，全方位对南越的经济和社会进行渗透，最大限度获取南越各地的社会和经济方面的情报和资料，供南方枢委参考。

在兵运方面，南方枢委要求部分秘密战线的干部采取各种方式混进吴庭艳政府各部门及机关，主要针对同乡会（hội đồng xã）、接济会（tế ấp）、警察组织，从南越中央各个机关到省市县乡屯各级政府都进行全方位渗透，目的是掩护群众斗争（ủng hộ đấu tranh của quần chúng），保卫人民和革命基础（bảo vệ nhân dân và cơ sở）。

在渗透的同时，吴庭艳果如黎笋预料的那样，逐步挤占吞并了抗法时期越盟在南方建立的各个根据地。吴庭艳采取到处成立乡镇机构，组织经济乡、民卫队、警卫兵部队（后发展成保安军）、警察屯的方式，设点渗透，扩大南越政府在各个根据地的影响力，进而达到彻底控制根据地及当地民众的目的。这种效果是显而易见的，1955—1957 年，吴庭艳政府在南部平原的中部联省和东部联省获得了极大的胜利。在槟知省，越军抗法时期的根据地一共有 115 个乡和 500 个村，其中 2/3 落入了吴庭艳手中；美荻省越军根据地的 123 个乡和 796 个村也几乎全部落入了吴庭艳之手。

不过，在东部联省和中部联省获得胜利的同时，吴庭艳在西部联省的渗透却遭到西部联省省委有计划的抵制。在薄寮省，越南劳动党通过渗透，不仅把自己人安插在省长位置上，还成功渗透获得南越国军 1 个团长的职务。此外，还有 160 名秘密战线的干部打进了吴庭艳新组建的南越国军各个主力单位和警卫兵部队（这个军种在整个越战期间是越南劳动党兵运工作的重点对象，也是渗透最厉害的军种）。对南越国军海军的渗透也取得了很大的成功，4 艘舰艇上有劳动党的秘密干部。打进南越国军的许多秘密干部，不少人摇身一变就成了南越国军的屯长，比如梅清宏，他挂着南越国军警卫兵大尉的军衔，出任同固屯的屯长；陈文集（Trần Văn Tập）挂着南越国军警卫兵中尉军衔，担任万定（Vàm Đình）屯屯长。

渗透行动中，C 类党员也起到了积极作用，他们在南越国军内部一共建立了 20 个秘密党支部。根据当时的情况，劳动党主要往南越国军新发展的兵种——警卫兵系统渗透。由于南越方面甄别能力较弱，许多 C 类党员顺利打入了警卫兵系统。不过，吴庭艳很快就加强了南越国军的反间谍侦察系统，把警卫兵改组成保安军，不少潜伏在原警卫兵系统里的秘密干部被调到其他部门，部分秘密干部暴露被捕，不过还是有不少秘密干部继续留在了新改组的保安军系统里，他们竭尽全力帮助南方枢委获取情报，组织各屯暴动，秘密给潜伏的战斗骨干送去宝贵的美式武器、弹药以及药品。

对南越基础政权，越南劳动党方面也派人打了进去，有的当村长，有的当野战警察屯长，青年组织和妇女组织也有不少劳动党的秘密干部。到 1956 年底，由于黎笋的积极主动布置，南越许多基础的乡村政权受到了相当程度的渗透。

黎笋领导的南方枢委展开秘密斗争的同时，越南北方也迎来了真正的独立建国。为了在法军撤离后接管城市，越南劳动党中央决定指派武元甲、黎文亮、思友、春水指导接收首都河内。在法国远征军撤离河内和海防前，越南人民军和法国远征军于1954年9月9日进行了战俘交换。越军一共向法国远征军交还13414名战俘，其中9247人是欧非籍官兵（包括奠边府战役被俘虏的德卡斯特里少将、朗格莱上校和比雅尔中校）。法国远征军交还给越南人民军68358名俘虏，其中11114人是越南人民军指战员，其他多为革命干部和乡村游击队员。

交换战俘之后，法国远征军陆续撤离越南北方各大城市。1955年5月13日，法国远征军全部撤离越南北方，越南民主共和国总算是获得了真正意义上的独立。虽然法军撤退了，可他们还是在越南西北地区留下了许多间谍和苗族、泰族等少数民族武装力量，对越南民主共和国的安全构成了很大的威胁。

于是，北越在法国远征军撤离后，又投入了轰轰烈烈的西北剿匪作战。根据越南人民军总参谋部的统计，1955年6月底，老街省少数民族武装有5025人，河江省798人，安沛省147人。面对这些危险，越南人民军成立西北军区，调动第246步兵团、第238步兵团、第148步兵团，以及老街省、安沛省、河江省、高平省和海宁省全部地方部队，在西北军区统一指挥下，一边进行军事打击，一边大力修路、加强边防和堵截武器流入。不过，越南西北地区毕竟是少数民族聚集区，剿匪作战难度很大，越军前后一共耗费了大约15年时间才于1970年剿灭了最后一股苗、泰族武装势力。

不过，懂得利用《日内瓦协议》的并非只有北越，美国也充分利用了《日内瓦协议》的漏洞，获得了极大的胜利。为了让吴庭艳的天主教派在南越获得稳定的政治基础，美国力求尽量改变越南南方的天主教徒人数和佛教徒人数的比例。为此，美国中央情报局利用《日内瓦协议》第14条规定，从1954年7月21日起的300天内，允许越南南北双方人民自由迁徙，任何政权和人士不得干扰阻碍迁徙自由的条款，并派出精干特工前往越南北方，展开心理战宣传攻势，煽动越南北方的天主教徒南下。他们在北方天主教徒聚集区宣称基督业已南下，许诺要在越南南方建立民主自由政权。

不仅中情局开足宣传马力，就连美国驻越南社会主义共和国的大使馆也搞了一个"越南北部移民委员会"，以美国驻北越大使馆为据点，直接对越南北方进行广播宣传，煽动天主教徒南下。另一方面，美国方面还特别指派越南北方的红衣主教担任中情局的总宣传委员，直接负责指导所谓的"移居战役"（chiến dịch di cư）。他们以视察的名义在河内和海防之间的难民营内四处活动，给准备移民南方的越南北方天主教徒提供大量粮食和帐篷。与此同时，美国空军还出动大批 C46 和 C47 运输机，在白梅、嘉林和吉碑机场昼夜不停地起降，把集结在河内、海阳、海防的天主教徒运往南方。为了加大运输力度，美军还出动了 2 艘武装运输舰，法国远东海军的各条主要舰艇也参加了运输作业。

南越总统吴庭艳也亲自上阵。1954 年 8 月 2 日，时任南越总统的吴庭艳竟然亲临河内视察移居战役的情况。他公然宣布：我将尽一切努力指导组织移居工作，全力为移居南方的民众提供便利的生活和就业环境，建立一个民主自由的政权。这个许诺加上共同的信仰，北方天主教徒更是信以为真，于是更加踊跃地南下。

在美法和南越的宣传攻势下，越南北方天主教徒如潮水般南下。根据北越方面统计，在《日内瓦协议》签署 300 天内，共有 88.7 万人从越南北方迁徙到了越南南方，其中天主教民 76.4 万人，包括 568 名领牧（Linh mục）和 4 名监牧，给吴庭艳政权奠定了坚实的群众基础。

血腥镇压

在美国的大力支持下，吴庭艳在越南南方建立了以天主教徒为政治基础的越南共和国。建国以后，吴庭艳的第一要务就是建立南越国家军队（简称南越国军），依托武力为后盾，实现自己的理想。

他以原本的保大军队和法国远征军中的越南籍将士为核心，组建起了南越国军。南越组建武装力量，美国和法国自然不会袖手旁观，他们进行了积极援助，联合组成了陆军作战训练机构（CATO）和临时回收装备任务机构（TERM）。这两个机构的人数随着时间的推移不断增多。1955 年 9 月，陆军作战训练机构的美法顾问一共是 350 人，至 1956 年 3 月增加到 1200 人；临时回收装备任务机构也达到了 350 人。

1956 年 4 月，法国远征军彻底离开了越南南方。从此以后，法国在越南南方的影响度逐年下降，美国迅速取代法国，成为南越新的后台。随着美国在南越的势力影响越来越大，陆军作战训练机构中的法国军官面孔越来越少。

美军全面取代法军,在南越国军内,上至联合参谋本部,下到各个军团、师团、团、营都安排了顾问:南越国军联合参谋本部由塞缪尔·威廉姆斯将军率领的170名美军顾问负责,这些顾问由3名准将、49名上校、68名中校、50名少校及尉级军官组成;南越国军各个军团的美军顾问组由1名上校和一些优秀的校尉官组成;每个师团司令部由6~8名美军校官负责;团和营还有两三名美军少校和上尉顾问。

除了直接指导南越国军从联合参谋本部到一线部队的作战行动外,美国还协助南越在西贡郊外的霍门县建立了大型新兵训练中心——光中训练中心。陆军作战训练机构在这个中心安排了81名美军顾问和训练员。南越国军的军官摇篮——大叻军事学院也有5名美军顾问和5名菲律宾顾问做训练员,协助南越教员培养南越国军军官。

美军顾问的作用还不止于此,他们除了训练南越国军官兵外,还指导设计和翻修扩建了许多军事基地,比如新山一机场、边和机场、朔庄机场,以及许多大型综合仓库,比如雅贝港油库、平隆综合战略仓库区等。

陆军作战训练机构的作用十分显著,临时回收装备任务机构也不甘落后。从成立之初,临时回收装备任务机构便使南越国军的武器移交速度加快不少。据统计,至1956年年底,法军一共把1750吨武器装备和军需品转交给南越国军,美军更是把12531吨各种设备(含4818吨武器装备)移交给了南越国军。

在美国的大力援助下,南越国军组建工作进展迅速,到1956年6月,南越国军完成了初步建军任务。兵力如下:

陆军,4个野战师、2个轻战师、13个地方团、5个教派(giáo phái)团、1个伞兵团。炮兵由7个营又9个连组成,机械部队由5个团组成,工兵由6个营又14个连组成,运输兵由12个连组成。

空军,100架作战飞机,含训练在内共132架,基地设在岘港、芙拜、芽庄、新山一机场,拥有喷气式F84、F86等机种,运输机主要是达科塔运输机。

海军,2个海军陆战营、1个海军别击连、121艘内河巡逻艇、25艘濒海舰艇、95艘小型登陆艇,分成4个军区。

保安军,兵力60000人,每个县1个连驻守,省会2个连。

民卫队和民事防卫力量,即连乡保甲制度,共有12000人,每个民卫队(排级）兵力 20~25 人不等，主要装备栓动步枪和手榴弹。

公安和野战警察也是从省到市、郡（县）、坊、乡和村之间公开和秘密活动的越南南方辅助力量。西贡市区共有 10000 名野战警察、公安。在 1956 年，越南南方的公安和野战警察数量占总人口的 1/1000。

此外，还有宪兵力量，以及民卫力量和民务工团（đoàn công dân vụ）。

吴庭艳的各种武装力量总数是 30 万人。

南越国军的建立让吴庭艳腰杆了特别硬，他决定先铲除教派，然后再对劳动党开火。他的第一个目标就是西贡堤岸区的平川派，当时南越警察总署署长是平川派的莱友桑。为了软硬兼施首先拿下莱友桑，1955 年 3 月 29—30 日，南越国军 1 个伞兵连强行控制了西贡市警察总署。莱友桑没有利用自己的资源进行抵抗，反而宣布脱离平川派，投入到吴庭艳怀抱，并下令西贡所有的野战警察和公安全力以赴配合南越国军，对付平川派武装。

面对军警合流的进攻，平川派自然不是对手，西贡堤岸区被打得稀烂，许多房屋被毁。吴庭艳大获全胜，把平川派势力赶出了堤岸区，牢牢控制住了西贡。这次战役，史称第一次西贡之战。

接着，吴庭艳决心斩草除根，继续追杀平川派。1955 年 9 月 21 日，吴庭艳发起黄奠战役，由杨文明少将指挥南越国军进攻乃萨区的平川派。激烈的战斗一直打到 10 月 24 日，南越政府宣布乃萨之战国军彻底告捷，基本全歼平川派武装力量，只有七门营侥幸逃脱。乃萨之战的胜利，宣告了吴庭艳把南越境内实力最强且是法国代理者的平川派基本剿灭。

剿灭平川派的同时，吴庭艳还对和好教的武装力量发动了进攻。在 1945—1954 年第一次印度支那战争中，和好教是越盟南方主力部队的友军，双方曾在黎光荣战役、海圆战役中一起打击过法军部队，为抗法战争出了不少力。

1955 年 5 月 20 日，南越国军发起丁先皇（Đinh Tiên Hoàng）1 号和丁先皇 2 号战役，和好教各个武装队伍节节败退。为了支援和好教武装，越南劳动党南方枢委书记黎笋派遣部分军事干部到和好教的武装队伍里，协助指导和好教武装队伍抵挡南越国军的进攻。在越军军事干部协助指挥下，和好教虽然在两次丁先皇战役中损失很大，但还是打了几次漂亮的伏击战斗，给南越国军造

越南南方的地形示意图

西贡

越南南方的地形示意图

沿海平原　山脉

湄公河平原　山岳丛林

▲ 越南南方的地形示意图。

成了不小的伤亡。5月29日，南越国军宣布结束丁先皇1号和2号战役，基本打垮了和好教武装力量，但自己也付出了很大的代价。根据南越国军联合参谋本部的统计，丁先皇1号和2号战役中，国军一共战死241人，负伤757人，失踪20人，丢失枪支几百条。

之后，吴庭艳又在1956年1月1日发起阮惠战役，最终在2月14日逼降了和好教最后一大股武装队伍，4000人向南越国军投降。至此，吴庭艳战胜了和好教。

平川派与和好教的平定，让高台教惶惶不可终日。吴庭艳不失时机地进行分化瓦解，很快又收服了高台教。

对三大教派的作战，吴庭艳取得了全胜。根据南越国军联合参谋本部的统计，1955年4月—1956年6月，南越国军共用15个月时间，完成了剿灭教派武装的重任，宣称击毙和好教武装600多人，俘虏8858人；平川派则有5个团又1个营投降。为了表示自己"宽大为怀"，吴庭艳特地宣布对这些放下武器的教派武装人员"既往不咎"，全部编入南越国军。

教派武装打掉了，接下来吴庭艳的目标就是潜伏在南方的越南劳动党军政人员了。对付留在南方的越南劳动党，吴庭艳采取的是"自上而下"的方式。从1955年5月起，趁越南人民军南方主力部队完全撤往北方集结的有利时机，吴庭艳突然宣布"肃共灭共"为南越的基本国策，在越南南方全面掀起了"白色恐怖"，血腥的镇压让南方大地浸满鲜血。

为了实现这个"基本国策"，吴庭艳特地成立了一个"肃共人民指导委员会"（Hội đồng nhân dân chi đạo tố cộng），主要成员是越南共和国政府各个部门的部长，吴庭艳亲自挂帅任主席。委员会指定了"中央肃共指导委员班"，由通信部、公安部、国防部牵头。"中央肃共委员班"的任务是直接指导各省、各机关的肃共风潮，要做到见共基层必灭，见共干部必肃，让全体国家干部公务员都投入到"轰轰烈烈"的"肃共灭共"行动中，完成吴庭艳制定的"肃共灭共"的基本国策。

为了切实完成"剿共大业"，吴庭艳要求南越境内每个省派1名"肃共人民指导委员会"委员下去督察指导。省"指导委员会"成分和中央类似，机关成分也含省公安、武装部队和通信部门，形成自上而下的"国家革命风潮"

（phong trào cách mạng quốc gia）。县乡的"肃共指导班"也相继成立，每个乡的"肃共指导班"采取家庭联合保甲制度进行定期汇报（包括思想汇报和有无共党嫌疑分子汇报）的"肃共"工作。"肃共"战役的目的是要彻底"剥夺越共的群众关系"，让越共变成无水依托的"一群群死鱼"，逐步遏制越共的活动，直至完全扼杀铲除越共。

在具体实施上，南越国军使用正规军、野战警察和公安、保安军作为开路先锋，不断对原先的抗法根据地进行扫荡和平定。参加清剿的南越国军官兵"不辞辛苦"地在原先抗法根据地内的各个县城内到处搜索，同时深入乡村，杀害和逮捕越南劳动党基层干部，掩护和支援各个"肃共团"，并在根据地内各县乡建立南越基础政权。南越政权在军事上主要采取 2 种战术进行围剿：一种是由外到内，再由内到外反复进行多轮扫荡和梳理，不仅在各个村屯掩护基层政权建立，还反复布下大量眼线和间谍，多层监控抓捕；另一种战术就是在大部队离开后，又反复组织别击队突袭各个村庄，抓捕露头的越南劳动党基层干部，增强探报活动，让投降的叛徒指人，采取由点到面不断扩张的手段，实现所谓的"剿共"方针。

除了军事清剿，南越政权还注重打心理战。针对群众掩护党员干部的惯例，南越当局针锋相对制定了一套所谓的学习策反手段——每个县和乡村以家庭为单位，频繁组织学习"吴庭艳总统的国策"。在学习后，南越人员会以家庭为单位，逐个逼迫供认出认识的"越共分子"，如果供认不出，这个家庭级别就要鉴定为 B 类家庭。对于家庭的分类，吴庭艳有着明确的指示：

A 类家庭，就是家里有人参加过抗法战争的家庭，参加集结的家庭（意思是有家属撤往北方），爱国革命人士家庭，要求和平、独立、统一的家庭，这类家庭统统归入 A 类家庭。吴庭艳把这类家庭定义为"不合法家庭"（gia đình bất hợp pháp），认为其随时有投共和助共嫌疑。这类家庭成员要么被密切严控并管制起来，要么就是被残忍拷打审问，然后被迫宣布和家庭内劳动党成员脱离一切关系。

B 类家庭就是和 A 类家庭至少有三代亲属联系，或者和革命有一定联系，这类家庭被定义为"半合法家庭"（gia đình nửa hợp pháp），表示怀疑此类家庭和越南劳动党有联系。但这类家庭只要每个月发表一次脱离共产党的公开声明，就可以正常地集中劳动。

C 类家庭包括许多无人"和革命有联系的"或是表明立场支持吴庭艳政权的。这类家庭是"合法家庭"（gia đình hợp pháp）。吴庭艳政权给这类家庭提供"特别优待政策"（chính sách ưu đãi đặc biệt）。

对这三类家庭，吴庭艳采取的方针是"依托 C 类家庭，打倒 A 类家庭，压制 B 类家庭"。A 类家庭的境遇十分凄惨，吴庭艳政府对该类家庭采取高压政策，许多 A 类家庭成员被迫供出了潜伏下来的劳动党员，导致大量党员和干部被捕入狱。

落入吴庭艳手里的越南劳动党员要么被残忍杀害，要么被迫在报纸和广播电台里宣布脱离越南劳动党，效忠越南共和国和吴庭艳总统。为了表明"归顺"之意，宣布脱党的党员还要被迫在媒体前当众撕毁珍藏的胡志明照片，写所谓的"悔过书"谴责越南劳动党，宣布"拥护"吴庭艳政权的"正确"领导。

南越政权"灭共"国策的推行，给越南劳动党留守南方的党员和干部造成了巨大的损失。为了保存火种，南方枢委书记黎笋果断指示要在整个南方掀起武装斗争，对吴庭艳的南越政权进行反抗。

燎原烈火

哪里有压迫，哪里就会有反抗。吴庭艳的灭共国策引发了越南劳动党南方枢委的强烈反弹。在埋枪和潜伏干部最多的西部联省地区——也就是日后的第 9 军区爆发了蓬勃的起义运动。

在黎笋指示下，金瓯省、迪石省、防定省、朔庄省相继开始重建武装力量。为了掩人耳目，西部联省各省委最初给武装力量都命名为"和平保卫队"（đội bảo vệ hòa bình）。和平保卫队的成员主要是各 A 类党支部的党员、革命劳动青年团团员和其他革命积极分子。和平保卫队的接纳手续和加入越南劳动党手续一样，各参加武装队伍的干部战士要在各省委常务班的组织指导下宣誓保守秘密，坚决完成上级交付的各项任务，听党指挥。

由于最初的武装活动没有得到越南劳动党中央政治局的支持，因此西部联省的武装队伍不得不保守活动秘密。部队编制是 3 人一组，3 组一班，3 班一排，3 排一连。队伍里的指战员们三天过一次组的生活，一周进行一次班的学习，主要学习内容是黎笋的"关于越南南方革命道理"的讲话，学习越南人民军的战术战法和纪律，学习群众工作艺术和基本的军事技能。在供应方面，鉴于党组织资金筹措困难，各个队伍里的指战员都得自产自供，或是以家庭联包供应方式维持补给。

尽管如此，由于潜伏的战斗骨干多和埋枪多，西部联省各省很快拉起不少队伍。到1956年底，迪石省组建了9个连，金瓯省更是组建了14个连，乌明森林很快成为西部联省的重要根据地。最初，各省的和平保卫队任务是支援各地人民奋起。随着吴庭艳"灭共"国策的推行，和平保卫队的武装活动不再遮遮掩掩，而是公开打出了武装反抗的旗号，任务也从武装宣传和支持人民奋起转入了"锄奸灭霸"以及对南越国军正规军、野战警察和公安、保安军、民卫队的伏击，同时进行袭击拔点战斗。

在发展过程中，西部联省各个队伍打了一系列漂亮的战斗，特别是金瓯省的吴文楚营表现异常出色。1958年3月3日，在丐诺，越南革命劳动青年团团员六行（Năm Hạnh）指挥的武装排突然袭击了富美乡的天主教堂，击毙了正在做礼拜的乡长，缴获了一把美制柯尔特手枪。在丹敦，吴文楚营的一个连组织袭击战斗，打死了当地的南越国家革命风潮总部驻丹敦支部的负责人阿协。连续2次胜利，让吴文楚营士气大振，遂在乌定森林附近组织了一次伏击战。南越国军2个排大约60人从南勤据点出发，乘坐一艘巡逻艇顺江而下，吴文楚营2连从伏击阵地先朝目标扔手榴弹，然后集中步机枪猛烈开火。虽然战术设计和战前安排不错，可缺乏战斗经验的吴文楚营2连还是放掉了对手。

在金瓯省，丁先皇营也异常活跃。1958年8月8日，丁先皇营3连在庆安乡游击队配合下，采用调虎离山的方式，击毙了庆安乡公安屯屯长阮文定。接着，丁先皇营再接再厉，奇袭了太平县，击毙县长陈文海上尉和县警察局局长，这给金瓯省南越基层军政人员以很大的震动。

以丁先皇营和吴文楚营的战斗活动为契机，越南劳动党金瓯省省委书记武定寮领导全省武装队伍积极活动。接替返回河内的黎笋担任南方枢委书记的阮文灵及时指示和要求武定寮迅速重建抗法时期的乌明森林根据地，开展对吴庭艳政权的武装斗争。

在阮文灵的指示和武定寮的领导下，丁先皇营和吴文楚营以乌明森林为根据地，不断在周围把自然村建成战斗村，积极打击前来围剿的南越国军。1959年11月11日，南越国军以1个海军陆战连和1个保安连突然包围了乌明森林边缘的同夕乡，陷入重围的丁先皇营1个排依托有利地形组织顽强抵抗，宣称毙敌几十人，自己牺牲6名战士，粉碎了南越国军的围剿。

在迪石省，越南劳动党也拉起了自己的队伍——北岸3营。北岸3营一成立，就在边德打了一个出色的伏击战，一举吃掉了南越国军保安军1个连又1个班的兵力，俘虏50人，缴获133条各种枪支（包括12挺轻机枪）、1门迫击炮和4部PRC10电台，以及大量子弹和MK2手榴弹。当然，胜利不是无代价的，北岸3营也战死了5名战士。

武装斗争甚至蔓延到了富国岛，岛上的阳同县游击队在阮遂庆的指挥下，袭击了阳同县县长阮约义的家，一举击毙了阮约义。在阮遂庆的领导下，富国岛游击运动开始蓬勃发展。

在西部联省的迪石省和金瓯省猛烈发展游击战争的同时，南部中区和第5联区的游击战争发展也不甘示弱。不过，对南方枢委书记阮文灵来说，南部平原游击战争发展的重头戏关键还要看以西贡—嘉定—堤岸特区为核心的南部东区。

和西部联省直接拉队伍搞武装斗争不同，南部东区最初依靠收容与联合被打散的各个教派武装进行斗争。1955年7月，在吴庭艳进攻平川派和各个教派武装后，南方枢委兵运处负责人黄明岛与边和省省委书记范文顺（1955年时边和省省委书记是范文顺，1959年是吴伯高）、南部平原主要军事干部林国登、嘉定特区军事干部黎清去和平川派建立同盟关系，协助收拢被南越国军击溃的平川派武装坚持斗争。在吴庭艳的打击下，平川派只剩七门营幸存，退到隆庆省的保兰（Bàu Lâm）休整。林国登和黎清赶紧协助指挥七门营巧妙摆脱了南越国军的追击，带着七门营撤进了琴美根据地。

在越方干部的感召下，七门营共有300人持枪参加了劳动党领导的武装队伍。他们从琴美进入常村，然后越过同奈河抵达越军抗法时期的老根据地——D战区。在那里，越军以七门营为主，打出平川派部队的旗号，由林国登任平川派司令员，范文顺任副司令员。紧接着，1957年初西宁省成立了第一个营级武装力量——500营，由平川派部队指挥员黎清出任500营营长一职。接着，

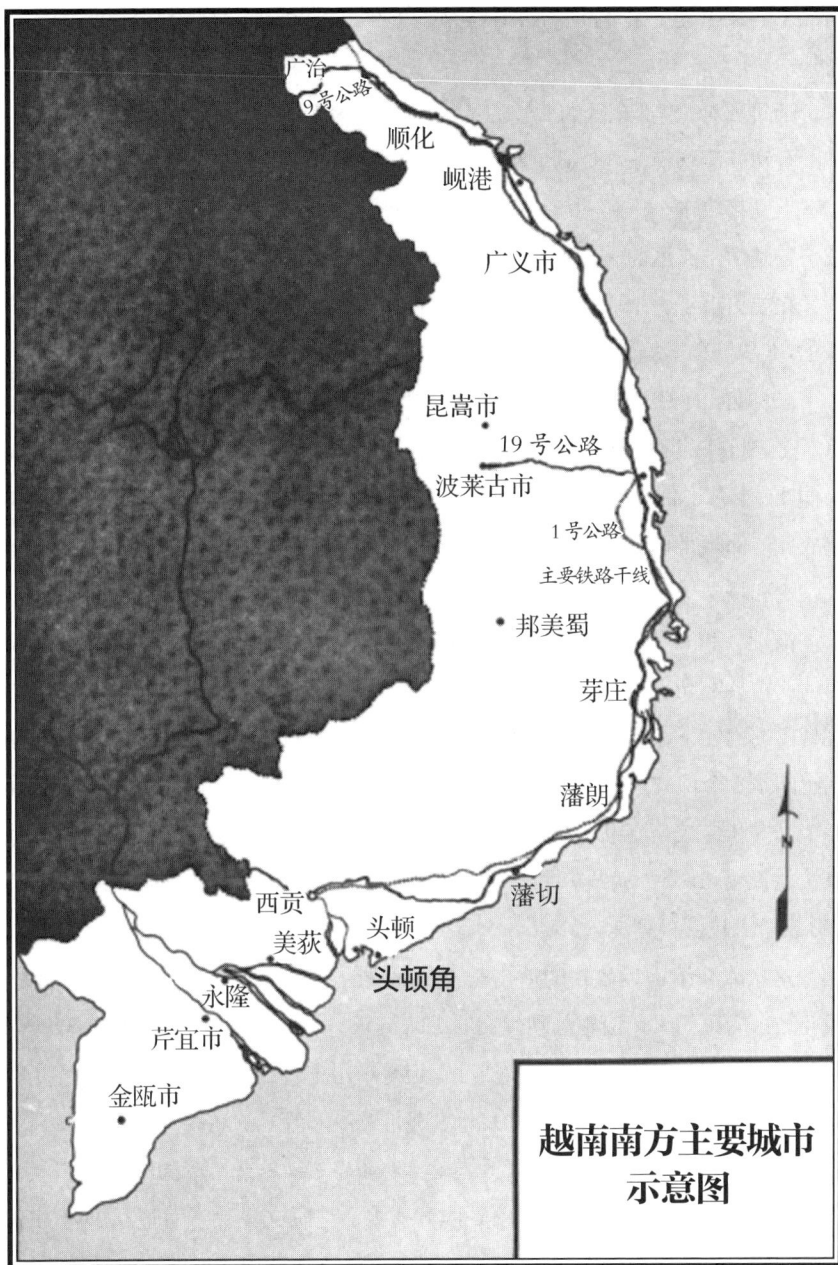

广治

9号公路

顺化

岘港

广义市

昆嵩市

19 号公路

波莱古市

1 号公路

主要铁路干线

邦美蜀

芽庄

藩朗

藩切

西贡

头顿

美荻

头顿角

永隆

芹宜市

金瓯市

**越南南方主要城市
示意图**

▲ 越南南方主要城市示意图。

南部东区又组建了第250营，由抗法战争时期的边和别动队队长出任第250营营长一职。

通过整合，南部东区的武装力量战斗力获得很大的提高。1957年8月10日，林国登和黎清指挥第500营、平川部队和头顿省1个连从三个方向对西宁省明城据点发起攻击，干脆利落地全歼了明城据点的南越野战警察和民卫队。这次战斗，是南部东区打响对南越政权的第一枪。在第500营首战告捷后，第250营又在展贝打了一个漂亮的伏击战，重创南越国军1个连和一支运输车队，缴获15支步枪和2挺轻机枪，以及大量子弹和军需品。

1958年10月10日，南部东区把目标锁定在距西贡不到70千米的头声县，打了个"抗法战争结束后南方最大的一次胜利"。当时，头声县由南越国军第3师团2个营、保安军1个连又1个排、部分野战警察和民卫队把守。参加进攻战斗的部队是第500营、平川部队和土龙木省（后改为平阳省）各单位，由阮友川和林国登共同指挥。

战前，越军先在西贡河西岸占领阵地，然后隐蔽过河，突然对西贡河右岸的头声县发动进攻。第500营的特工连组织敢死队采取爆破方式炸开突破口，在特工的引导下，各个步兵连迅速扫荡头声县外围敌军，并吃掉了前来救援的南越国军1个保安连。土龙木省的部队从清安方向直插头声县，拔掉了县里的各个公安和野战警察屯。趁县里的南越国军第3师团2个营还没反应过来，快打快撤仅用30分钟就结束了战斗，接着用缴获的几十辆卡车把缴获的弹药和250条枪支拉回根据地。

这次战斗给南越政权的冲击是不言而喻的。1958年10月11日，也就是战斗结束的第二天，南越总理阮文罗（Nguyễn Văn Là）前往头声视察情况，陪同的南越警察总署署长认为这次战斗肯定是平川派残部所为。阮文罗摇摇头，十分肯定地说道："绝对不是平川派，肯定是在北方军队指挥下打的战斗。这是一次袭击战斗，一定要作为对共产党活动的战例加以研究防范。"

1959年7月8日，越南劳动党南方枢委书记阮文灵决定对边和市内的美军顾问团俱乐部组织一次袭击战斗，给美军和吴庭艳政权"一点颜色看看"。根据阮文灵的指示，林国登把边和袭击任务交给了边和省省委书记吴伯高（Ngô Bá Cao）。经过仔细研究，吴伯高决定让边和市别动队队长南和（Năm Hoa）

率领 6 名别动队员完成这个任务。

在吴伯高的安排下，南和与 6 名别动队员在离目标不到 100 米的鹅美森林潜伏 7 个昼夜，一边进行战斗准备，一边在阮文留的协助下，买通俱乐部大门警卫，获得了可靠的情报。1959 年 7 月 8 日 19:00，南和与 6 名别动队员身着警卫保安服——由美军宿舍区的内应杨文通（美军顾问团俱乐部警卫）提供，携带 2 支冲锋枪、4 支卡宾枪和 2 枚自造地雷（土地雷），大摇大摆走进了美军顾问团俱乐部。这天是星期四，不是周六或周日，俱乐部的美军顾问只有 6 人，他们正兴致盎然地看电影。南和与 6 名别动队员不动声色地坐了下来。当电影放映结束周围的灯打开时，南和与 6 名别动队队员马上抄起冲锋枪和卡宾枪朝美军顾问射击，接着又引爆了 2 枚自造地雷。

爆炸声响起，周围的南越警卫保安人员才冲进来，一边和别动队员交火，一边保护美军顾问离开俱乐部，赶紧钻进汽车撤退。袭击成功后，南和与手下的别动队员也没有恋战，迅速从俱乐部左侧隐蔽撤离，经高尔夫球场过 15 号公路，穿过铁路，游过同奈河，最终返回了 D 战区。回到根据地，南和队长清点人数，发现 1 名别动队员牺牲，1 名别动队员负伤，还有 4 人平安归来。

美军顾问方面，戴勒尔·比维和切斯特·M·奥夫曼德被打死，霍华德·巴斯顿上尉负伤。他们不幸成为美军在越战期间的第一批伤亡人员。边和袭击事件后，美国驻西贡大使杜邦在声明中感慨："共产党和教派残部会合以后，又重新增强了活动。"

对越军来说，边和袭击的胜利是南部东区武装力量继头声大捷后又一次胜利。这给南部东区，特别是西贡—嘉定—堤岸的武装力量的大发展创造了极为有利的条件。

▲ 平定省根据地的人民在艰苦的抗法斗争中自发组织生产。

▲ 留下来潜伏的越军地方部队骨干。

▲ 1954年8月在平定省芙吉机场集结准备北撤的越南人民军第120团。

▲ 奉命北撤集结的越南人民军第120团指战员们和家人依依不舍地告别。

▲ 越南人民军第120团在归仁市等待登船北撤。

▶ 时任越南共和国总统的吴庭艳。

◀ 1959 年坚持在南方战斗的游击队员。

▲ 精锐的南越国军伞兵，他们是南越国军中能和海军陆战师团媲美的绝对王牌。

▲ 正组织宣誓仪式的平定省某县游击队。

▲ 乡村女游击队员积极训练，随时准备战斗。

【第二章】
艰苦的斗争

　　吴庭艳的南越政权的血腥镇压引起了越南南方留守的越南劳动党军政干部的强烈反抗。在阮文灵的领导下，越南南方各省相继拉起队伍，进行武装斗争。尽管如此，南方的武装力量和南越国军相比，仍有巨大的差距。在这种情况下，北越毅然决定开辟长山公路，输送兵力和物资支援南方的武装斗争。1959年5月19日，长山公路宣告开辟，长达15年的越南战争就此拉开帷幕。

多海第一枪

　　1959年1月，越南劳动党中央政治局在河内召开扩大的十五中全会，越南劳动党领袖胡志明亲自主持会议。经过多方调查研究和讨论，越南劳动党中央政治局决定："要把越南南方从帝国主义和封建主义的统治下解放出来，实现民族独立和耕者有其田，完成在南方的人民民主民族革命。"

　　革命的方法是："采取暴力，依靠群众的政治力量为主，根据情况需要或多或少地使用武装力量，打倒帝国主义和封建主义的统治，建立人民政权……要达到这个目的，必须进行积极的准备，以奋起作为推翻美吴集团统治的根本方向。"

　　对于抗美武装斗争，越南劳动党中央预料："（越南）南方人民的起义有可能转变为长期的武装斗争。在这种情况下，斗争将出现一个新的局面，即敌我之间的战争将是长期的，最后胜利一定属于我们。"

1959 年 9 月，由南方枢委书记阮文灵主持，南方枢委在西宁省北部的阳明珠根据地召开会议，一面准备将南方枢委改组成南方中央局，一面准备在整个越南南方组织全民总奋起，响应河内的号召。为了实现河内的路线和主张，南方枢委把任务交给了南方军事指挥班，要求他们先在南部东区打一些规模较大的胜仗，带动整个南方的全民奋起。在会上，南方枢委书记阮文灵汇报了南部东区自 1959 年 3 月开始的战场准备情况，结合土龙木省和西宁省两省省委的报告，南方军事指挥班报告了对敌进攻的 2 个方案：

1.打下一些军事支区、县城和营连级的屯哨，取得一系列震惊国内的军事大捷，振奋并引导南方人民奋起。

2.打多海据点，虽然这是个大据点（团级），但守军兵力多，难以展开，给我军的奇袭带来便利的条件，一旦打下多海据点，其影响力将是震撼性的，更有利于给全民总奋起创造条件。

经过认真讨论，南方枢委决定采纳第二套方案，打下多海据点，引导 1960 年全民总奋起。整个作战计划由南方军事指挥班负责草拟，直接对阮文灵负责。

多海据点位于西宁市北面 7 千米，地处 22 号国家高速公路东面。在第一次印度支那战争中，多海据点是法国远征军的一个屯兵点，于 1948 年根据杜罗计划修建。《日内瓦协议》签署后，吴庭艳的南越政权继续把多海据点视为西宁市外围的一个重要屏障加以扩建，很快就成为阮泰雪（Nguyễn Thái Học）城。从兵要地志来看，多海据点北面、东北和东面有浓密的森林环绕，东南面是橡胶种植园，西面和南面是平坦的稻田。根据当地的地形条件，多海据点状似正方形，四边长各 800 米，据点大门朝向正西。据点内的所有建筑都是砖瓦而非混凝土结构，也没有工事和战斗壕，更没有在据点周围拉置铁丝网环绕保护。这些布防漏洞给了越军极大的可乘之机。

按照南越国军的资料，多海据点原本驻扎的是南越国军第 13 轻战师团一部。1959 年底，南越国军把"野战师团"和"轻战师团"2 个称谓取消，统一编成步兵师团，第 13 轻战师团也改番号为第 21 步兵师团（简称第 21 师团），该师团所属的第 32 步兵团驻防多海据点。在编制上，南越国军第 32 步兵团下辖 1、2、3 营和各火力支援连，总兵力 1694 人，团长是阮友漫（Nguyễn Hữu Mân）少校。团部位于据点中心，往南紧挨团炮兵连阵地，各营兵舍位于据点东偏东北面，军火库和弹药库也紧靠据点中心，正对第 32 步兵团 1、2 营兵舍。从装备编制来看，南越国军第 32 步兵团既有 57 毫米无后坐力炮，又有 81 毫米迫击炮，还有火箭筒、BPK60 机枪、81 式 7.62 毫米轻机枪和勃朗宁自动步枪，以及各类卡宾枪，M1 加兰德半自动步枪自然也少不了。

对多海据点，越军早有部署。1958—1959 年初，越军就在多海据点的南越国军内部发展了 1 个秘密党支部和 1 个秘密团支部，可大部分人都在 1959 年因身份暴露被捕。在越军发动进攻前，多海据点实际只有 1 名中尉还能和越军保持联系，提供多海据点的情报。

根据这名中尉的情报，越军得知多海据点有南越国军团级兵力驻屯，但工事不够坚固，也没有布设铁丝网和障碍物。阮友漫少校十分轻敌，他除了给执勤的分队发放武器外，其他各营非执勤官兵一律不准拿武器，枪支全部放在军火库里保管。此外，他也没有组织兵力在多海据点周围巡逻，更不用说在据点周围组织夜间伏击哨。

利用南越国军疏于防范的漏洞，南方军事指挥班定下了战斗决心，以 3 个步兵连（第 59、第 60 和第 70 连）和 1 个特工连（特工第 80 连）、西宁省地方部队 1 个排、平川部队 1 个排，总兵力 300 人，在阮友川、梅支寿、武强和黎清等人指挥下，实施袭击战斗。参加战斗的各个步兵连和特工连都是 1957—1958 年在 D 战区和阳明珠根据地成立的新部队，拥有丰富的战斗经验，并参加过头声战斗，武器装备主要是冲锋枪、各种卡宾枪、法制 MAS 步枪、英式李·恩菲尔德步枪，每个连还携带几十枚自制地雷，每名指战员携带 2~10 千克不等的干粮参战。

战前，南方枢委给南方军事指挥班交代的任务是：进攻消灭多海据点，缴获大量武器（指标是 600 件步兵武器），打响 1960 年南方全民总奋起的第一枪。根据南方枢委的指示，南方军事指挥班定下的战斗决心是：进攻多海据点的目的主要是迅速瓦解守军的抵抗能力，缴获武器装备，而不是大量消灭对方的有生力量。

在这个战斗决心的指导下，战斗指挥班把进攻兵力分成4路，各路部队分工如下：

第一路由第60连1个排和特工第80连1个组共37名指战员组成，由苏德担任指挥长，阿永担任副指挥，四贤担任爆破组组长，任务是袭击南越国军第32步兵团团部，用爆破声作为全军进攻多海据点的信号。

第二路由第59连的54名指战员和第30步兵连1个组组成，南约（Năm Nhỏ）担任指挥长，苏隆担任副指挥，七心担任政委，苏侯担任爆破组组长。第二路进攻部队的任务是从北面发动进攻，粉碎南越国军第32步兵团1、2营的抵抗，然后迅速收缴武器装备，控制阵地，和特工部队一起迅速、安全地把收缴的武器装备拉回根据地。

第三路进攻部队由第60步兵连40位指战员和第80步兵连1个组组成，由黎清直接指挥，阿嘉担任爆破组组长。第三路进攻部队的任务是从东南方向展开进攻，消灭南越国军第32步兵团3营，占领军火库，然后迅速控制阵地，用缴获的军车快速把武器拉回根据地。

第四路进攻部队由第70步兵连的70名指战员和第80步兵连1个组组成，由三城指挥，特工组由阿诺同志负责。第四路进攻部队的任务是从南面突破军车区和炮兵连阵地，迅速夺取阵地，协助民工收缴武器装备。

在阻援安排上，平川部队1个排和西宁省地方部队1个排布置在离多海据点南面大约2千米的22号国家高速公路附近，任务是打击沿着22号公路前来救援的西宁市南越援军。

1960年1月25日15:00，参加战斗的各部队相继开始集结兵力，完成战前检查后，于17:30行军开赴攻击前出发阵地。22:30，各部队全部占领攻击前出发阵地。按照计划，进攻将在1960年1月25日13:30打响。可是，在进攻前半小时，发生了一起突发事件，打乱了战前计划。1960年1月25日23:00，多海据点的南越国军第32步兵团突然开始集合队伍，同时许多车辆也从西宁市方向开往多海据点。这个突发状况引起了越军战斗指挥班的警惕：是不是自己暴露了？阮友川决定暂缓进攻，紧急召开战地会议，研究计划是否暴露。经过仔细观察和监视对方的各种举动，战斗指挥班认为计划没有暴露，部队仍然保守住了战斗秘密。战斗结束后，越军才得知南越国军第32步兵团突然集合兵力是因为第23步兵团1营部分兵力要沿着4号省道调到溪德立据点，参加之后对越军的扫荡作战，从西宁市开回多海据点的车队其实是把1月25日下午前往西宁市运动场参加联欢运动的第32步兵团军官送回。

1960年1月26日0:30，越军在推迟了1个小时后，突然打响了对多海据点的进攻战。按计划，第一路进攻部队的爆破组组长用最快速度冲进了据点里，扑向南越国军第32步兵团团部。由于任务重大，关系到全军的总攻击，他亲自抱着一枚自造地雷冲在最前面。冲击过程中，他被对方密集的弹雨击中倒地，牺牲前引爆了地雷，及时向全军传达了总攻击的号令。这个时候，第二路进攻部队的特工组敏捷地扑了上去，冲到团部的军官宿舍附近猛砸手榴弹，掩护第59连的54名步兵指战员冲击。在进攻发起后不久，第一路和第二路进攻部队相互配合，先打掉多海据点北部的南越国军第32步兵团1营兵舍，然后朝南越国军第32步兵团2营兵舍发展进攻。与此同时，第三路和第四路进攻部队也使用爆破筒、枪榴弹和手榴弹对南越国军第32步兵团2、3营兵舍，以及军车停放区和炮兵连阵地展开攻击。各路进攻部队勇猛冲击，很快占领了3个军火库和弹药库。

在战斗顺利发展的同时，大约300名民工迅速跟进，冲进了多海据点，协助各连从占领的军火库搬运武器弹药。为了能尽快拿走缴获的武器装备，许多人背着五六支各类枪支，参加战斗的3个步兵连和第80特工连也直接更换了武器装备。趁着对方被打懵无力反扑的机会，黎清召来民工驾驶员，用3辆缴获的卡车装备各类物资，在第60步兵连掩护下，押解着一些俘虏离开了多海据点，沿着22号公路返回了根据地。1月26日3:30，参战的越军3个步兵连和第80特工连全部撤出战斗，多海据点一片狼藉。

多海据点战斗斩获颇丰，越军宣称除了打掉南越国军第21师团所属的第32步兵团团部外，还击溃了1、2营，歼灭团属炮兵连，打掉一个装甲车支团（中队级别），重创第32步兵团3营，宣称缴获1600多支各类枪支和许多弹药，摧毁了一些军用车。当然，胜利背后，越军也付出了7人牺牲、12人负伤的代价。

对南越国军来说，多海据点之战实在是一场噩梦。第21师团长陈清展少将在给总参谋长黎文思上将的报告中写道："多海据点被摧毁了。各路救援部队都被阻截在路上……装甲车连和炮兵连受到重创。阮泰雪城的所有设施都被炸毁了。兵营被敌纵火焚烧……"根据事后统计，南越国军在多海据点战斗中兵力损失不大，伤亡仅160多人，但武器装备损失十分严重，包括点45柯尔特手枪62支、汤姆森冲锋枪22支、卡宾枪173支、M1加兰德半自动步枪451支、勃朗宁自动步枪57支、点30重机枪5挺、BKP60 78挺、81毫米迫击炮1门、喷火器1具、57毫米无后坐力炮4门，以及大量电台——E8电台8部、PRC66 6台、SCR300 3台、大型电台BD71 5台。

多海据点之战犹如一块石头落入水中，激起了层层涟漪。很快，越南南方各省的劳动党省委引导人民陆续奋起，星星之火可以燎原，奋起的烈火很快席卷整个南方。其中，西贡—嘉定—堤岸特区的奋起和武装斗争情况令人关注。

西贡特区的奋起

对越南劳动党南方枢委而言，西贡—嘉定—堤岸特区是越南南方的政治、经济、军事和文化中心，在这里建设党组织和搞武装斗争，无异于战斗在敌人的心脏上。同样，对吴庭艳来说，西贡是越南共和国的首都，也是整个南越的中心，是"东南亚反共自由国家"的楷模城市，他是绝对不会允许越南劳动党南方枢委在这里建设党组织和搞武装斗争的。

为此，南越国军和野战警察、公安在西贡—嘉定—堤岸地区反复"梳理"，严重破坏了越南劳动党在西贡的地方组织。1957年底，劳动党在西贡和嘉定的首脑机关受到严重损失，西贡—堤岸区委书记陈国叅在家中被捕，嘉定省委（当时劳动党把嘉定单独划省，后与西贡—堤岸合并，成为西贡—嘉定—堤岸特区）书记阮仲川也落入南越警察手里，两人先后英勇就义。

除了西贡市区，南越国军还重点对西贡市周围的县进行清剿，比如抗法时期的老根据地古芝县，该县遭到南越国军的反复梳理和清剿，不少潜伏下来的劳动党干部和资深党员被捕遇害。

为了响应南方枢委书记阮文灵提出的"锄奸灭霸"保卫干部和革命基础的号召，潜伏在西贡市区内的秘密党员抽调精干力量，组成别动队员，在市区内的街巷采取爆炸方式袭击南越国军和警察，以及美军顾问。1957年10月10日，西贡市堤岸区的一家咖啡厅遭到了别动队的炸弹袭击，炸伤了13人。1957年10月22日，别动队连续在西贡市内实施了3次炸弹袭击，炸伤了13

名美军顾问。在西贡周围县份，比如嘉定市、新平县、鹅邑县、霍门县和古芝县，袭击事件层出不穷。特别是在古芝县，当地县委组织精干人员成立各个武装队（每队 3~7 人），在各乡进行"锄奸灭霸"活动。

尽管如此，1957—1959 年，西贡—嘉定—堤岸地区的劳动党组织还是接二连三蒙受了很大的损失，从区委到市委、县委（西贡—嘉定—堤岸）的许多领导被捕牺牲。西贡周围各县，比如鹅邑、新平、霍门等县执行班（相当于我国的县委常委）也被吴庭艳政权多次连根拔除。比如，鹅邑县县委在南越政权的反复"梳理"扫荡下，只剩 1 名党员。嘉定省也只有新富中乡（Tân Phú Trung）还剩下 1 个党支部。西贡区委在残酷的围剿下也只剩党员黄新发（Huỳnh Tấn Phát）一人。阮文灵为了重建西贡区党委，不得不从南部西区联省调来武文杰（Võ Văn Kiệt）出任西贡区委书记。

和越南南方其他地区一样，在南越政权的血腥围剿下，西贡—嘉定—堤岸党组织除了旗帜鲜明地举行武装斗争外，别无出路。

1959 年 5 月，嘉定省古芝县首先举起了武装义旗，拉起了西贡—嘉定—堤岸特区的第一个集中武装队伍，番号为第 13 连，兵力 20 人，绝大部分是干部、党员，武器装备仅 2 支冲锋枪、1 支卡宾枪和 1 条步枪。

1959 年 12 月，第 13 连成立。该连成立之后积极训练，准备打一场漂亮的战斗来庆祝自己的成立。当月，第 13 连一个组（3 人）伏击了南越国军 1 辆吉普车，击毙 1 名南越上尉，缴获 1 把柯尔特手枪。接着，第 13 连又在安仁西（An Nhơn Tây）伏击了南越国军 1 个排，缴枪 14 条。

继 13 连成立后，1959 年 12 月底，西贡—堤岸特区又新组建了古芝县中队，下辖 2 个班，命名为高和平部队（Cao-Hòa-Bình）。成立之初，古芝县中队就挖开北撤时秘密埋设的 70 条枪支，由霍门县委书记洪岛领导，拉起了队伍。在县中队成立的同时，周围各乡也自发组织自卫队，用自造武器或少量的北撤时期掩埋的武器进行战斗。

在乃萨地区，也就是原先平川派部队的第二根据地，由于这里是各方势力范围真空区，劳动党也拉起了自己的武装队伍——第 12 连，兵力 32 人，34 条枪，主要活动于雅贝（Nhà Bè）和南平善地区。

1960 年初，西贡—嘉定—堤岸区委和嘉定省委在西贡—嘉定城区召开会议。会上，区委书记武文杰提议区委对全区武装力量进行统一编制和领导，得到全票通过。根据会议指示，新合并成立的部队取番号12连（乃萨地区的12连更名为乃萨12连，以区别于区委直辖的12连），下辖3个班，装备3挺轻机枪，剩下的都是冲锋枪和步枪。第12连组建后，西贡市区周围人民踊跃支援，自发组建起战斗乡，埋设地雷，恢复抗法时期的南方老传统——自造武器和炸药。在西贡市区积极组织别动队，伺机袭击南越军政人员和美军。

1960年1月26日，多海大捷的消息也传遍了西贡—嘉定—堤岸地区的大街小巷。为了响应越南劳动党十五中全会决议和号召，嘉定省委决定首先引导人民进行奋起，同时在新陶、平善、古芝等县周围进行积极的武装斗争。

在周密的准备下，1960年2月下旬，嘉定省部分农村民众开始奋起。古芝县委也动员民众积极响应。在县委的动员下，许多农民撕毁挂在家里的吴庭艳相片，砸毁乡公所，走上街头高呼各种打倒吴庭艳的口号，然后沿着7号公路、17号公路进行集会活动，遇车便砸，遇人便打，意在封锁交通。除了古芝、平善、雅贝、鹅邑、守德和堤岸等各县的民众也纷纷奋起。

为了掩护群众奋起，武文杰指示西贡—嘉定—堤岸各武装队伍要积极活动，以武力对付南越国军和野战警察、公安的围剿。在古芝，县中队在安仁西附近消灭了南越民卫队1个班，缴枪10条；在守德，县小队在仅有12人的情况下，连续在新东协、曾仁富等村活动，在民众配合下袭击了多个乡公所和警察哨；在霍门，县小队也只有12人，他们主要活动在新城东、平美、中安等乡；乃萨12连积极在雅贝港活动，搞破坏和伏击南越国军小分队，甚至袭击龙头河过往的南越国军巡逻艇。

13连也没有闲着，他们在1960年2月主要活动于古芝县内，连续拔掉了安和屯、新城西屯，缴枪20条。3—5月，第13连一路游走在中和、安仁西之间，拔掉南越国军许多屯哨，给吴庭艳政权相当大的震撼。

在群众奋起和武装队伍的相互配合下，西贡—嘉定—堤岸特区到1960年3月底解放了富美乡、润德和古芝县北面的安仁西乡、中立乡的一些村落。在其他各县，劳动党也控制了不少乡村，初步形成了西贡—嘉定—堤岸周围的解放区。为了适应当前革命发展态势，西贡—嘉定—堤岸区委紧急培训了大量干部，派往市内和各村，指导群众斗争和重新在市内及周围各县乡建立党组织。

在日益活跃的群众斗争的浪潮下，南方枢委决定从 1960 年 9 月 24 日起在西贡—嘉定—堤岸周围各县同时开始第二阶段奋起和武装斗争，这一阶段以武装斗争为主。新平县首先揭开义旗，县里 3 名党员携带一条步枪，宣布新平县起义，自命番号第 301 营（日后著名的新平县 6 营前身）。

在守德，县里武装队员共 12 人，5 条枪，为了营造声势，武装队命名为守德 500 营（区别于南部东区的主力部队 500 营）。成立之初，守德 500 营就袭击了平福屯，击毙民卫队 3 人，活捉 3 人，缴获 14 条枪。这次战斗结束后，利用缴获的枪支，守德 500 营规模发展壮大到 1 个排。其他各县，比如鹅邑、霍门、雅贝等，也积极发展地方武装力量，一边进行武装斗争一边宣传，同时还开展锄奸灭霸活动。

第二阶段的奋起一直持续到 1960 年底。根据当时的发展态势和敌强我弱的形势对比，西贡—嘉定—堤岸区委书记武文杰在给各县的武装斗争作指示时，要求各县地方部队首要任务是保存自身力量，组织秘密活动要做到"悄无声息"，在歼击敌人的同时，重视自己的发展壮大。为了更好地指导西贡—嘉定—堤岸地区的武装斗争，1960 年 10 月，西贡—嘉定区委军事指挥班成立，由阮鸿岛（Nguyễn Hồng Đào）负责。

在阮鸿岛的指挥下，1960 年 10 月，新平县 301 营在春时常乡的江村通过伏击战吃掉了南越民卫队 1 个班，宣称击毙 6 人，缴获 6 条枪。接着，四姚同志又潜入西贡的光中训练中心，做该训练中心的南越国军新兵的工作，动员新兵交出了 4 支卡宾枪。得到枪支的补充，新平县 301 营又增添了一个班 12 人，这个新建的班由范文海担任班长。1960 年 12 月底，该小队奇袭南越军一个民卫队据点，缴获 8 支枪。

在雅贝，第 306 连于 1960 年 11 月 8 日袭占了迪地屯，缴获一些枪支。12 月 27 日，第 306 连在隆实乡游击队配合下，粉碎了南越国军 1 个连的进剿，宣称击毙对方 40 人。在新桂、富美、富春等乡，当地游击队和自卫队连续打击对己方进行扫荡的南越国军保安军和民卫队，不仅消灭了许多民卫队员，还干掉了部分乡公所官员。

在守德县，县地方部队和乡游击队连续打了 11 仗，宣称击毙对方 153 人。

在陆乡反扫荡战斗中，守德县 500 营利用有利地形组织防御阵地，把南越国军进剿部队阻挡了整整 3 天，宣称击毙敌人 72 人，缴枪 10 条；己方牺牲 2 名战士。1961 年初，守德县 500 营几名战士乔装打扮，潜入南越国军上校黄水南家中，一举活捉了黄水南和美军顾问赫兹。这次战斗胜利后，守德县 500 营运用人民游击战法，采取化装潜入室内用匕首杀人的方法，悄悄袭杀了 20 多个守德县南越军政基层人员，同时在公路、铁路和水路沿线组织武装宣传活动，极大地震慑了守德县的南越政权。

为了进一步发展城市游击战，武文杰又在 1960 年 10 月决定建立西贡市内的别动力量。杜新方（Đỗ Tấn Phong）、黎新国（Lê Tấn Quốc）召集西贡市内潜伏的军事干部和战斗骨干，计划在西贡市内开展游击战（炸弹袭击和火力袭击）。1960 年 12 月，为了庆祝新成立的越南南方民族解放阵线，黎新国化装成服务员，混进鹅邑县一个美军顾问团经常光顾的高尔夫球场，并在球场餐厅安放了 2 枚装药 17 千克的定时炸弹。两枚炸弹在指定的时间被引爆，多名美军顾问死伤。这两次袭击让西贡别动队声威大震，从此走上了建设发展的道路。

到 1960 年底，经过 2 个阶段的奋起和武装斗争的努力，在西贡市区外围，越军完全控制了古芝县北面的富美雄乡、安仁西乡、怀德乡、中立乡，其他 20 个乡也有部分村屯得到了解放。其中，古芝县的蓬村和萨村、鹅邑县的安富东乡、守德县的陆乡、霍门县的平美乡，以及堤岸的东和乡、雅贝县的协福乡成为西贡—嘉定—堤岸特区的可靠根据地和落脚点，也是进攻西贡市区的良好跳板。战略地位最重要的莫过于古芝县北面的 4 个解放乡，他们紧靠西宁省和平阳省，与南部枢委所在的阳明珠根据地相望，这使得南方枢委可以直接指导西贡—嘉定—堤岸的各项工作。

回顾 1960 年，越南劳动党领导的南方全民总奋起获得了空前的成功。南部平原的 1193 个乡就有 865 个乡获得全部或部分解放，第 5 联区所在各省的 6721 个乡有 3200 个获得了全部或部分解放。不过，这些喜人的形势只是暂时的，为了粉碎越南劳动党在南方领导的武装斗争和大量的根据地，南越政权改变国策战略，在美国的大力协助下，拟定了"战略村"和特种战争战略，对劳动党领导的南方武装力量展开猛烈反扑。整个南方陷入战火之中，西贡—嘉定—堤岸特区的斗争形势也日益严峻。

西贡奋斗的岁月

1960 年的南方全民总奋起给南越政权带来了巨大的冲击。吴庭艳惊讶地认识到，"越共"不仅没有被 1955—1959 年的屠杀吓倒以至于"溃灭"，反而在北方军事干部和武器运输的支持下，发起了空前规模的强烈反扑。1960 年的打击，迫使南越政权重新对越南劳动党在南方的力量进行审视。根据越南共和国联合参谋本部的判断，截至 1960 年底，越共武装力量人数已达 6100 人，占越共军政人员的 78%（不含游击队），还在迅猛发展。整个越南南方有将近一半的农村已入"共党"手中，首都西贡也受到了"越共"根据地渐次包围的威胁——西贡西南和北面地区逐步被对方蚕食。对 1960 年全民总奋起的影响，美国人也是看在眼里，急在心里。1960 年 9 月 16 日，美国驻越南共和国大使杜邦在给美国国会的电报中，坦承"越共"正不断扩大在越南南方广大农村的控制权，照这个态势发展下去，整个越南南方很快就会被"赤化"了。

杜邦的电报，引起了肯尼迪总统的强烈关注，他责成国务院和参谋长联席会议对越南南方局势进行研究，尽快拿出解决方案。经过国务院和参联会的研究，以及美国和南越政权的沟通，美国劝说吴庭艳改变"肃共、灭共"的国策，采取新的战略国策，对南越全国实施警察统治，对"越共"控制区搞"特种战争"战略（也称为"反颠覆战争"）。参谋长联席会议提交的方案是，"特种战争"战略的中心要求是"灵活反应"，通过美国陆军特种兵（绿色贝雷帽）的介入，大打特种战，加强派顾问指导南越国军的训练和作战，增强南越国军的武器装备，一定能打败"越共"，平定越南南方的"匪患"。美国方面乐观地认为，只要战略应用得当，就能在 1962 年底—1963 年初获得决定性的胜利，然后再用 2 年时间扫荡"余孽"，预计在 1965 年能获得全胜。

对国务院和参谋长联席会议提交的方案，肯尼迪可以说是信心满满，照单全收。1961 年 5 月 13 日，美国副总统约翰逊乘专机飞越大西洋，前往西贡和吴庭艳举行会谈。会后，约翰逊和吴庭艳发表联合宣言，主要内容就是宣布特种战争战略开始。

1961年5月15日，美国总统肯尼迪签字批准了NSAM52号计划，正式在越南南方实施特种战争战略。这个计划的核心内容是美国派遣陆军特种兵和陆军航空兵前往越南南方打特种战，同时出钱出枪出顾问加速武装南越国军，并协助南越国军策划和指挥"剿共"作战。

随后，美国陆军特种兵（绿色贝雷帽）开赴越南南方，参加战斗。1961年6月14日—7月14日，美国特使斯塔利飞赴西贡，亲自主持研究如何采取绥靖政策配合特种战争，平定"越共"。同年10月18日，在第二次世界大战时曾任美国陆军第101空降师、朝鲜战争期间任美国陆军第8集团军司令官的马克斯维尔·泰勒率参联会一个代表团也赶到西贡，协助斯塔利完成绥靖计划。在马克斯维尔·泰勒和斯塔利的"努力"下，绥靖计划逐步完成，该计划命名为"斯塔利—泰勒计划"，核心内容是要在越南南方建立16000个"战略村"，分割"越共"和越南南方人民的鱼水情，然后再通过特种战争消灭越军在南方的武装力量。

在斯塔利—泰勒计划的推行下，越南南方形势骤然严峻。为了应对特种战争战略和"战略村"战略，越南劳动党中央政治局一方面决心成立越南南方民族解放阵线，和美国、南越政权进行坚决斗争；另一方面，中央政治局把总军委改组成越南中央军委（军委书记是国防部长武元甲大将），专门负责在越南南方组建越南南方解放军，以及上至越南南方解放军总司令部，下到各个军区的筹办事宜。

1961年5月，越南国防部下达命令，把越南南方划分成3个战场——第5联区、西原战场和南部平原战场。其中，南部平原战场又划分为南部西区（后为第9军区）、南部中区（后为第8军区）和南部东区（后为第7军区），西贡—嘉定—堤岸特区归南部东区节制。

为了落实越南中央政治局关于迅速组建越南南方解放军的决议，国防部从各总部和各机关抽调大批优秀的指挥、政治、后勤和技术干部组成东方一号团，在陈文光少将带领下，于1961年5月4日从河内出发，至1961年8月5日抵达越南南方。然后，越南南方解放军以东方1号团的干部队伍为核心，相继组建起了越南南方解放军司令部和三大战场司令部。南部平原也随后组建了南部西区、南部中区和南部东区的司令部。从越南南方解放军成立的那一刻起，他们就是越南人民军的一员。[①]

越南南方解放军的成立，也鼓舞了西贡—嘉定—堤岸区委。他们也顺势组建了西贡—嘉定—堤岸军区，阮鸿岛任政委，陈海奉任指挥长兼参谋长，阮玉禄任政治部主任，阮文清为后勤主任。从指挥隶属关系来看，西贡—嘉定—堤岸军区隶属于南部东区司令部（1965年改组为第7军区司令部），任务是领导西贡市周围各个主力、地方部队和西贡市内的别动队。

在指挥机构成立的同时，陈海奉和阮鸿岛还十分重视对别动队、地方部队、乡村游击队和主力部队的建设工作。在西贡市内，他们和西贡—嘉定学生运动委员会合作，于1961年3月26日组建了西贡—嘉定学生决死武装队，主要队员是1960年在西贡市内积极搞政治斗争的各大中学生秘密党员和团员，这批学生政治素养高、意志坚定，在未来的斗争中发挥了不小的作用。

在地方部队和乡村游击队的建设方面，陈海奉和阮鸿岛要求西贡市周围各县乡积极建设乡村游击队，同时把乡村游击队中的精干人员补入地方部队，逐步壮大各县地方部队的实力。

主力部队建设方面，在得到越南北方运进来的武器装备和弹药支援，以及来自北方的1个排加入的情况下，西贡—嘉定—堤岸军区还决定在1961年初组建一个主力连，兵力编制160人，以1959年5月在古芝县成立的13连为核心，仍然把部队番号定为13连。

虽然越南南方解放军的建立宣告越南人民军在南方有了自己的武装力量，但部队当时的实力毕竟太弱小，他们的建立并没有缓解严峻的局势。按照斯塔利—泰勒计划，越南共和国总统吴庭艳宣布在整个越南南方实行军事化管理，把全国分成特区（西贡—嘉定）、军区、小区（各省省会）、支区（郡县）。重点是健全小区和支区的防务，形成拉网式军事防御体系，分片剿灭"越共"。在整个防务整合中，吴庭艳特别重视西贡市所在的第3军区，他把南部东区划分为8个省，由南越国军第5师团、第18师团和第25师团以及2个独立团又22个独立营、保安军111个连负责。

---

① 许多书籍把越南南方解放军称为"越共"，而把北方的越南人民军部队称为"北越人民军"，这种叫法是错误的。

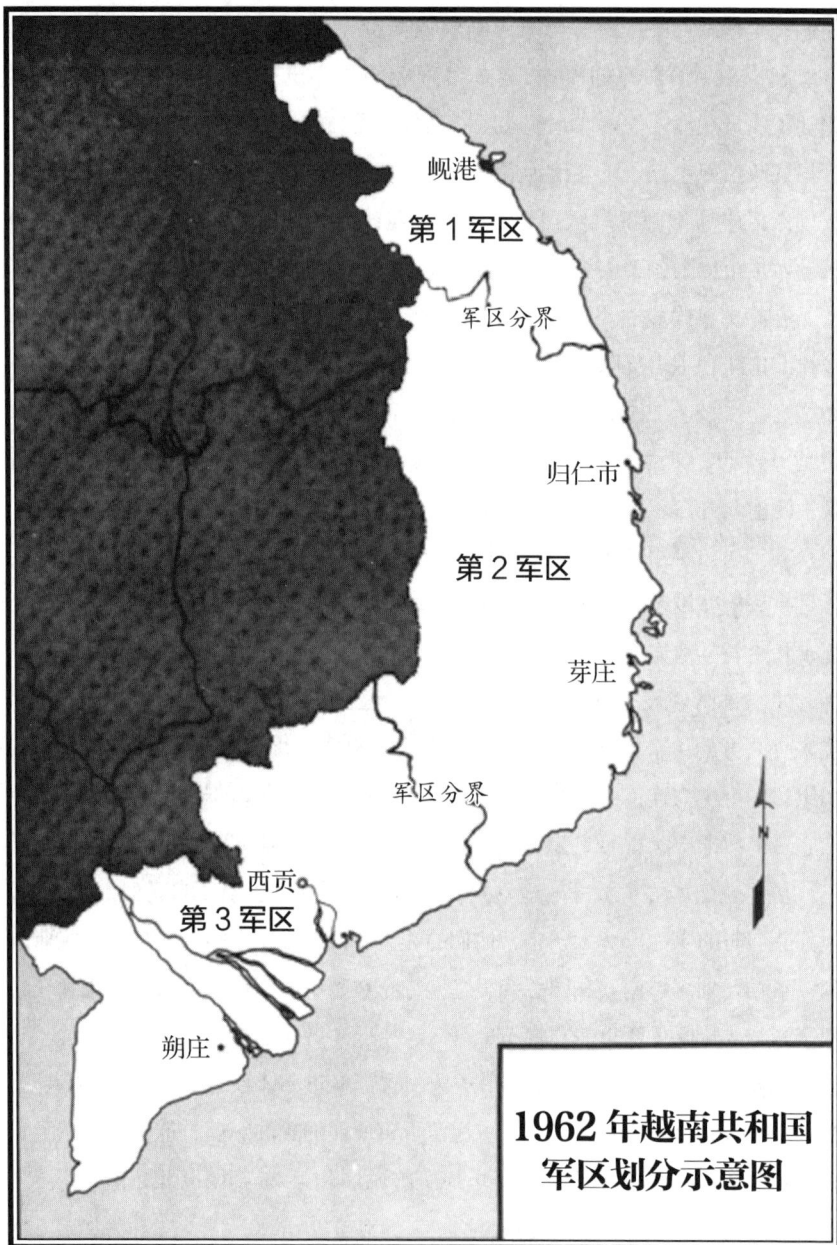

岘港

第 1 军区

军区分界

归仁市

第 2 军区

芽庄

军区分界

西贡

第 3 军区

朔庄

1962 年越南共和国
军区划分示意图

▲ 1962 年越南共和国军区划分示意图。

1961 年 4 月 13 日，吴庭艳又下达了"第 98 号总统令"，决定把西贡—嘉定合并成首都特区，先归第 3 军区接管，后由南越联合参谋本部直辖。驻防西贡市区周围的是南越国军第 52 步兵团 2 个营、1 个机动野战战团、别动军第 30 营、2 个炮兵群、光中训练中心和守德军校学员营，以及保安军 3 个营又 15 个连，这些部队直接负责首都特区防卫。此外，南越国军还在西贡市的黄花探兵营驻有第 1 伞兵战团（后改为第 1 伞兵旅团），九龙营驻有海军陆战队 1 个旅团。虽然伞兵和海军陆战队是南越国军的战略总预备队，但吴庭艳还是会不时地用他们清剿南部东区的越军部队。

尽管强敌环伺，但西贡—嘉定—堤岸军区依旧决定在根据地用主力部队、地方部队和乡村游击队展开阻击、伏击、运动进攻战，粉碎南越国军的清剿，辅以政治斗争迟滞和击破"战略村"计划。西贡市则采取别动队袭击的方式，不断给南越政权的心脏制造麻烦。

在这个精神的指导下，西贡市很快就"热闹"起来。1961 年 4 月 6 日，西贡—嘉定的学生决死武装队在黎洪思与何文贤指挥下，在西贡市的吴实冉路袭击并击毙了美国人威廉·托马斯。第二天，1 名学生决死武装队员又用手榴弹袭击了美国大使馆，但这次行动没有成功。

西贡市内连续发生针对美国人的袭击事件，引起了南越当局的强烈反弹。吴庭艳指示军警在西贡市内进行拉网式搜捕，很快逮捕了黎洪思和西贡—嘉定学生决死武装队的一些骨干队员。

通过西贡—嘉定学生决死队短暂的斗争，西贡—嘉定—堤岸军区意识到仅靠一支队伍进行城市游击战是无论如何也没法分散南越军警的注意力，反而容易使自己在对方清剿下蒙受重大损失。经西贡—嘉定—堤岸军区的请示，西宁省阳明珠根据地的越南南方解放军总司令部决定给他们调派一批经验丰富的特工干部，重新对西贡—嘉定—堤岸军区的别动指战员进行训练后，组建了第 159、第 65、第 66、第 67A、第 67B、第 68 和第 79 别动队。为了配合这些别动队的袭击战斗，西贡—嘉定—堤岸军区的侦察部门还特地在西贡市内建立了秘密机动地道和遍布全城的侦察网点，军区参谋部也在西贡市内建立了大量的秘密交通联络网点，使城市游击战得到了很大的发展。

与之相对，在同一时间，越军在西贡周围根据地的反扫荡作战却遇到了很大的麻烦。1961 年 8 月，南越国军以古芝县新安乡为试点，推行"战略村"计划。从 1961 年 11 月起，南越不断扩大试点，把鹅门县的敦村、壹村、安富东乡，雅贝县的隆建乡，守德县的协平乡，新平县的新和乡、新壹乡和永禄乡都纳入了试点范围，而且获得了不小的成功。1961 年底，吴庭艳就宣布，西贡周围的"战略村"试点中，安富东乡和隆建乡获得了完全成功。

为了加大在"战略村"建设过程中的军事打击力度，美国陆军航空兵部分直升机群抵达西贡，同时还给南越国军装备了一批 M113 装甲运兵车。得到新式武器的支援后，南越国军改变打法，采取了直升机机降结合装甲车冲击的战术对越军根据地实施围剿。1962 年 2 月，南越国军使用这个新战术，对古芝县和新平县的根据地展开攻击，缺乏重武器的古芝县中队和新平县 301 营无力抵抗，败下阵来。

南越方面，新的武器和新战术取得了很大的成功，这使越军面临着巨大的挑战。在直升机机降和装甲运兵车冲击战术的打击下，越军丢失了不少根据地。至 1962 年 9 月，越南共和国总统吴庭艳宣布，在越南南方总数 11300 个乡中，有 1/4"恢复了秩序"。

为了击破"战略村"国策和"直升机机降结合装甲车冲击"的战法，越军想了很多办法，其中之一就是广泛组建营一级的主力部队，实施集中作战，反过来对南越国军进行拔点作战，打乱"战略村"计划。西贡—嘉定—堤岸军区为了响应越南南方解放军司令部的号召，于 1962 年 3 月组建了决胜 1 营，最初兵力编制 300 人，口号是："一切为了胜利，一切为了拔点。" 1962 年 7 月 7 日，决胜 1 营首战告捷，他们在古芝县迪美村成功组织了一次拔点袭击战斗，重创南越国军保安军 1 个连，缴枪 10 条。

与此同时，为了实现南方解放军司令部定下的"隐蔽潜入和发展'战略村'秘密力量"的战略决心，西贡—嘉定—堤岸区委所属的各级党部和各级县委计划在"战略村"内秘密发展革命力量，同时以武装力量不断袭击各个"战略村"。在古芝县的新城西乡，乡支委派 2 名支委员和 1 名游击队员带着 3 支短枪，潜入"战略村"伏击，一连 7 夜，他们不断袭击"战略村"内的南越机构，搞狙击伏击。为了搜查狙击手，村里的民卫队被迫分兵到"战略村"外巡逻。利用这个机会，越军 3 位同志潜入"战略村"，动员群众与南越国军进行斗争，发

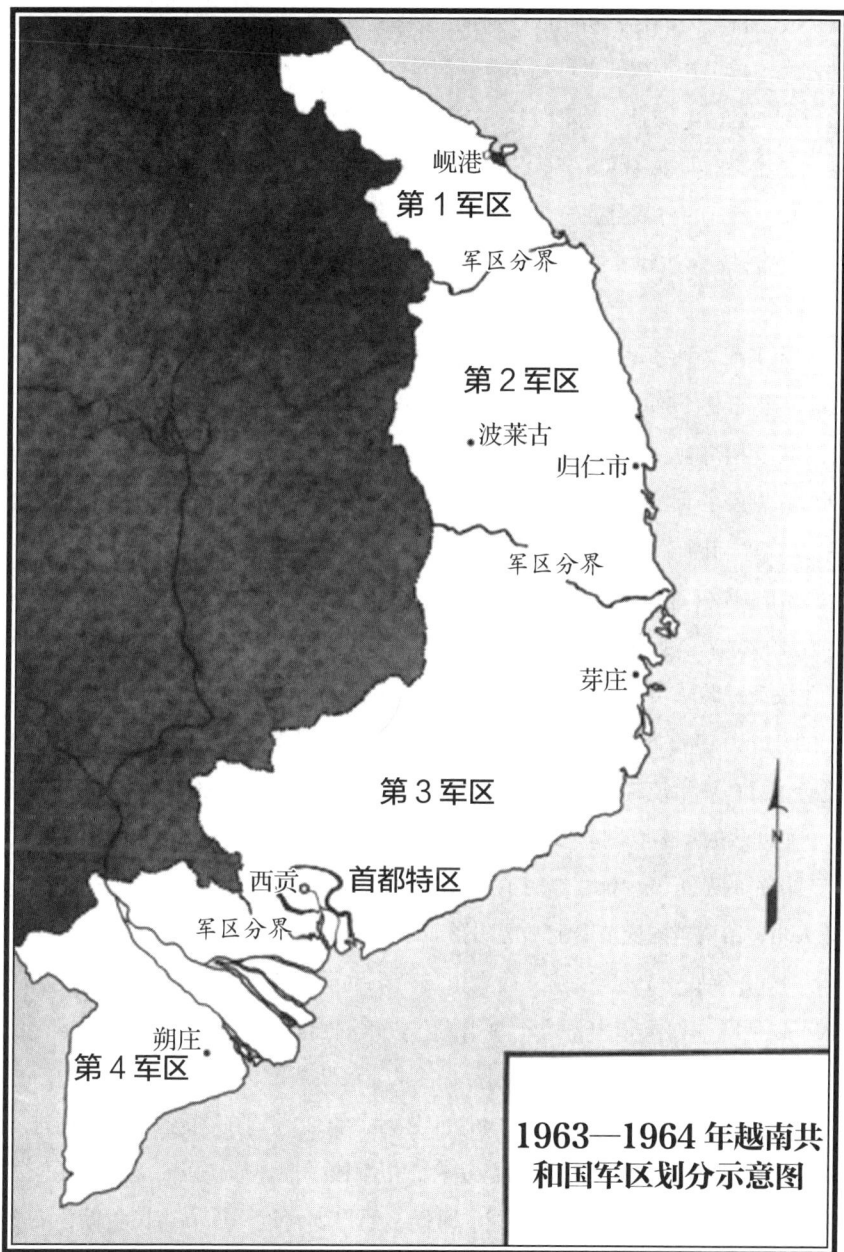

第 1 军区

岘港

军区分界

第 2 军区

波莱古

归仁市

军区分界

芽庄

第 3 军区

西贡 首都特区

军区分界

朔庄

第 4 军区

1963—1964 年越南共和国军区划分示意图

N

▲ 1963—1964 年越南共和国军区划分示意图。

展"战略村"内的秘密游击队，协助武装队伍从外部破击"战略村"。采取这种方式，越军初步扭转了被动不利的态势。

到1962年4月底，新平县、古芝县、守德县和鹅门（鹅邑和霍门的统称）县的秘密游击队人数就达到了575人，平均每个村有1~2个游击组（每个组2~4人），有的村甚至拥有6~7个游击组。其中，秘密游击队数量最多的是中和"战略村"，达到了7个游击组，共20人，保知"战略村"也有6个游击组，计16人。

为了配合西贡周围各县拔点破击"战略村"的行动，西贡—嘉定—堤岸军区还指示各个别动队加强在西贡市内的袭击活动。各个别动队的男女队员们化装成女招待员、出租车司机、环卫工人、酒吧侍女等，在酒吧、咖啡厅、出租车、剧院、大街上采取各种方式袭击美军顾问。1962年前9个月，美军就有25名顾问因各种袭击事件倒在西贡市内。

南越政权对神出鬼没的别动队的袭击十分头疼，为了杀一儆百，南越当局在1962年5月24日公开处决了他们俘虏的黎洪思、黎光永、黎文清和9名学生决死武装队员。不过，这些处决并没有吓倒别动队队员们，反而激发了他们的斗志。1962年10月26日，吴庭艳特地下令在国庆日上举行一个武器展览会，意在展示炫耀南越国军的武力，却不想被第139别动队逮了个正着。第139别动队的1名女别动战士化装潜入，朝展览会场扔了一枚手榴弹，炸死了南越国军的范玉佩少校，炸伤了包括南越反谍情报局副局长在内的2名南越军政人员，给南越国庆节蒙上一层阴影。

1962年底—1963年初，西贡市各个别动队的袭击活动达到高潮，别动队不仅活跃在西贡市内，还不断出击西贡市周围联军（美军和南越国军）各个重要的军事基地：第65别动队1名战士化装成工人，隐蔽潜入新山一机场，炸毁了9个航空汽油罐；1963年2月，第65别动队1名战士翻墙进入西贡市高胜路31号一个美军顾问宿舍，用1枚手榴弹炸伤了1名美军顾问，当附近警戒的南越军警赶来搜捕的时候，他得到附近一位女市民救助，安全逃脱。

1963年3月，西贡—嘉定—堤岸军区还策划对新山一机场搞一次特种炸弹袭击。为此，军区特地安排了1名女侦察员和新山一机场塔台调度员四邦同志（第65别动队的内线）接头。这名女侦察员向四邦详细说明自己的任务后，四邦向她介绍了新山一机场的情况，并和她一起研究行动方案。在了解并摸清了美军航班规律后，1963年3月29日，这位女侦察员化装成四邦的情人，大摇大摆进入了新山一机场。接着，他们若无其事地走进了新山一机场的候机楼，里面坐满了等待回国的美军顾问，他们正等着坐飞机回旧金山。一进候机楼，四邦和这位女侦察员就很热情地跟美军顾问打招呼，并把一个装有定时炸弹的手提袋作为礼物送给了一名美军顾问。这名美军顾问不知是计，还以为对方真心实意给自己送礼物，于是满心欢喜地接受了。按计划，这枚定时炸弹将在班机飞越太平洋上空时引爆，可不知为什么，炸弹直到飞机在旧金山着陆，大部分乘客下了飞机才爆炸。根据美联社的报道，这次炸弹袭击仅仅炸死了2名美军顾问。尽管如此，西贡别动队的这个行动，仍然给美国和南越政权带来了不小的冲击。

城市游击战打得热火朝天的同时，破击"战略村"风潮也在如火如荼地进行。越南南方人民采取各种办法、各种应变措施来对付南越政权的"战略村"：不接受、不承认南越政权设立的各类机构和乡公所，不接受南越国军用以招募村民组建民卫队而分发的武器，或看准时机，当革命力量出现的时候才接受武器；同时利用所谓集体劳动的时间，寻机挖地道，让越南人民军的干部、游击队秘密潜入"战略村"进行侦察；在根据地，各个战斗乡也逐步形成。古芝人民积极恢复抗法时期的旧地道，又增建了不少新地道，发展成了有效的地道网络和壕堑系统。1961年底—1963年底，新平县、鹅邑县、霍门县修建了4887条地道、3515个小型战斗掩体、43个大型战斗掩体，特别是古芝县人民，他们挖堑壕6500米、地道3000米。在地道战中，仅新平县、鹅邑县、霍门县的战斗就击毙了44名保安军和民卫队，打伤170人。地道战的出现，对粉碎南越国军在古芝县推行"战略村"计划起到了决定性的作用。

"战略村"计划的逐步破产和吴庭艳政权的倒行逆施，使越南共和国内部积蓄已久的矛盾终于爆发。1963年11月11日，杨文明发动政变，吴庭艳和吴庭儒双双被杀。但推翻了吴庭艳，并不意味着越南共和国政权就此稳定下来，相反，军人执政的越南共和国内部斗争不断。1964年3月，阮庆又取代了杨文明，出任越南共和国临时总统。

就在吴庭艳被杀后不久，美国总统肯尼迪也遇刺了。继任美国总统约翰逊在全盘继承肯尼迪对越政策的同时，还加大了对越南共和国的援助力度，铁了心要消灭"越共"。第二年，威斯特摩兰上将，这位在越战中最有争议的美国陆军将领，踏上了征战越南的路程，从保罗·哈金斯的副手做起，开始了他的越战之旅。

不过，新一届美国政府也没有办法挽救"战略村"计划和特种战争战略逐渐失败的势头。进入1964年，越军在整个南方加大了出击力度，运动进攻、袭击战斗、伏击战斗打得有声有色。西贡—嘉定—堤岸军区也不甘落后，各个别动队在西贡市内外活跃出击，爆炸声此起彼伏。

1964年1月9日11:00，第67别动队员阿勇在新山一机场附近的美军顾问食堂安放了一枚4千克的定时炸弹。当美军顾问进餐时，这枚炸弹爆炸，炸死炸伤美军3人。第二天，第65别动队1名别动战士又在西贡市内朝美军1辆卡车扔手榴弹，宣称炸死5人。

连续2次告捷，既来了个开门红，也极大地振奋了西贡市内各个别动队的士气。1964年2月9日，第67别动队2名别动战士潜入新山一机场附近的高尔夫球场，这是在机场服役的美军空地勤人员的主要娱乐活动场所。20:00，定时炸弹准时爆炸，给美军造成了一定的人员伤亡。

一周后，也就是1964年2月16日，越军第159别动队3名别动队员（含1名驾驶员）开车来到黎文决路的京都剧院（这里是美军士兵最喜欢聚集的娱乐场所），一下车，别动队员三禀就掏出手枪，打倒了剧院门口的卫兵，掩护阿风抱着炸弹冲进了剧院。随着一声巨响，剧院浓烟滚滚。袭击京都剧院再度告捷。

在西贡港码头，1964年4月30日，在得知美国海军二战时期的护航航空母舰、排水量16000吨的"卡德"号入泊后，第65别动队决定抓住这个时机，消灭这艘护航航空母舰，以胜利庆祝1964年的五一劳动节。5月1日清晨，第65别动队的两位别动战士——林山瑙（Lâm Sơn Náo）和阮飞雄（Nguyễn Phi Hùng）携带2枚40千克炸弹，伪装成船工与沿河船只检修工，沿着西贡河划船而下，骗过了多个南越检查站与水上游动哨，自由进入了西贡码头，趁人不备，在"卡德"号护航航母上安放了定时炸弹。1964年5月2日黎明，2枚40千克炸弹准时爆炸，"卡德"号护航航母坐沉西贡码头的浅湾里。[①]这次胜利让西贡别动队的声威大震。为了表彰林山瑙和阮飞雄的功绩，越南民主共和国国防部授予他们各 1 枚三等军功章。

1964 年 5 月 2 日下午，当美军和南越国军还没从"卡德"号被炸的错愕中惊醒过来的时候，第 67 别动队的战士六邦又给了他们一个出其不意的打击，1 辆满载美军的卡车往码头行驶时，被他投出的一枚手榴弹炸中，宣称炸死炸伤美军 8 人。

同样是在 1964 年 5 月 2 日，还发生了一件爆炸性的事件。第 65 别动队战士阮文追试图用炸弹袭击的方式炸死访问西贡的美国国防部部长麦克纳马拉。不过，这次袭击事件没有得手，而且阮文追的行动暴露，被南越当局逮捕并枪毙。这次袭击事件引发了西方媒体的广泛报道。

针对第 65 和第 67 别动队的频繁活动，南越方面加强了防备，可实际却是防不胜防，因为别动战士衣着和平民并无二致，而且经常化装成各类角色，所以袭击事件还是层出不穷。

1964 年 6 月 26 日，第 67 别动队队员阮文敢袭击了新山一机场，这是西贡别动队第三次组织对新山一机场的袭击，宣称炸死美军 13 人。2 个月后，也就是 1964 年 8 月 25 日，侦察战士阮成春和女侦察员兼交通员阮氏明月（Nguyễn Thị Minh Nguyệt）分别化装成南越军官和美国军官的情人，潜入美军在西贡的卡拉维勒大楼，在第 9 层引爆了一枚炸弹，杀伤了部分美军。

1964 年 11 月 18 日，第 67 别动队战士阮文敢在新山一机场的空军候机楼实施炸弹袭击。当时，南越国军中将孙室丁（Tôn Thất Đính）[②]正率 15 个营的兵力对西贡—嘉定—堤岸的越军后方根据地进行扫荡。为了反击南越国军的扫荡，配合正面战场作战，第 67 别动队命令阮文敢携带 4 千克炸弹（内装 500 个钢珠，是特种制作的杀伤炸弹）安放在新山一机场的候机大楼里。这次炸弹袭击事件导致美军 10 多人死伤，有力支援了正面战场的反扫荡战斗。

一个月以后，西贡市的布鲁克林酒店（6 层楼）又遭到了炸弹袭击，这是

---

① 事后美国海军把"卡德"号护航航母打捞起来，拖到菲律宾的苏比克湾。
② 1966 年 4 月，他在第 1 军区司令任上因卷入阮诗曼事件，被解除了职务。

西贡市内美军的一处重要军事机构，常驻约 200 名官兵，许多都是校级军官，包括一名南越国军情报局的资深美军上校顾问。为了袭击布鲁克林酒店，西贡—嘉定—堤岸军区的情报股长阮德雄（Nguyễn Đức Hùng）亲自草拟了作战计划。由于这次战斗异常重要，西贡—嘉定—堤岸军区指挥长兼参谋长直接把作战计划和战斗决心向区委书记武文杰报告，并得到了武文杰的批准。

作战方案是化装成南越国军军官和美军顾问关系人员，用出租车载着 200 千克定时炸弹，骗过门卫，开进布鲁克林酒店。经过研究，西贡—嘉定—堤岸军区决定选择阮和与阮成春两人来执行这个任务，两人要化装成南越国军上校和专职司机，执行这个任务。除此以外，还有不少同志也在这个任务中担负要务：阮通（Nguyễn Thông）负责谍报业务，查明布鲁克林酒店内的美军部署情况；阮农负责侦察，摸清布鲁克林酒店内美军的活动规律；阮氏明月负责开车把武器交给阮和与阮成春；杜汉和他的家人负责炸弹准备，以及提供出租车；阮文越负责在布鲁克林酒店附近占领射击位置，充当战斗员随时准备掩护阮和与阮成春完成任务。

在周密的布置下，阮和与阮成春成功袭击了布鲁克林酒店，炸毁了酒店 3 层楼，还顺带烧毁了酒店附近的 4 个储备 2500 升汽油的小油罐。这次袭击行动是对美军轰炸越南北方的有力还击。布鲁克林酒店灾情严重，美国远征军第二任总司令威斯特摩兰上将不得不承认，在这次袭击事件中死伤了 100 多个美国人，"情况实在是糟糕透了"。

1964 年不仅是西贡各个别动队的丰收之年，也是西贡—嘉定—堤岸军区主力部队和地方部队的胜利之年。1964 年 1—8 月，西贡—嘉定—堤岸军区主力部队和地方部队先后粉碎了南越国军 4 次中等规模的围剿，基本扭转了自 1961 年初以来不利的战场态势。

在部队建设方面，西贡—嘉定—堤岸军区决定继决胜 1 营以后，再组建决胜 2 营。该营一成立，就配合越南南方解放军第 1 步兵团（日后大名鼎鼎的平也团，后述）在古芝县 7 号省道组织了一次成功的伏击战，一举重创南越国军 2 个别动连。

1964 年 6 月，决胜 2 营又配合越南南方解放军第 2 步兵团（日后的同帅团）在 7 号省道设伏，重创南越国军 1 个装甲车支团，缴获 1 辆 M113 装甲运兵车。

这是西贡—嘉定—堤岸战场上越军第一次打败南越国军的装甲车部队。

1964 年秋，越南南方战场形势逐步变得对越军有利，北越特种战争战略逐渐破产之时，为了彻底扭转形势，迎接新的斗争高潮，越南劳动党中央政治局决定实施 X 计划，即在整个越南南方发动总攻击，也就是在 1964—1965 年旱季发动强大的攻势，重创南越国军，把根据地规模恢复到 1960 年全民总奋起的态势。

在越南劳动党中央政治局的指示下，越军从平定省的安老战役开始，连续发起了 10 次打击，经过安老战役、平也战役、巴嘉战役、同帅战役等诸多战役战斗的打击，南越国军损失惨重。如果美军再不派出地面部队参加越南南方作战的话，那么处于覆灭边缘的南越政权就没救了。为了挽救越南南方的危局，美国总统约翰逊决定直接派出地面部队（美国陆军和美国海军陆战队）前往越南南方，把特种战争战略升级为局部战争，企图利用强大的美军打败越军，夺回失去的胜利。1965 年 3 月 6 日，美国海军陆战队 3500 人在岘港登陆，标志着美军全面介入越南战争。

美军在岘港的登陆，使越南南方形势更加紧张。为了给约翰逊一点“颜色”看看，西贡—嘉定—堤岸军区决定派别动队袭击美国驻南越大使馆。参加这次袭击战斗的队员是阮成春、黎文越和陈世文，他们奉命用 140 千克的 TNT 炸弹和 C4 塑胶炸药袭击美国大使馆。这次袭击仍然得到了西贡市内著名的美女交通员兼侦察员阮氏明月的协助。

这次袭击照例进行了巧妙的分工。阮氏明月负责把 3 支短枪和冲锋枪交给阮成春、黎文越和陈文世，自己负责对进出美国大使馆的道路进行侦察。一名在法国大使馆里执行安全保卫任务的南越国军上尉是越军的内线，他的任务就是给别动队通报美国大使馆内的兵力部署情况。根据阮氏明月和内线提供的情报，西贡—嘉定—堤岸军区对 3 名别动队员进行了分工，以陈文世作为战斗员，掩护黎文越和阮成春的袭击。

1965 年 3 月 30 日上午 9:40，黎文越、阮成春和陈文世乘坐出租车从西贡市内的陈光凯路 85 号的万和咖啡厅出发，到达潘清简路时与南泊同志的 3 辆摩托车会合。南泊带着 3 辆摩托车开在出租车的前面，一面给出租车带路一面侦察路况。抵达美国大使馆前，陈文世离开了。正当黎文越和阮成春试图重新驾车冲进美国大使馆大门引爆炸弹的时候，却被一名南越警察给拦了下来。眼看双方争执影响到任务完成，阮成春断然引爆了炸弹。猛烈的爆炸炸死了美国大使馆女雇员芭芭拉·罗宾斯，美国大使馆副大使亚历克斯·约翰逊负伤。这次炸弹袭击给了美国强烈的震撼，迫使美国把大使馆搬迁到统一大道4号。为了"惩治越共"的"肆意妄为"，南越当局判处被俘的别动队员黎文越死刑。

得知这个消息，西贡—嘉定—堤岸军区向越南南方民族解放阵线中央请求尽一切可能营救黎文越。不久，越南南方民族解放阵线广播电台发表声明，宣称如果黎文越被南越当局处决的话，那么民族解放阵线将立即处决被越军活捉的美方顾问古斯塔夫·赫兹。

越南南方民族解放阵线的声明，对南越当局也是个不小的威慑。如果古斯塔夫·赫兹被处决的话，无疑会给越南共和国和美国的双边关系带来严重影响。考虑到这层关系，南越当局最终判决黎文越无期徒刑，关押到昆仑岛芝和监狱的P3B11号牢房，单独监禁起来。在昆仑岛关押期间，黎文越试图越狱逃脱，不幸被看守抓了回来，遭到残暴毒打，于1966年10月31日夜牺牲在昆仑岛，时年26岁。

1965年3月，阮庆政权倒台，阮文绍登台，开启了他的十年执政生涯。虽然阮文绍的上台结束了南越内部的政权更迭和纷争，可战争形势依然没有任何好转。在西贡市周围各县，西贡—嘉定—堤岸军区所属的各个主力部队继续发起大规模进攻。在1号公路沿线，决胜2营伏击了南越国军2个连，缴枪100多条。由新平县301营改编而成的新平县6营（1965年4月改编）也于1965年4月30日在6号公路的平政县安夏桥组织了一次大规模伏击战，重创了南越国军第61保安营，缴枪9条。接着，新平县6营由掩护西贡—嘉定—堤岸军区所属的第8营（装备迫击炮和无后坐力炮，后又增加了DKB 122毫米单管火箭炮）支援对新山一机场组织游动炮击，给美军造成了部分损失。

1965年5月7日，在耒县，平政县游击队伏击重创了南越国军别动军第30营2个连。由古芝县中队升格成的县大队也不甘落后，他们在1965年5月打击南越国军第5师团的反扫荡作战中，歼灭了南越国军1个连。

不过，古芝县毕竟是南越国军扫荡的重点，县大队再怎么能打也是势单力薄。西贡—嘉定—堤岸军区司令部一纸命令，就把决胜1营调到古芝县润德乡的包历村，反击南越国军第5师团的扫荡。1965年9月9日上午10:00，南越国军第8步兵团在包历村实施扫荡时，突然遭到越军决胜1营伏击。决胜1营的指战员们集中兵力依托工事堑壕先是压制了南越国军战斗队形，然后冒着美军投下的炸弹，冲过弹幕靠到跟前，和南越国军展开肉搏拼杀。至17:00，眼看战斗就要打成僵持状态，而且于己越发不利的时候，决胜1营火力连奉命集中迫击炮群猛烈轰击南越国军第8步兵团团部，一发60毫米迫击炮弹不偏不倚正中目标。这一突如其来的打击让本来逐渐占得上风的南越国军第8步兵团有些措手不及，仓促间撤出战场，放弃了唾手可得的胜利，决胜1营反败为胜，宣称缴获了上百条枪支和30部电台，以及不少弹药和军需物资。

决胜1营的胜利让西贡—嘉定—堤岸军区兴奋异常，他们认为这是西贡—嘉定—堤岸特区在1960—1965年反击"特种战争"的诸多战役战斗中获得的最大规模的胜利，重创了南越国军正规军1个步兵团。这次战斗也宣告越南共和国在西贡—嘉定—堤岸特区辖地特种战争战略的彻底破产，局部战争拉开帷幕。显然，光靠南越国军是无法完成"剿共大业"的，于是美军开始登场。南部东区，特别是西贡—嘉定—堤岸地区的战场压力骤然增大。

1965年5月，美军第173空降旅进入南部东区战场，他们在龙头河与边和展开兵力，威斯特摩兰上将给第173空降旅的任务是组织对西贡市周围地区的扫荡，打掉周围的越军根据地，解除西贡接近地的越军威胁。第173空降旅的出现，给越南南方解放军司令部直辖的第5步兵师和第9步兵师构成了很大的威胁。

为了应对美军第173空降旅，以及随后而来的美国陆军第1机械化步兵师（大红1师）在南部东区给越南南方解放军造成的巨大压力，西贡—嘉定—堤岸军区决定让别动队加强在西贡市内的袭击活动。1965年6月25日，越军别动队员陈文敢对新山一机场进行了他个人的第三次袭击，号称炸死炸伤美军30人。这位别动勇士创造了奇迹。

在美军地面部队参加越战后，西贡—嘉定—堤岸军区也根据敌情态势变化做出调整，决定整合军区直属别动力量，于1965年6月专门成立了一个别动团，对付西贡市内各个目标。这个别动团的番号是F100团，阮德雄担任指挥长，七勇任政委，六清为副指挥长，七山为参谋长。除了常规作战任务和训练外，F100团还要不间断组织侦察西贡市内各个目标，并密切监视南越政权各个首脑目标的动态。经过一段时间的组织集结，F100团下辖第3、第4、第5、第6、第7、第8、第9、第10、第11等9个别动队，各队指战员人数15~20人不等。同时，团还下辖3个特工/别动队：第1特工/别动队在鹅邑—霍门活动，第2特工/别动队在新平县和新山一机场周围、第10和第11郡活动，第3特工/别动队在守德县、雅贝县与西贡河流域活动。除了特工/别动部队，F100团还下辖2个保障队，即A20后勤保障队和A30后勤保障队：A20队的任务是往西贡市区内运送武器，由三坊同志担任指挥长，二桑同志任政委；A30队的任务是在西贡市内挖秘密地道沟通市区内外的秘密联络点，六清和四定两位同志分别担任指挥长和政委。除了F100别动团，原先的老别动队转移到西贡市周围各县活动：第65别动队在新平县，第66别动队在堤岸区，第67别动队在鹅邑—霍门，第68别动队在雅贝县—第4郡，第69别动队在守德县。

尽管从西贡—嘉定—堤岸军区到越南南方解放军总司令部都针对美军的到来在指挥结构和部队编制上做出了一系列调整，可美军作战能力强大，迫使越南劳动党中央定下的总攻击总奋起的X计划执行了一半就被迫中断了。1965年秋，越南劳动党中央做出指示，要求在南方的越军暂缓政治和军事进攻，转为积蓄力量，待日后再发起总攻击和总奋起。

美军的攻势确实非常凶猛。1965年7—12月，美国远征军逐步压住了越军在南方的攻势高潮。与此同时，美军继续源源不断增兵越南南方，锐意发起1965—1966年度第一次旱季战略反攻，西贡—嘉定—堤岸自然是美军作战的重点之一，西贡—嘉定—堤岸军区的压力非同一般。

面对美军的大举增兵，西贡—嘉定—堤岸军区决定在西贡市区继续组织别动队进行袭击活动，在根据地发动人民群众配合主力部队和地方部队打击美军和南越国军的扫荡。

1965年8月16日，第7别动队在阮成春的指挥下，趁着升旗仪式袭击了西贡的越南共和国警察总署。同年12月14日，阮成春再度指挥第7别动队进攻阮古城—陈兴道路的美军顾问团宿舍区，他们将400千克的C4塑胶炸药引爆，炸死炸伤了不少美军和技术人员。

在西贡市内各个别动队活跃袭击的掩护下，西贡—嘉定—堤岸军区在西宁省阳明珠根据地整训地方部队，组建了6个尖刀营和1个炮兵营。根据西贡—嘉定—堤岸军区的安排，这6个尖刀营和1个炮兵营相继于1965年6—9月潜回西贡市周围各县战斗：2营到鹅邑—霍门活动，称鹅门2营；3营到堤岸活动，称堤岸3营；4营到守德县活动，称守德4营；5营到雅贝县活动，称雅贝5营；6营（也就是原先的新平6营）到新平活动；7营和8营（炮兵营）在古芝活动，称古芝7营；1营为西贡—嘉定—堤岸军区机动预备队。

在此期间，美军掀起的第一次旱季战略反攻还是给西贡—嘉定—堤岸军区带来了巨大的压力。1966年1月下旬，美国陆军第25步兵师（绰号热带闪电）2旅先是在中立乡建立进攻跳板，然后对古芝县周围根据地进行扫荡。古芝县7营和县大队与美军大打地道战，让美国陆军第25步兵师2旅摸不到对手，却经常挨打。在古芝根据地进行的为期一个月的清剿反地道战行动中，第25步兵师2旅战死50人，负伤350人。美国陆军越战官方战史《Combat Operations STEMMING THE TIDE May 1965 to October 1966》评价道："古芝地道将在未来几年继续折腾第25步兵师。"

尽管如此，美国陆军第25步兵师2旅的扫荡还是给古芝根据地造成了很大的损失：1000多座民居被毁，2000多座房屋受到不同程度破坏，成千上万的稻田和果园被毁，许多交通壕和地道被捣毁与填平。为了配合古芝县游击队反击美军的扫荡，新平县6营出击安夏桥，重创南越国军海军陆战队1个连，接着又和南越国军第30、第33别动营展开战斗，重创别动军1个连又1个排。接着，新平县6营在特工部队的支援下，突然插到西贡市第6郡，消灭了一个警察屯，歼灭南越野战警察一个排，发展和扩大了西贡南面的根据地。

守德县4营也异常活跃，他们先是袭击了约村，然后又在1966年4月18日消灭了几百名警察和学生兵，接着打平实西乡，重创了民卫队2个排。鹅门2营对新桂、和富、保江等诸村的保安屯进行袭击，拔掉了许多民卫屯和保安屯，进一步扩大了鹅邑—霍门根据地。西贡—嘉定—堤岸军区直属的第8营（炮兵）又在新平县6营和别动队配合下，连续对西贡市周围的联军军事基地实施游动炮击：1966年4月13日夜，第8炮兵营用400多发迫击炮弹轰击了新山一机场。根据美国空军的《越战期间机场被袭损失统计表》记载，这次炮击导致62架飞机被打坏，美军死7伤111人，越南共和国空军有2架飞机被击毁，2人战死。1966年6月17日夜，第8炮兵营又轰击了西贡七贤的美军后勤仓库区，炸坏十几台车辆。9天后，也就是1966年6月26日夜，第8炮兵营对美军的同宇后勤基地进行猛烈炮击，一直打到第二天凌晨5:15。在第8炮兵营的轰击下，美军损失很大，8辆汽车和4间仓库房被毁。

在各尖刀营相继告捷的同时，西贡—嘉定—堤岸军区的主力部队2个决胜营也不甘落后。1966年7月23日夜，决胜1营在菊溪伏击并重创了南越国军1个保安连，迫使对方逃回古芝西北16千米的沙约村。不过，美军第25步兵师2旅赶来救援，让决胜1营放弃了追击。

1965年6月，根据越南中央军委和越南南方解放军司令部的决定，在西贡东南成立乃萨特区，专门负责在雅贝港、龙头河与雅贝河袭扰美军的后勤基地。乃萨特区一成立，很快就组建了自己的部队，最初番号是第125团，阮克宝任团长，四海任政委。1966年1月，乃萨125团改编成43团，阮文梅任团长。1966年3月17日—6月底，乃萨43团用57毫米无后坐力炮在龙头河流域先后打了43次航运封锁战斗，宣称击沉8000吨船舶。为了拔掉乃萨43团这颗钉子，美军第199步兵旅以1个营的兵力于1966年7月20日突袭了乃萨43团4连在迪罗的阵地，4连猝不及防，全连60名指战员损失过半，被迫转移。尽管受到了美军的打击，可乃萨43团并没有气馁，而是继续丰富自己的打法，以重创对手。

从1966年8月1日开始，乃萨43团在龙头河布设漂雷，封锁航运，炸毁了不少南越内河运输船。接着，乃萨43团换装了75毫米无后坐力炮，出击雅贝港。8月8日，他们宣称击沉1艘8000吨级船只。对乃萨43团的活跃出击，美军自然不会无动于衷。8月24日，乃萨43团5连在龙头河畔的古劳（Cù Lao）刚开始对过往航行的船只射击时，就遭到美军武装直升机群的突击。接着，美军第199步兵旅2营实施登陆，将5连来不及撤走的37名指战员团团包围。经过20多分钟的战斗，37名指战员全部牺牲，3门75毫米无后坐力炮也落入了美军手里。福无双至，祸不单行。在古劳吃了败仗的乃萨43团又在成安乡再败一阵。战前，乃萨43团4连刚刚补充完7月20日的损失，试图在成安乡组织75毫米无后坐力炮阵地，准备伏击过往船只，不料其举动被美军查知。

美军第199步兵旅决定先下手为强，依旧以第199旅2营（该营就是乃萨特区部队的天敌）采取登陆和机降突击的方式，把乃萨43团4连、1个步兵连和1个侦察班团团包围。虽然被围部队拼死战斗，突出了重围，但携带的4门7毫米无后坐力炮和2门82毫米迫击炮全部落入了美军手里。

连续多次被打，乃萨特区党委和指挥部及时总结经验，认为龙头河、雅贝河地区地势平坦，水网纵横，利于美军的机降突击和登陆作战，因此继续采取正规战是不符合实际需求的。经过认真分析，乃萨特区党委和指挥部决定，取消乃萨43团番号，把全团指战员全部改训为特工，采取特工活动方式袭击航运和雅贝港。经过改编，乃萨43团消失，日后威震南方战场的特工10团正式成立。

不过，西贡—嘉定—堤岸军区还来不及庆贺特工10团的成立，特工10团就要投入到艰苦的战斗中，因为美军掀起了第二次旱季战略反攻的狂潮。1966年10月—1967年6月，美军发起了"联络城"行动，重点打西宁省阳明珠根据地，试图一举铲除南方中央局和越南南方解放军司令部。当时，越南共和国总统阮文绍为了给联军打气，决定在1966年11月1日举行国庆节阅兵式。

为了配合阳明珠根据地进行艰苦的反扫荡作战，西贡—嘉定—堤岸军区决定组织部队袭击这次阅兵式，狠狠打击联军的气焰。对这次袭击，西贡—嘉定—堤岸军区做了周密的部署，他们认为西贡在遭到越军特工／别动部队多次袭击后，阮文绍肯定会加强安全保卫措施，花几个月时间进行安全准备和检查工作，确保这次国庆阅兵式的安全，因此以往的手榴弹袭击或C4塑胶炸药袭击方式已无法奏效，遂决定用75毫米无后坐力炮来实施这次袭击。

决心已下，西贡—嘉定—堤岸军区遂命令新平县6营调1门75毫米无后坐力炮到雅贝县，由陈明心指挥；第8炮兵营1门75毫米无后坐力炮和特工10团的1门75毫米无后坐力炮由阮文从负责。二牙同志也指挥1门75毫米无后坐力炮到守德县，做预备炮。4门75毫米无后坐力炮统一由陈文琴指挥。接到命令，新平县6营、第8炮兵营和特工10团各抽调1门75毫米无后坐力炮并配齐炮组和护卫步兵，然后开赴指定阵地。行军过程历尽艰辛：第8炮兵营的1门75毫米无后坐力炮队经过1个月行军抵达规定地点，可5名炮兵战士在途中因对方伏击而牺牲，炮组失去了战斗力。1966年10月31日，南越国军突然袭击了雅贝县，并用飞机轰炸了新平县6营的75毫米无后坐力炮阵地，越军2名炮手和6名战士牺牲，但战士们用生命保护了75毫米无后坐力炮的完好无损。同一天，南越国军还对隆福、守德进行扫荡，一度离特工10团的75毫米无后坐力炮位置只有100米远。不过，特工10团的炮组具有丰富的战斗经验，他们隐蔽伪装良好，没有暴露目标。10月31日夜，特工10团的75毫米无后坐力炮和新平县6营的75毫米无后坐力炮分别进入阵地。在守德的是特工10团的75毫米无后坐力炮，阵地位于安福乡东富村，距目标5375米。新平县6营的75毫米无后坐力炮在雅贝县政平乡展开，距目标6745米。此外，西贡市内的别动队还准备了2门60毫米迫击炮，由张明江和女炮长巴莱（Ba Lài）负责指挥。此外，还在无后坐力炮阵地和迫击炮阵地远处燃放鞭炮，引开南越国军的反击炮火。11月1日10:20，趁南越国军步兵方阵刚刚走过阅兵观礼台，坦克装甲车方阵进入嘉宾视线时，特工10团和新平县6营的2门75毫米无后坐力炮和2门60毫米迫击炮突然开炮，8发75毫米无后坐力炮和23发60毫米无后坐力炮炮弹准确落入阅兵观礼台及阅兵队列中。虽然这次袭击没有造成较大的人员死伤，但致使观礼台秩序大乱，越南共和国总统阮文绍、总理阮高其和美国远征军司令威斯特摩兰上将相继卧倒在地。如此尴尬的情景，让嘉宾们倍感扫兴，也给越南共和国扇了一个大大的耳光。

此事对越南共和国来说无疑是奇耻大辱。阮文绍随即命令三军无论如何也要消灭袭击阅兵式的越军炮兵部队。于是，南越国军在西贡市周围各县进行拉网式搜索，寻歼越军炮兵部队。虽然如此，11月2日—12月4日，新平县6营和特工10团的75毫米无后坐力炮还是比较顺利地隐蔽转移，没有遭到攻击。可好运很快到头了。12月4日13:40，特工10团的75毫米无后坐力炮队被国军侦察兵发现，很快南越国军的步兵和坦克群就从周围赶来攻击。为了掩护75毫米无后坐力炮撤退，地方部队派来2个连兵力打阻击。南越国军依仗优势兵力，逐渐形成了对特工10团的75毫米无后坐力炮队的包围。战斗中，特工炮兵战士和地方部队的步兵顽强战斗，击退了对方多次冲击，宣称打坏5辆坦克，但自己伤亡太大，特别是地方部队几乎损失殆尽。战至16:30，炮队队长决定分解埋炮和其他武器，然后剩下的特工炮兵战士和地方部队步兵们化装成老百姓，突出重围。在当地女游击队员宾山妹的协助下，大家很快换上民服，躲进了当地群众的家里。在南越国军搜查时，他们伪装成这些家庭的成员，骗过了南越国军官兵。最终，特工炮兵战士们依靠化装和群众的帮助，基本返回了乃萨特区。

袭击南越国庆阅兵式得手后，西贡—嘉定—堤岸军区再接再厉，打算对新山一机场实施大胆的进攻袭击，力求摧毁大量美军战机，减轻阳明珠根据地受到的空中威胁。1966 年 12 月 4 日，第 2 特工 / 别动队和新平县 6 营一部兵力，袭击了新山一机场，宣称击毙美军许多技术人员和空勤人员，破坏飞机 150 架，炸毁 1 个储备 200 吨炸弹的仓库，爆破 13 辆车；自己的特工 / 别动队和步兵一共牺牲 31 人，负伤 36 人，失踪 6 人。按照美国空军机场被袭总结的统计表记载，这次袭击一共造成美国空军 20 架飞机被炸坏，人员 3 死 15 伤，越南共和国空军没有飞机损失，人员 3 死 4 伤；宣称击毙越军 28 人，抓俘 4 人（显然联军低估了自己的战绩）。在机场袭击战打得如火如荼的同时，新平县 6 营主力也在新山一机场北面大约 3 千米的叁梁（Tham Lương）桥和西面 3 千米沙桥打阻击，拦截了增援新山一机场的南越国军第 11 海军陆战连，打坏了几辆装甲运兵车，有力支援了新山一机场的袭击战斗。不过，新平县 6 营也在阻击战中付出了牺牲 10 人、负伤 18 人的代价。

在西贡—嘉定—堤岸军区的有力配合下，西宁省阳明珠根据地的越南南方解放军主力部队胜利粉碎了美军在越南南方战场上发动的最大规模的围剿行动。在西贡市周围相继告捷的同时，特工 10 团也活跃出击，取得了丰硕的战果。1967 年 6 月，高成涛指挥特工 10 团 2 连（炮兵连）针对美军第 199 步兵旅喜欢在龙头河组织对越军炮兵阵地的扫荡的特点，在龙头河西岸的武乐乡故布炮兵假阵地引诱美军来攻。在假阵地周围美军可能登陆的滩头，高成涛指挥炮兵战士们安放了 1 枚 DH-10 定向雷，并在距假阵地大约 3 千米布置 3 门 75 毫米无后坐力炮，把假炮兵阵地做成了火力陷阱。果不其然，美军上当了，第 199 步兵旅 2 个连登陆进攻了武乐乡。当他们进入伏击圈时，特工 10 团 2 连的炮兵战士们引爆了 DH-10 定向雷，接着 3 门 75 毫米无后坐力炮对早已标定好的假阵地射击，一时间硝烟弥漫，美军死 5 人伤 17 人。等美军醒悟过来组织反击的时候，高成涛早已率特工 10 团 2 连转移。

武乐乡战斗的胜利，让特工 10 团士气大振，他们连续出击雅贝港周围各个仓库区和油库。1967年7月3日，特工10团摸进雅贝综合油库，一举炸毁了20万加仑的汽油库。接着，又组织75毫米无后坐力炮和82毫米迫击炮对雅贝港周围的美国海军各个小据点实施游动炮击，给美军不小的震撼。

除了进行游动炮击外，特工10团还组织了特工袭击和水上袭击。1967年2月7日，在地方部队支援下，特工10团4连在武元叶指挥下吃掉了光川支区的一个保安屯，缴获24条枪支和3箱弹药。如果说4连袭击是"神出鬼没"的话，那么5连就是"浪里白条"。特工10团指示5连的主要任务是对雅贝港实施水下进攻。由于美军在南部平原的兵力日益增多，作战任务繁重，雅贝港逐步成为美军在南方重要的卸货港口码头，停靠在雅贝港的美军船只越来越多，这里逐渐成了越军特工打击的目标。1967年12月25日，特工10团5连3名水上特工在郑春鹏（Trịnh Xuân Bảng）指挥下，沿着西贡河划船渗透，穿过联军重重水上游动哨卡和水下障碍带，摸进了雅贝军港。他们在一艘4000吨的轮船下安放了100千克的塑胶炸药。接着，三人沿河道返航，重新摆脱联军重重水上哨卡。3小时后，雅贝港响起惊天动地的爆炸声，轮船被炸翻，沉入海底。由于郑春鹏等人的出色表现，特工10团5连被越南中央军委特别授予"郑春鹏连"的光荣称号。

总的来说，1961—1967年底，西贡—嘉定—堤岸军区在联军的"特种战争"战略、"战略村"国策和"局部战争"战略中夹缝求生，在不断粉碎联军围剿的同时，不仅站稳了脚跟，而且发展壮大，形成了主力部队、地方部队和乡村游击队3种武装力量。他们的发展壮大，给1968年新春总攻击打西贡创造了先决条件。

不过，1968年西贡战役的主角除了西贡—嘉定—堤岸军区外，越南南方解放军拳头部队——第9步兵师也同样不可忽视。

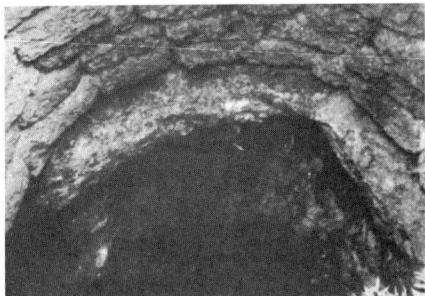

▲ 南方山区根据地的岩洞口。

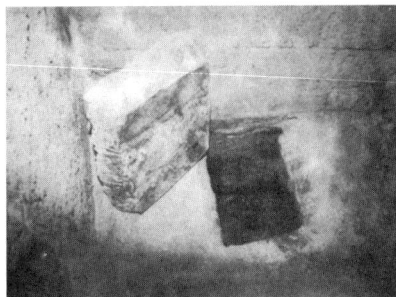

▲ 南部平原游击战的地道口。

▲ 法造 MAS-36 步枪。

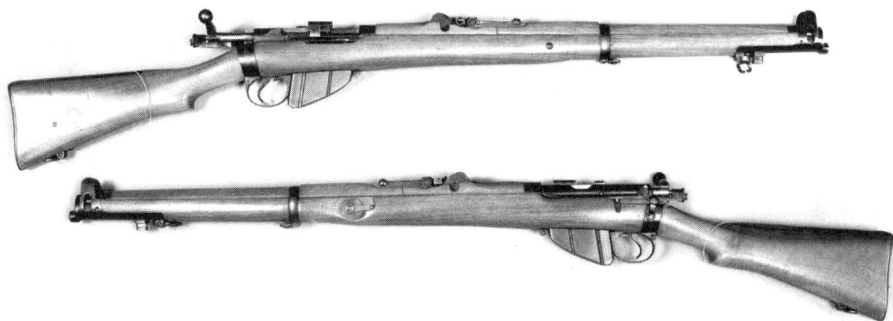

▲ 图为英制李·恩菲尔德步枪，这种看似老旧的武器，却在 1959—1960 年艰苦奋战的岁月中发挥了重要作用。

▲ 美制 M1 "加兰德" 半自动步枪也是南越国军战争之初的制式武器。

▲ 吴庭艳的倒行逆施，引发了南方人民的奋起。

▲ 手持大刀的人民准备自卫。

▲ 西贡市周边的安富东乡游击队。

◀ 时任美国总统的约翰·肯尼迪决定派出绿色贝雷帽进驻越南南方，协助南越国军对越军大打特种战争。

▲ 依靠直升机快速机动，南越国军对越军进行猛烈反扑。

◀ 装备精良的联军在反击作战中也给了越军重大杀伤。

▲ 美国海军"卡德"号护航航空母舰（ECV-11）。

▲ 布鲁克林酒店爆炸后的情形。

▲ 1965 年美国大使馆遭到袭击，平民死伤枕藉。

▲ 准备反击敌人扫荡的安富中乡的越军游击队。

▲ 56 式 75 毫米无后坐力炮，这种无后坐力炮在越战期间大显神威，无论是炮打阅兵式观礼台，还是袭击航母和打机场，甚至在顺化巷战都是打击联军的绝对利器。

▲ 设置障碍防敌扫荡。

▼ 做好竹签阵，严阵以待准备防敌进攻的越军部队。

【第三章】
南方铁拳——越军第 9 步兵师

　　第 9 步兵师是越南南方解放军成立的第一个主力部队，源头还要追溯到 1961 年南方解放军成立时期的各个主力团营。1961 年 8 月，在南方武装力量汹涌澎湃发展和源源不断自北方南下的干部的支援下，南方中央局和越南南方解放军决定成立 2 个主力营，直接归越南南方解放军司令部指挥。第 1 步兵营由裴清云担任营长，邓文尚任政委；第 2 步兵营由黄寮担任营长，七石任政委。每个营装备不到 100 条枪，大部分是万国牌的拴动步枪，甚至是自造土枪。

　　1961 年 9 月，第 2 步兵营首战平隆省的琴黎桥（cầu Cần Lê），击毙与俘虏南越国军保安军 50 人，缴枪 15 条。1961 年 10 月，第 1 步兵营又拿下了西宁省博宿屯，拔除了对方深入阳明珠根据地的钉子，根据地得到了扩展。在第 2 步兵营两战告捷的同时，第 1 步兵营也在沱溪和边桥获得了胜利。由于 2 个营的不断胜利，南部东区各省和西贡周围县份的青年踊跃参军。1961 年底—1962 年初，阳明珠根据地就扩招了 1500 多名新兵，九龙江平原（南部中区）也给主力部队输送了 700 多名新兵，加上从北方行军抵达南部平原的干部和技术人员数量的增多，从扩招的新兵人数和战场需求来看，越南南方解放军急需成立一个主力团。

1962年2月9日，在西宁省庄台（Trảng Dài），南方中央局和越南南方解放军决定成立第1步兵团（命名为Q761团，代号C65），这是越南南方解放军的第一个主力团。第1步兵团下辖第1步兵营和第2步兵营，以及一些火力分队、担保（后勤）分队和参谋、政治、后勤机关单位。黄定章担任团长，黎文约（二林）担任团政委，黎清担任副团长，国武担任团参谋长。到1963年6月，第1步兵团3营也宣告成立，营里的干部队伍有从北方过来的，也有从"安全区"过来的，新战士多从南部西区各省过来。六勋同志担任3营营长，岐南同志担任政委。第3营的编制是2个步兵连。至此，到1962年6月，第1步兵团的组织得到健全。

1961年12月22日越南人民军队成立17周年纪念日这一天，在河内的河东、春梅，越南中央军委和国防部决定成立第2步兵团，阮文恭担任团长、阮登梅任政委；谢明钦担副团长兼参谋长，阮文德任政治部主任。成立之初，第2步兵团除了团指和6营组建完毕外，其他各营均未成军。12月23日凌晨，成立不到24小时的第2步兵团奉命开赴南部东区战场。这是越南人民军第一个在北方成立后开赴南方战场的主力团。

为了执行上级的命令，1961年12月23日凌晨3:00，第2步兵团第一梯队，包括团指和第6步兵营，以"19团-C-200"为代号，夹在"东方2号团"队形里，踏上南下之路。经过3个月行军，他们翻越长山山脉，于1962年3月18日抵达南部东区。在第2步兵团第一梯队上路后，第二梯队由仓促组建的第4步兵营、团卫生连（代号"14团"）和最后组建的第5步兵营（代号"15团"）继续南下之路。经过近3个月的行军，1962年6月，第4步兵营和第5步兵营以及第2步兵团编制内的各技术兵种单位行军抵达了目的地。这样，第2步兵团按编制拥有了3个步兵营和各个技术兵种单位。为了保守秘密，第4、第5、第6营在抵达南部平原后，分别命名为J104、J106和J108营，第2步兵团命名为Q762团，电台呼叫代号是C58。这是南部东区战场的第二个机动主力团，直属越南南方解放军司令部。和第1步兵团在组织构成上不同，第1步兵团干部队伍主要来自北方，战士主要是南方本地人，而第2步兵团本身就是在越南北方成立的，是一个实兵单位，行军越过长山山脉，按照编制补充满员兵力和装备后进入了南方战场，可以说是越南人民军南下的第一个主力团。由这两个主力步兵团构成了未来南方战场第一个主力师——第9步兵师的核心力量。

1963年12月22日，在平也战役期间，未来第9步兵师建制内的第3个步兵团，也就是越南南方解放军主力部队第3步兵团也宣告成立。第1步兵团和第2步兵团分别在南部东区和北方大后方成立，而第3步兵团是在南部平原的九龙江成立。该团主要由第9军区2团的T70和T80两个营，以及第8军区的同塔（Đồng Tháp）63营（第263营）构成。第3步兵团的干部战士主要是南部中区和南部西区在1960年总奋起风潮中参军的指战员。1964年5月1日，在同胞的欢送下，第3步兵团的干部战士行军开赴南部东区，加入越南南方解放军主力部队中。第3步兵团指挥班由武明如担任团长兼政委，武文民担任副团长兼参谋长。1965年初，黎清调任第3步兵团政委。第3步兵团所属各营番号是第7、第8、第9步兵营，他们具有九龙江平原作战的丰富经验。

接到行军开赴南部东区的命令后，第3步兵团干部战士决心和信心高涨。1964年6月初，第3步兵团组织袭击了西宁省长朋和鹅头的南越国军2个集群，歼敌1个连，活捉多人，缴获许多武器装备，这是第3步兵团抵达南部东区后打的第一次战斗，大战告捷。接着，第3步兵团又于1964年7月20日在布都、福隆连续进行了2次战斗，活捉96人，缴获118条各类枪支。由于连续获得胜利，第3步兵团获得了三等解放军功勋章。除了步兵，越南南方解放军的各火力单位也整合成一个团（命名为U80炮兵团），包括4个炮兵、迫击炮兵营（Z35、Z37、Z39和Z41）和1个装备12.7毫米高射机枪的防空营。

到1964年底，南部东区战场上，共有3个步兵团，也就是第1、第2、第3步兵团和第80炮兵团，可以统一指挥大规模战斗了，这些单位发展起来，成为日后第9步兵师的骨干力量。

破击"战略村"风潮

越南南方解放军第1、第2步兵团在南部东区的成立，使南部平原农村和中部山区人民的奋起达到了高潮。吴庭艳政权之前的"肃共灭共"政策不起作用了，只得改为"特种战争"战略和"战略村"国策，试图用军事打击和政治绥靖双管齐下，剿灭南方的越军部队和民族解放阵线。从1961年底开始，南越国军在美国大力援助下，开始了猛烈反扑，重点自然是南方中央局和越南南方解放军司令部所在的南部东区。

按照计划，从1962年3月起，南越国军在南部东区发起了持续8个月的大规模清剿作战行动（1962年3—10月），使用南越国军第5、第7、第21等3个师团计8000人，在50架直升机、40辆M113装甲运兵车和当地全部保安军、民卫队支援下，对平阳省、福城、平隆、福绥、边和、西宁等各省进行大规模扫荡，目的是分割阳明珠根据地，进而压制越军，把根据地内的人民驱赶到各个"战略村"，实现绥靖计划，阻止人民对越军的支持。

针对吴庭艳政权新的战略，越南中央政治局开会讨论，于1962年5月做出决议："南方当前的任务是各个武装力量要集中兵力，消灭消耗敌人的有生力量，武装力量一定要积极支援群众发起破击'战略村'的风潮，粉碎敌人的阴谋……"为了执行上级的命令，1962年底，越军第1步兵团行军到古芝县的润德、安仁西乡，第2步兵团行军前往边葛、富教和头声，执行破击"战略村"的任务。

一开始，第1步兵团和第2步兵团在地方部队配合下，不断出击，捣毁了许多"战略村"。不过，破击"战略村"运动是很艰苦的，对方长时间反复进行大规模扫荡，而且不断用空炮火力掩护保安军和民卫队逐村驱赶人民至"战略村"。不仅如此，南越一方面在"战略村"周围拉起铁丝网，建立了瞭望塔，并修筑坚固工事，给部队袭击"战略村"带来了一定程度的困难，另一方面，南越国军在清剿作战中分工明确，正规军在装甲车直升机掩护下进行冲击，保安军和民卫队负责绥靖。对武装到牙齿的南越国军正规军，越军的地方部队和乡村游击队自然不是对手。因此，第1步兵团和第2步兵团在破击"战略村"运动中既要承担协助地方部队建设的职责，又要负起袭击"战略村"以及对付南越国军正规军的重任，难度可想而知。对第1步兵团和第2步兵团来说，最大的困难莫过于缺乏有效的反坦克武器对付M113装甲运兵车和直升机。后勤也很艰苦，补给线从根据地一直延伸到平原战场，经常受到威胁，吃不上饭、缺乏生活用品是步兵团时常面对的困难，为此，部队在外作战几乎都是喝粥度日。尽管供应条件十分困难，可第1步兵团和第2步兵团的全体指战员们还是在地方部队的大力配合下进行积极主动的战斗。

1962 年 9 月 3 日，第 2 步兵团 5 营和 6 营在保奔巧妙阻击了南越国军第 5 师团 1 个团的进攻，宣称歼敌近 50 人。这是第 2 步兵团开赴南方战场以来的第一次胜利，充分表明了各指战员在北方组建时进行的技战术训练的成功，特别是射击科目的训练上，战斗结束后打扫战场检查对方尸体时，发现战死的南越士兵大部分都是头部中弹（被爆头）而亡。

1963 年初，第 1 步兵团和第 2 步兵团继续掩护群众奋起，进行破击"战略村"和反扫荡保卫根据地的风潮。1963 年 3 月 24 日，第 1 步兵团 2 营运动进攻，在西宁省禄宁县朗争乡消灭了南越国军第 5 师团一部，歼敌约百人，缴枪 100 条。3 月 29 日，第 1 步兵团 1 营又进攻了西宁省朔村的民卫屯，毙敌 25 人，缴获一些枪支。同时，1 营还结合政治斗争，捣毁了琴登、展秘屯，解放了近 2000 人，扩大了根据地。

虽然获得了许多胜利，可第 1 步兵团和第 2 步兵团在 1962 年和 1963 年初的活动过程中突显了一个严重的问题，那就是他们的战斗效率不高，没有达到主力部队的标准，成建制消灭南越国军连级的战例几乎为零。根据当前的情形，第 1 步兵团和第 2 步兵团及时总结经验和统一认识：南越国军在每次扫荡作战中都要集中 1~3 个师团，不仅规模大，而且还全副美械武器，采取新的战术——直升机机降和装甲车冲击，既发挥了空中机动优势、又发挥了装甲车铁壳的长处，还能得到强大的空炮火力支援。对越军来说，情况恰好相反，第 1 步兵团和第 2 步兵团武器装备不行，供应差，条件十分艰苦，战场主动权没法掌握。最大的问题是越军没办法粉碎对方的各种阴谋，也没有对付 M113 装甲运兵车和直升机的有效武器。

2 个团存在的诸多问题中，有一个急需解决，那就是要集中领导。粉碎南越国军的"战略村"计划，把部队分散去破击各个"战略村"或频繁组织小规模对"战略村"的袭击战斗的做法是错误的，要打破"战略村"计划必须要集中兵力，先打败实施扫荡作战的南越国军正规军，然后再粉碎保安军和民卫队。不过，要打败南越国军正规军，当前面临的最严峻的问题就是如何打破南越国军的"直升机"和"装甲运兵车"战术。在部队正规化建设道路和南方战争发展需求方面，迫切要求第 1 步兵团和第 2 步兵团尽一切可能迅速找到办法，打破南越国军的"直升机"和"装甲运兵车"战术。

根据这些战斗的经验、教训总结结果，南方中央局决定让第1步兵团和第2步兵团以及第80炮兵团统一由越南南方解放军军委和司令部指挥。与此同时，第1步兵团和第2步兵团的指挥班子也进行了调整：阮世传接替黄定章出任第1步兵团团长，黄定章调到第8军区（南部中区）工作；阮文通接替黎文约任第1步兵团政委。谢明钦接替阮文恭任第2步兵团团长，阮文光接替阮登梅任政委。2个步兵团在编制上也有所调整，除了下辖3个步兵营，还把各个火力分队扩编为3个火力连——第16、第17和第18火力连，各装备6门81毫米迫击炮、4门75毫米无后坐力炮和12挺12.7毫米德什卡高射机枪。

组织编制得到巩固健全后，第1步兵团和第2步兵团又在越南南方解放军司令部和军委的领导下，掀起批评和自我批评热潮，指战员们从自身问题出发，寻找以往没有打胜的和打得不干脆的战斗的根本问题。在基础方面，除了加强训练，提高部队的技战术能力外，还要向部队强调作战对象是南越国军的保安军和正规军。各单位很快掀起了"学习北村，立功报捷"的风潮。

1963年10月18日，第2步兵团5营在1个特工连的支援下，进攻了土龙木省边吉县隆原乡的核章"战略村"。这是一个深入根据地的钉子，常驻南越国军1个保安连，有较为完备的工事系统、火力点、地道和铁丝网障碍带。在核章屯，南越保安连为了阻止越军的活动，积极掩护民卫屯和乡公所驱赶民众到"战略村"，以配合正规军的扫荡。在当地人民的掩护下，第2步兵团5营的干部战士们干脆利落地打了一个歼灭战，消灭了核章屯的全部守敌。

1963年12月31日，美伪军对边吉北面的根据地发动"大风35"战役。南越国军的精锐部队——别动军第32营在美军顾问的指挥下打头阵。当他们前出到保勇，距阳隆村西北大约1千米，逼近越军第2步兵团的活动区时，第2步兵团正在整训，接到观察所报告，第2步兵团团长谢明钦正确评估了形势后，决定让5营打正面阻击，4营（欠2连）往箬努溪西南迂回，直插敌后，截断对方退路；21连运动打击对方侧翼，配合4、5营消灭前出到第2步兵团活动区之敌。在谢明钦的巧妙布阵下，第2步兵团重创了南越国军别动军32营，活捉57人，缴枪100条。第2步兵团牺牲4人，负伤23人。

阳隆战斗是越南南方战场上越军第一次以1个主力团重创南越国军精锐

部队——别动军 1 个营的成功战例。在 "特种战争" 阶段，南越国军采取的主要进攻战法就是团营级正规军和别动军使用 "直升机机降"、"装甲运兵车冲击" 实施大规模扫荡，寻歼越军主力部队，掩护保安军和民卫队设立 "战略村"。对于 "直升机机降" 和 "装甲运兵车冲击" 战术，越军最初确实很害怕。不过，1963 年 1 月 2 日的北村大捷和 1963 年 12 月 31 日第 2 步兵团在阳隆获得的胜利，都充分说明越军只要提高自己的技战术能力、改善装备（特别是增加高射机枪配置，装备火箭筒）是可以打败南越国军的 "直升机机降" 和 "装甲运兵车冲击" 战术的。

这些战斗的胜利来得很及时。1962—1963 年初，由于反扫荡战斗连续失利，特别是遭到南越国军 "直升机机降" 和 "装甲运兵车冲击" 战术的连番打击，不少干部都产生了悲观失望情绪，一度想把部队拉进山区分散打游击。而北村战斗和阳隆战斗的胜利，让这些失败论调烟消云散，越军重新拾回了信心。由于这次战斗胜利，第 2 步兵团被授予三等解放军功勋章。

步入 1964 年，"学习北村，立功报捷" 的口号在越南南方各个战场响起。为了坚定战胜 "特种战争" 的决心，1963 年 12 月越南劳动党中央政治局召开会议，呼吁全党全民全军要努力增强军事力量，改变南方战场的双方力量对比，要努力建设 3 种武装力量——乡村游击队、地方部队和主力部队，中心是建设主力部队。在作战方法上，越南中央政治局和中央军委都强调，南方战场的越军要积极打运动战，消灭南越国军正规军，力争在战场上发起决定性的战役。根据中央政治局和中央军委的指导精神，越南南方解放军司令部和军委命令第 1 步兵团和第 2 步兵团在 1964 年头几个月前往长朋、古芝县以及平隆省和福隆省活动。

1964 年 2 月 6 日，第 1 步兵团在越南南方解放军司令部直属的 1 个特工连和 1 个 12.7 毫米高射机枪连的加强下，突然进攻了边桥 "战略村"。在拔点的同时，第 1 步兵团还及时组织了打援战斗，歼灭南越国军 2 个保安连、2 个民卫排，击落 20 架飞机。4 月 3 日，第 1 步兵团又消灭西宁省州清县的 2 个保安屯，歼灭保安军近 200 人，缴枪 115 条。在这次战斗中，第 1 步兵团既运用了运动伏击战术，也运用了运动袭击战术，打法日益丰富。1964 年 7 月 20 日，第 1 步兵团在古芝县安仁西乡伏击了试图给被地方部队和乡村游击队围攻的保安屯解围的南越国军1个装甲骑兵支团（中队规模，装备M113装甲运兵车）和1个步兵营。在第1步兵团团长阮世传和政委阮文通的指挥下，全团奋战一天，击毁5辆M113装甲运兵车，缴获1辆M113装甲运兵车，击落飞机1架，重创对方1个步兵营，粉碎了南越国军救援保安屯的企图。经过这次打击，安仁西乡的保安屯守军被迫撤走，安仁西乡又一次获得了解放。

1964年9月，得知南越国军第5师团9团1个营正对古芝县的富和东乡进行扫荡，第1步兵团马上在保站村组织伏击战，将南越国军打跑。1964年10月，南越国军一个伞兵营前出到古芝县的富和东乡进行扫荡，第1步兵团不等占据有利地形就迎面组织冲击，团长阮世传试图采取包夹战法，迂回包围吃掉南越国军伞兵营，但伞兵营毕竟是南越国军的精锐部队，训练有素、战法得当，遭到第1步兵团冲击后，伞兵们马上依托周围橡胶园和土丘仓促组织阵地防御，展开火力实施拦阻射击，给暴露在开阔地的越军第1步兵团以很大的杀伤。战斗结果让阮世传沮丧，牺牲和负伤63名指战员，连伞兵营的阵地边都没摸着，更不用说核实歼敌数字了。富和东乡战斗失利，让第1步兵团学到了一个宝贵的经验，那就是组织进攻前必须先抢占制高点展开火力掩护，这样部队才能冲击。

第1步兵团连续战斗，不甘落后的第2步兵团也在1964年上半年继续在各次运动袭击战斗中立功。1964年2月，第2步兵团在平美展开运动袭击战斗，吃掉南越国军第48步兵团1个连；1964年3月，他们又在安仁西重创南越国军第5师团一个连；1964年5月，第2步兵团在副团长阮实冰指挥下，于保歌村伏击了南越国军别动军第37营，掩护当地人民破击当地的"战略村"；特别是1964年7月，在第2步兵团团长谢明钦的指挥下，第2步兵团在芹敢村的伏击战中重创别动军第34营1个连，击毁20辆车。

1964年底，第2步兵团继续组织了不少高效率战斗。典型的是1964年10月16日，第2步兵团4营在13号公路伏击了南越国军一支实施扫荡的车队，当车队过边吉县时，越军突然展开攻击，摧毁了许多M113装甲运兵车。在这次战斗中，第4营的战士李文楚依托工事，等到M113装甲运兵车靠到跟前，才端起57毫米无后坐力炮射击，一举打坏了2辆M113装甲运兵车。战士潘文心也击毁了1辆M113装甲运兵车。战士李文楚和潘文心双双获得"歼机械车勇士"荣誉称号。

1964 年 10 月 31 日，第 2 步兵团 16 连使用 82 毫米迫击炮群配合越南南方解放军直属的第 80 炮兵团轰击了边和机场。虽然战斗命令来得急，没有时间准备，但还是在当地人民协助下，部队和迫击炮及时安全抵达指定阵地位置，打响进攻。这次火力袭击只持续了 20 分钟，越军宣称消耗各类炮弹 176 发，打坏 59 架各类飞机，炸毁 2 个弹药库和 1 个油库。根据美国空军越战机场被袭损失统计，这次战斗美国空军损失是：5 架飞机被炸毁，15 架被炸坏，人员 4 死 30 伤；越南共和国空军损失是：2 架飞机被炸毁，3 架飞机被炸坏，人员无伤亡。

为了表彰第 2 步兵团 16 连配合第 80 炮兵团袭击边和机场这次出色的战斗，第 2 步兵团 16 连获得三等解放军功勋章。连长苏泰和政委阿新都得到了三等解放军功勋章。

边和大捷，不仅在战术上有着重要的意义，还吹响了越军在南方的反攻号角。第 1 步兵团和第 2 步兵团将在新一年里书写自己辉煌的篇章。

从平也大捷到同帅大捷

从北村大捷开始，越军在整个南方逐步扭转了 1961—1962 年被动不利的态势。在越南北方大力支援下，1963—1964 年，越军各大军区的主力部队建设得到了飞速发展，装备也逐步更新。对南方的越军来说，当前最重要的任务已经不是粉碎南越国军的扫荡和绥靖，而是主动进攻，打正规战打歼灭战，成建制吃掉南越国军主力营，实现战场态势的大扭转。

1964 年 9 月，越南中央政治局要求全党、全民和全军集中一切力量，帮助南方的越军部队发展壮大，要实现主力部队集中进行大规模运动战，打歼灭战，把南方斗争推向新的高潮。为了实现越南中央政治局的决心，南方中央局和越南南方解放军军委、司令部决定发起 1964—1965 年冬春季战略攻势，主攻方向选在了南部东区的巴地—隆庆和福隆贝江：春季先在巴地省发起进攻战役，吃掉南越国军一部分重要的生力军，打开巴地省出海口，然后再于夏季转移到紧靠柬埔寨边界的省份——福隆省发起夏季攻势，再歼南越国军主力军一部。

经过一段时间的研究和战场准备，越南南方解放军军委和司令部决定对巴地省的平也"战略村"发动进攻战役，战役目的是：消灭南越国军一部分主力部队和保安民卫屯；扩大和发展游击战争，掩护人民破击"战略村"，扩大解放区，把东面的各个根据地和第6军区沿海联系起来，训练以提高主力部队的运动战能力。根据这个指导思想，越南南方解放军成立了平也战役指挥部，陈庭枢担任指挥长，黎文想任政委。

1964年11月初，第1步兵团在团长阮世传和政委阮文通带领下；第2步兵团在团长谢明钦和政委阮文光带领下，与第80炮兵团行军开赴巴地省。11月20日，第1步兵团隐蔽集结到2号公路东面、春山南面，第2步兵团在诣山东面展开兵力。

1964年12月2日，第80炮兵团用火力袭击了德城军事支区，巴地省地方部队445连袭击了平也"战略村"，毙伤17名保安民卫队员。这次战斗的主要目标是攻点打援，迫使南越国军主力部队前来解围，给第1步兵团和第2步兵团打运动战消灭脱离工事之敌创造条件。

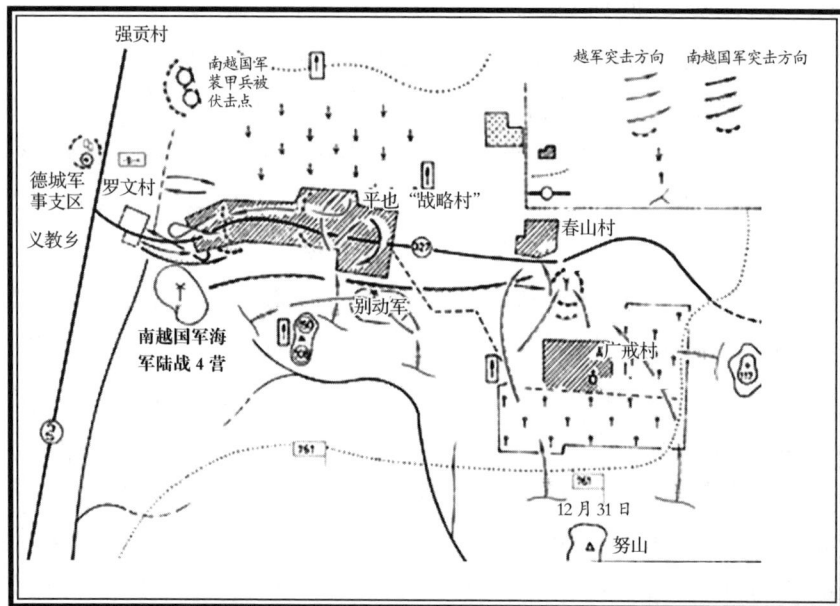

▲ 越南人民军平也战役示意图。

12月8日，第1步兵团1营进攻了红土军事支区，歼敌100人，缴枪32条（含1挺重机枪）、无线电台2部。在越军进攻的压力下，12月9日，南越国军实施"平绥33号"行动，第1装甲战斗3支团沿着2号联省公路前进，试图给平也解围。第2步兵团在团长谢明钦指挥下，采取运动伏击打法击毁1辆M113装甲运兵车，活捉6人，缴枪80多条、子弹3万发。

战役第一阶段结束，第1步兵团和第2步兵团打赢了许多战斗，特别是第2步兵团在2号联省公路战斗的胜利。这些战斗的胜利鼓舞了整个越南南方解放军全体部队的战斗精神。

1964年12月27日，第1步兵团1营在巴地省地方部队445连的配合下，第二次进攻平也"战略村"，开始了战役第二阶段行动。12月29日，南越国军别动军第33营2个连在平也"战略村"周围实施机降，正好落入了第1步兵团的伏击圈，遭到3个营猛烈攻击。虽然外围的别动军第30营拼死相救，

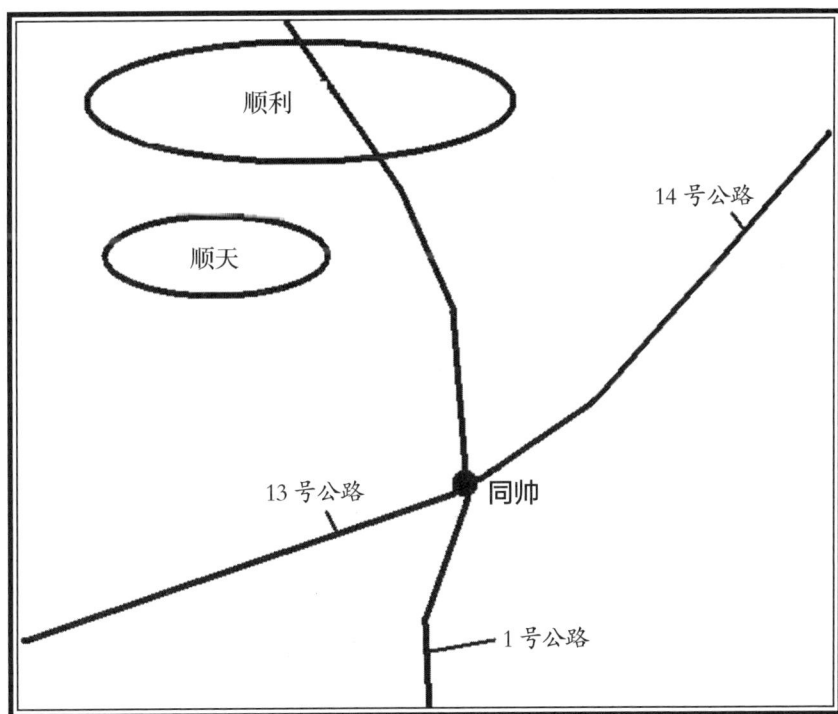

▲ 交通枢纽同帅示意图。

但依旧没法突破第1步兵团的阻击线。最终，别动军第33营2个连在第1步兵团围攻下损失了70%的兵力。12月30日下午17:00，第1步兵团18连击落了1架满载4名美军顾问的直升机，飞机坠落在春山附近的橡胶园，正好处于越军控制区。

在别动军第33营2个连被歼后，南越国军又调来了海军陆战4营，和别动军30营、33营剩下2个连、38营会合，夺回了平也"战略村"。不过，越军放弃平也"战略村"后并没有撤退，而是在美军直升机坠落点的橡胶园周围布置阵地，准备伏击吃掉前来救援的南越国军部队。果不其然，南越国军海军陆战4营2个连在营长阮文约少校指挥下，赶往坠机点收殓美军顾问的遗体。为了吃掉南越国军海军陆战4营2个连，第1步兵团团长阮世传、政委阮文通和副团长裴清云立即命令各营做好战斗准备，同时向战役指挥报告了自己的战斗决心。阮世传和阮文通要求三位营长在橡胶园虚留一条生路，三面布置兵力和火力，采取围三阙一战法静待南越国军海军陆战4营落网。为了更逼真，阮世传还命令6连担任诱敌任务，佯装败退，把南越国军海军陆战4营2个连引诱进春山橡胶园。当对方完全进入伏击圈时，第1步兵团以3营正面阻击，1、2营两翼迂回扎紧口袋，以绝对优势的兵力形成了对南越国军海军陆战4营的合围。在第1步兵团大胆、突然的进攻下，南越国军海军陆战4营2个连基本全灭，117人战死，120人负伤，82人失踪，营长阮文约少校也殒命沙场。

1965年1月4日，南越国军第5坦克特遣队——由第5装甲骑兵支团1小队（小队长：徐新雄上尉）、3小队（小队长：阮文峰上尉）、1个105毫米榴弹炮连和福绥省1个保安营组成，指挥官是林光寿上校。该特遣队的任务是打通2号联省公路，保障南越国军海军陆战4营把伤兵和战死者遗体撤回福黎城。结果，他们在巴地—德城路段遭到谢明钦指挥的第2步兵团伏击，4辆M24"霞飞"坦克和1辆M113装甲运兵车被击毁或打坏（越军宣称击毁打坏10辆坦克装甲车）。接着，南越方面宣布平也战役结束。

然而，第1步兵团和第2步兵团并没有撤离平也，他们静静地隐蔽在平也"战略村"周围的地道里，等待新的机会。1965年2月初，南越国军又往平也地区投入了2个伞兵营。虽然伞兵们在搜索中没有发现对手，但当他们前出到椎同古城时，陷入了越军第2步兵团的伏击。这次战斗打得十分激烈，可以说是整个平也战役中南越国军打得最好的战斗。3个小时的激烈战斗中，伞兵们依托有利地形抱团抗击，连续击退了第2步兵团4次冲击，自己战死9人，负伤28人；宣称击毙越军350多人。对第2步兵团来说，这次战斗给他们留下了一段不太美好的回忆，虽然兵力损失没有南越国军伞兵宣称的那么夸张——实际牺牲43名指战员，负伤84名指战员，不过越军没有再取得吃掉别动军33营2个连和海军陆战4营2个连那样的辉煌战绩。也就是说，南越国军伞兵仍是越军的一块心病。

椎同古城之战，是平也战役的最后一仗。在这场持续了3个月的著名战役中，越南南方解放军军委和司令部组织并直接领导的平也战役指挥部率第1步兵团、第2步兵团和第80炮兵营，在巴地省445连和当地人民支援下，打了一场极为漂亮的歼灭战。战役统计结果是，越南南方解放军宣称歼敌1227人（含椎同古城战斗），俘113人，击落25架飞机（24架直升机和1架战斗机），打坏32辆M113装甲运兵车，缴获461条各类枪支（44挺重机枪和1门57毫米无后坐力炮）和70部电台。但自己的损失也不小。根据《越南人民军卫勤史第二卷（1954—1968）》一书记载："平也战役卫生勤务部门收治489名伤兵。火线死亡151人（战死，占比例21.8%），火线死亡约占战斗伤亡的23.5%。伤员后送时间分布（指负伤后送时间）比例：6小时内43%，6~12小时45%，12小时以上12%。"南越国军统计自己损失约700人，越军实际并没有获得优势交换比。不过，平也战役的意义还是很大的，宣告越军在南方开始遂行师一级的大兵团运动战。

为了表彰第1步兵团和第2步兵团在平也战役中立下的出色战功，南方中央局、越南南方解放军军委和司令部决定授予第1步兵团和第2步兵团各一枚三等解放军功勋章。其中，表现最出色的第1步兵团获得"平也团"荣誉称号。

平也战役胜利的意义还不止于此。由于平也大捷，越南南方解放军在巴地省沿海夺取了一小块出海口根据地。1965年2月1日，越南人民海军的一批运输船穿过美国海军和南越海军的封锁，在巴地省新解放区的禄安港靠岸。第1步兵团紧张工作一夜，将船上的70吨武器（主要是几千支AK-47冲锋枪）

卸下。从这时开始，第1步兵团正式换装AK-47冲锋枪，结束了枪械万国牌和自造武器的历史。与此同时，第2步兵团也换装了部分AK-47冲锋枪。由于新枪械的列装，第1步兵团和第2步兵团的火力和战斗力有了进一步提升。这一提升，在同帅战役里显示出了巨大的效果。

平也大捷后，第1步兵团和第2步兵团返回D战区。在越南南方解放军军委和司令部的指导下，2个团组织总结平也战役经验，补充兵力、装备，休养恢复部队的体力，救治伤兵、病员。同时，越南南方解放军军委和司令部还不忘组织各部队进行政治学习，主要内容是认识南方革命的任务情形，提高部队战胜美国远征军的决心，还针对这次战役的经验在训练科目中补充更多的技战术内容，准备在美国远征军进入越南南方战场的情况下，继续打赢更多的战役战斗。

与此同时，第3步兵团也在稳定了组织编制后，和第1、第2步兵团一起进行集中学习和训练。

1965年夏季，为了抢在旱季结束前再打一个大捷，越南南方解放军司令部命令第1、第2、第3步兵团和第80炮兵团准备发起新的战役。越南南方解放军司令部的决心是通过这次战役，再消灭南越国军一部分主力部队，继续猛烈发展游击战争，掩护人民群众破击"战略村"风潮，扩大根据地，把南部东区和西原南部（邦美蜀省）连成一片，为建立从越南北方至南部东区的战略运输走廊创造有利的条件。这次战役发起的地点定在平隆省和福隆省（主要方向），以及林同省、平顺省、巴地省、隆庆省、边和省（配合方向）。战役命名为福隆—贝江战役。

战役指挥部由越南南方解放军副司令员黎仲迅少将担任指挥长，越南南方解放军副政委陈度少将任政委，第6军区司令员阮明州大校任副指挥，黄琴大校任参谋长。战役发起日定为1965年5月10日夜—11日凌晨。

在主要进攻方向上，1965年5月11日0:45，越军第1步兵团1营在得到第6军区主力部队840营、1个特工排配合，以及6门75毫米无后坐力炮、3挺12.7毫米高射机枪的加强下，突然对福隆市展开攻击，作为同帅战役的佯动。第1步兵团在拿下了福隆市内部分目标后转入防御，连续击退福隆市守军6次反击，重创南越国军别动军第36营2个连，宣称击落飞机13架。至5月

11 日清晨，第 1 步兵团撤到福隆市郊外继续打敌反扑。

在第 1 步兵团打福隆市的同时，第 2 步兵团 5 营也对 2 号公路边上的福平军事支区（位于福隆市南面 6 千米）展开攻击。福平军事支区由南越国军 2 个保安连和民卫队防守。由于战前准备工作周到（比如侦察地形，克服困难保障了弹药、炸药、粮食和卫生资材及时到位），第 2 步兵团 5 营干部战士歼敌决心高。经过 25 分钟的战斗，第 2 步兵团 5 营就控制了整个福平军事支区，歼敌 140 人，活捉 105 人，缴枪 221 条，还缴获大量弹药和军用物资。相对于丰硕的战果，第 2 步兵团 5 营只有 3 名战士负伤。这是一个极为漂亮的袭击战斗。

越军战役第一阶段行动连战告捷后，联军马上组织援军，一边打通陆路，一边从空路（乘坐直升机）赶来救援。南越国军别动军第 34 营和第 48 步兵团所属的 3 个营直接乘直升机在福隆市和福平支区着陆。由于对敌机降区域判断不准确，第 1 步兵团和第 2 步兵团没能打中敌人，结果整个 5 月底 2 个团完全踏空。第一阶段打福隆市、福平支区的战斗，越军战役卫勤部门统计共接收 195 名伤员。[1]

战役指挥部指导各单位组织总结经验，及时分析检讨第一阶段的作战，制定出具体的活动方案，决心打好战役第二阶段。

1965 年 6 月 9 日，战役步入第二阶段。第 2 步兵团根据战役指挥部交付的任务，要攻击消灭同帅支区，接着在同帅军事支区坚守防御阻止南越国军救兵直接在支区机降，迫使他们转到第 1 步兵团埋伏区机降，给第 1 步兵团创造打援的机会。

同帅军事支区是福隆省的重要交通枢纽，13 号公路、1 号公路、14 号公路都在同帅交会，战略地位十分重要。以同帅县为起点，形成了同帅—福隆—真城—平隆这条西贡北面的联军外围防御系统。同帅对南南方解放军来说也具有重要战略价值，如果拿下同帅，就可以控制南部东区、西原南面和柬埔寨东北的各条交通道。由于位置重要，南越国军在同帅布置 4 个别击连、1 个保安连、1 个民卫队连、2 个警察排、1 个装甲骑兵小队（7 辆装甲车）、2 门 105 毫米榴弹炮和其他重武器。同帅军事支区防守系统包括 5 个大碉堡、许多坑道掩体、混凝土火力点和工事系统。在福隆市和福平军事支区遭到越军进攻后，南越国军增强了同帅军事支区的巡查，为了防范越军的进攻，守军每晚都组织支区所有明火力点对四周射击，作为火力警报，每次射击持续10~15分钟。

为了确保攻坚战的胜利，战役指挥部给第2步兵团加强了第3步兵团8营、第80炮兵团1个炮兵营（装备2门75毫米山炮和2门70毫米92步兵炮）、1个75毫米无后坐力炮连（6门75毫米无后坐力炮）、1个12.7毫米重机枪连、1个82毫米迫击炮连（4门82毫米迫击炮）和1个喷火工兵连。1965年6月9日，第2步兵团和各配属单位从集结位置出发，行军赶赴同帅周围的攻击前出发阵地。

6月9日夜，各单位进入攻击前出发阵地。越军第2步兵团开始挖工事，让无后坐力炮在靠近同帅支区的各个碉堡的位置进入阵地，瞄准目标。根据战斗方案，进攻打响时间是24:00。到22:40，同帅军事支区的南越国军105毫米榴弹炮打了2发炮弹，接着当第2步兵团4营和5营慢慢向前潜伏时，守军用支区的全部火力朝这两个营方向射击。团指分析这很可能是敌人通常在夜间进行的火力警报。可是，对方射击十分猛烈，时间也比以往长，第2步兵团5营营长马上请求团长谢明钦让无后坐力炮和重机枪按照计划分工对支区内的各个目标进行射击，压住守军的火力。危急时刻，第2步兵团团长谢明钦没有擅自做主，在和政委阮文光进行讨论后，向战役指挥部报告了情况和自己的处置决心，得到战役指挥部的批准后，谢明钦果断下令各路部队提前打响进攻。在团长的命令下，各营的爆破排勇敢冲上去，爆破战士们用爆破筒在铁丝网障碍带打开突破口。为了阻止越军冲击，南越国军出动7辆装甲车反击，他们想不惜一切代价堵住越军的进攻。战斗中，南越国军士兵拼死抵抗，他们朝第2步兵团4、5营的各个突破口扔出密集的手榴弹，并发射枪榴弹。在绵密的火力打击下，第2步兵团4、5营的各名爆破战士相继中弹牺牲或负伤。与此同时，南越国军炮兵105毫米榴弹炮继续猛烈射击，越军的75毫米山炮和92步兵炮阵地遭敌弹直接命中，不少炮手伤亡，1门火炮被击毁，剩下的山炮和步兵炮也很快打光了炮弹。进攻部队方面，第2步兵团4营2连连长牺牲，指导员负伤。5营方向，6连指导员和8连副连长牺牲。进攻发起20分钟，各路进攻部队虽然突破了2~3道铁丝网，可没有一路冲进同帅军事支区。

进攻受挫，部队士气有些低落，第2步兵团团长谢明钦、团政委阮文光、团政治部主任潘矫赶紧分头下部队，指导各个单位克服困难，组织起剩下的力量，并动员干部战士继续进攻，只让第2步兵团参谋长陈柴留守团指挥所，负责和各营的联系。第2步兵团4营营长调助理参谋下去当2连副连长，并把1门75毫米山炮推上去靠近火力点，同时调拨弹药给各个机枪和无后坐力炮组，并把各个预备爆破组调上去打。1连连长谢光思和营政治助理何文遥奉命调任主攻的2连连长和指导员。

6月10日凌晨1:00，第2步兵团各路进攻部队又组织了第二次突击。根据第一次突击失败的教训，第2步兵团团长谢明钦决定让各个火力分队（装备75毫米山炮、12.7毫米高射机枪、重机枪、枪榴弹等）统统靠到最前沿，集中所有直射火力压住同帅军事支区内的南越国军各个火力点和各个炮兵阵地，轰击铁丝网、障碍物、工事，支援步兵突入同帅支区打下一个桥头堡。然而，第二次突击一开始，第2步兵团4、5营就用光了爆破筒，依然没有在铁丝网障碍带上撕开完整的突破口。尽管如此，步兵战士们仍想尽一切办法继续前进。期间，75毫米山炮、57毫米无后坐力炮和82毫米迫击炮都打光了炮弹，只剩轻重机枪还在朝支区内各个守军火力点猛烈实施压制射击，掩护喷火工兵和枪榴弹靠上去端掉一个个火力点。在主攻方向上，第2步兵团4营2连连长谢光思让干部们分头下到各排，动员和组织部队收集仅剩的1根爆破筒，准备在最后一层铁丝网上炸开口了，然后全军一起向各个目标发起冲锋。他命令全连所有支援火力（1门75毫米无后坐力炮只有1发炮弹，12.7毫米重机枪只剩100发子弹）集中支援主攻排的突击。不一会儿，爆破声响起，2连用最后一根爆破筒在最后一道铁丝网上炸开了口子。2连连长谢光思亲自带队冲了过去，突入同帅军事支区。虽然他在冲击时中弹负伤，可他重伤不下火线，依然坚持指挥部队战斗，组织动员担架队把伤兵烈士后送。在连长的鼓舞下，2连成功冲进了同帅支区纵深，成为全团第一个达成突破的连队。

在第5营方向上，7连的第二次突击还是没能成功。连政委黎志心又一次组织起剩下的指战员，进行火线动员，鼓励他们进行第三次突击。遗憾的是，在第三次冲击时，黎志心中弹牺牲，全连遭到对方猛烈反突击，大部分指战员倒下（牺牲或负伤）。虽然损失很大，可7连还有1个班的兵力，他们在副班长阮文生带领下，收集了剩下的4根爆破筒，实施连续爆破，为后续进攻各连打开了突破口。

在第 4、第 5 营苦战艰难突破的同时，担任预备队的 6 营也没有闲着，他们一直仔细观察着战场发展态势。他们发现在第 4、第 5 营逐步突入同帅支区的同时，支区大门已经打开，守军已经开始慌乱，这是一举突破的绝好时机。6 营参谋长阮文松和 12 连连长邓文勇不等团长谢明钦的批准，就果断组织 12 连抓住这个有利的时机，从支区大门冲了进去，直插同帅军事支区中心。在 6 营的支援下，第 4、第 5 营也相继冲到支区中心，他们粉碎了依托同帅县长厅、美军顾问生活区周围据点的守敌的抵抗后，于 6 月 10 日 8:00 把决战决胜的大旗插上同帅县长厅楼顶。越军终于攻克了同帅军事支区！

接着，越军调整部署，以第 2 步兵团坚守同帅军事支区，准备打敌反扑，布置严密的防空火力阻止南越国军直接在同帅军事支区实施机降，把对方引诱到第 1 步兵团伏击区——同帅北面降落。

6 月 10 日 15:00，南越国军用直升机搭载着别动军第 25 营在同帅军事支区东北实施机降。第 2 步兵团团长谢明钦立即命令 4 营迅速赶过去，吃掉了别动军 25 营 1 个连，余部撤走。

由于同帅军事支区被第 2 步兵团牢牢地控制着，南越国军没法直接在同帅实施机降。6 月 10 日 10:00，南越国军又用直升机搭载第 5 师团 7 团 1 营和 2 个连在同帅军事支区北面 3 千米的顺利（ Thuận Lợi）机场实施机降，企图夺取反攻同帅军事支区的跳板。可这个机降点同样被越军掐算得分毫不差，南越国军这支部队落入了第 1 步兵团的伏击圈里。在团长阮世传和团政委阮文通、参谋长裴清云、政治部主任邓文尚的指挥下，第 1 步兵团 3 个营迅速运动、包围、分割、消灭了机降下来的联军 2 个连（含 14 名美军顾问），其中活捉 87 人。下午，敌人又把第 5 师团 7 营剩下的 1 个连机降在顺利机场，结果又遭第 1 步兵团 3 营伏击。南越国军第 5 师团 7 团 1 营在连续 2 次增援失败后，被全部歼灭。

经过三个昼夜的激烈战斗，福隆—贝江战役第二阶段——同帅攻点打援取得了丰硕的战果。越军宣称歼敌 608 人，缴获 2 门 105 毫米榴弹炮和 148 条各类步枪、近 2 万发子弹，击落 7 架飞机。在这次胜利中，表现最出色的是第 2 步兵团，他们完成了战役指挥部交付的攻坚重任，拔掉了同帅军事支区，给第 1 步兵团打援创造了有利机会。当然，胜利并非无代价，第 2 步兵团也付出了牺牲 134 人、负伤 292 人的沉重代价。由于这次出色表现，第 2 步兵团被授予"同帅团"荣誉称号。

不过，同帅战斗并没有结束，在别动军第 52 营机降被击溃，南越国军第 5 师团 7 团 1 营机降在顺利机场被吃掉后，南越国军联合参谋本部决心再战。6 月 12 日，南越国军决定调战略总预备队第 7 伞兵营投入战斗。在南越国军第 7 伞兵营乘坐的直升机机群接近同帅军事支区时，越军第 1 步兵团通信战士段黄明冒着猛烈轰炸，携带电台勇敢跑上塔楼观察哨，及时发现敌情，并向团长阮世传报告了南越国军第 7 伞兵营从接近目标到机降着陆的全部情况。接到报告，阮世传马上命令各个伏击阵地的 3 个营迅速出击，对刚刚机降、立足未稳的南越国军第 7 伞兵营实施分割包围，争取一击打垮对手。经过 2 个小时的激烈战斗，伞兵 7 营损失过半，被迫放弃任务撤了出去。这是第 1 步兵团继平也战役重创南越国军海军陆战 4 营后，又一次重创了南越国军的战略预备队——第 7 伞兵营。在当时，南越国军的战略预备队——海军陆战队和伞兵只有 9 个营，可不到半年就先后有 2 个营遭到了重创，所以这次胜利不仅振奋了第 1 步兵团，也给南越国军的军心士气造成了沉重的打击。伴随着伞兵 7 营的惨败，奏凯的越军也结束了福隆—贝江战役第二阶段——同帅战斗。

在这一阶段战斗中，越军打同帅支区和打援一共负伤 439 人。[2] 第三阶段，越军第 3 步兵团出击打布都别击训练中心，越军第 1 步兵团负责打援，又负伤了 172 人。[3] 至此，福隆—贝江战役胜利结束，越军总牺牲 339 人，具体是第一阶段牺牲 62 人，第二阶段牺牲 212 人，第三阶段牺牲 65 人（含保邦战役牺牲 14 人，打布都牺牲 51 人）[4]，加上负伤的 806 人，共计战役伤亡 1145 人，占参战总兵力（8500 人）的 13.48%，阵亡率约为总伤亡的 29.58%。[1]

血战美军

在平也战役和同帅战役胜利后，美国远征军为了挽救南部平原日益危急的局势，遂逐步往南部平原投入了第 173 空降旅、第 1 机械化步兵师和第 25

① 引自《越南人民军卫勤史第二卷（1954—1968）》（Lịch sử quân y quân đội nhân dân Việt Nam tập II (1954−1968)）第 257 页。

步兵师。第1机械化步兵师，绰号"大红1师"，是美国陆军驻欧精锐的全训师，素质高、机动力强、火力猛，在第二次世界大战的欧洲战场屡立战功，是美国陆军中赫赫有名的王牌师。第25步兵师，绰号"热带闪电"，在第二次世界大战太平洋战场上所向披靡，先后在瓜岛战役、蒙达战役和菲律宾战役中杀得日军丢盔弃甲，朝鲜战场上该师也有不俗的表现，是美国陆军亚太驻军的第一号王牌军，特别擅长热带地区作战。他们的到来，加上南越国军布置在南部东区的两大战略预备队——海军陆战师团和伞兵师团，以及第5、第10、第25师团的存在，使南部东区的越军压力不仅没有因为1965年春夏季连战告捷而减轻，反而大大增加。

另一方面，1965年春夏季两战告捷后，南方中央局、越南南方解放军军委和司令部打算利用刚刚夺取的战场主动权，为新时期粉碎联军在1965—1966年旱季的战略反攻组建师一级的主力部队，以集中作战。

1965年9月2日，越南南方解放军司令部决定成立2个主力师——第5步兵师和第9步兵师。其中，第9步兵师下辖第1步兵团（平也团）、第2步兵团（同帅团）、第3步兵团（禄宁团），以及一些技术兵种营连（当时编制不固定）和后勤分队，师部由参谋、政治和后勤3部分组成。第9步兵师的组建得到了越南中央军委和国防部的批准。在人事安排上，越南南方解放军军委和司令部根据越南中央军委和国防部决定，任命原第312步兵师师长黄琴大校任师长，黎文想大校任师政委，黄世善上校担任师副政委兼政治部主任，阮世贯上校任师参谋长。在师党组织方面，越南劳动党中央书记处和中央军委决定在第9步兵师成立师党委，任命师政委黎文想为师党委书记。

成立后不到1个月，也就是1965年10月，越军第9步兵师就迎来了他们对美军的首次战斗。第9步兵师所属的第21连（师侦察连）1个侦察组在黎战胜指挥下和第2步兵团19工兵连一些工兵战士一起，用2枚DH-10定向雷（66式定向雷）袭击了莱溪地区的美军。

11月8日，越军第1步兵团3营在副团长裴清云直接指挥下，在65高地附近运动伏击了美军第173空降旅503团1营，宣称重创了该营。美军记载，第173空降旅503团1营确实损失不小，计49人战死83人负伤，相当于损失了1个连的兵力。美军宣称击毙越军400多人，可按照编制，第1步兵团3营常规兵力也就290~350人（加强后才能达到400人），何来400多人被击毙之说？不管怎么说，越军以1个营对美军一个营，运动伏击战斗能打掉美军1个连的兵力，都是越军的大胜利。为了表彰第1步兵团3营的战功，上级授予他们一等解放军功勋章，越南南方解放军司令部也给这次战斗题词为"南部东区战场歼伪胜美的第一战"。

65高地之战，越军虽然打赢了，可也暴露了自己的实力。于是，美国陆军第1机械化步兵师和南越国军第5师团一起沿着13号公路扫荡。为了抓住战机攻击脱离工事之敌，黄琴大校指挥第9步兵师6个营的兵力，在保邦村组织了一次大规模运动袭击战斗。虽然越军声称这是一次史无前例的大捷[①]，可实际上，第9步兵师损失很大。按照第9步兵师师史记载，越军共牺牲109人，负伤200人。《越南人民军卫勤史第二卷（1954—1968）》记载如下："1965年11月11日夜，在打驻保邦野外的美驻军时，第9步兵师2团在1团增强下，参战兵力3995人，伤亡308人（占兵力7.7%），负伤160人，死亡148人（占3.7%），死亡占伤亡率的48%。"[5] 美军损失不过是战死20人，负伤103人。美越双方伤亡交换比1:3，战死交换比1:7，何来大捷之说？这次战斗除了虚幻的"胜利"外，一个很重要的事实是，美国陆军第1机械化步兵师展现出了强大的协同战斗能力和强大的火力，以及官兵的高素质，这些都给第9步兵师在未来和他们作战中蒙上了很大的阴影。

黄琴还来不及细细回味保邦战斗的"胜利"，马上就迎来了新的战斗。1965年11月21日，根据技术侦察（无线电监听），第9步兵师得知美军第1机械化步兵师所属的第28步兵团1营沿着陆路，从琴车往头声扫荡。刚刚取得保邦"大捷"，正在兴头上的黄琴决心"趁热打铁"，命令第2步兵团团长谢明钦手下的第4营运动伏击美军第28步兵团1营。接到命令，4营营长张文登马上和营里各连长研究地形，选择伏击区，拟定战斗方案，并清楚地向部队交代了任务。接着，4营在选定的战场——中立乡附近摆开阵势。刚刚占领阵地，美军第28步兵团1营的车队就冲了过来。待美军车队进入射程时，

---

① 具体战斗过程参见《神话、谎言和奇迹：溪山血战》第16—18页。

营长张文登命令1连马上组织火力拦头、2连断尾（打掉尾车）、3连腰斩（把前后被堵的车队分割）。虽然张文登战术设计十分合理，可大红1师再度展现自己强大的协同战斗能力，不仅没有让越军近身，连头尾车都没被对方端掉。尽管美军火力强大，但越军指战员还是打得英勇顽强。负责断尾的2连在连长谢光思的率领下，冲过去连投50枚手榴弹并发射枪榴弹，遗憾始终没能打中目标。越军攻击没有得手，美军尾车和护卫部队随即开火还击，2连指导员中弹负伤，几十位指战员也中弹倒下。2连一度被美军猛烈的火力给震慑住了，裹足不前。连长谢光思火线调整部署，一边让部分干部战士把伤员烈士后送，避免留在战场上影响军心士气，一边重新组织连战斗队形继续冲击。虽然谢光思继续着同帅战役时的勇猛，率2连连续对美军冲击3次，可他的好运不再，2连虽打坏几辆车，却因美军迅速抱团组织环形防御战斗而没法近身，4营的伏击战斗没有成功。中立乡战斗的结果：美军第28步兵团1营仅6死38伤。越军第9步兵师对美国陆军第1机械化步兵师的第二次战斗，再次以失败告终。

保邦、中立乡两次对大红1师进攻都失败了，但厄运不会永远笼罩越军第9步兵师。11月21日，越军第9步兵师3团在团长武明如的指挥下，在10村附近运动袭击了南越国军第5师团7团的一个集群，宣称重创南越国军5师团7团1个营，摧毁26台车辆（含10辆M113装甲运兵车）。这次战斗，越军确实打得很漂亮，按照《越南人民军卫勤史第二卷（1954—1968）》记载："1965年11月22日，在袭击头声伪军一个战团（的战斗中），第9步兵师3团参战兵力1408人，伤亡154人（占比例10.9%），含92人负伤和62人阵亡。"[6]以较小的代价重创南越国军，堪称越军第9步兵师的佳作。他们面对南越国军，战法运用依然比较纯熟。

为了扩大战果，11月26日夜—11月27日凌晨，越军第9步兵师1团在团长阮世传和团政委邓文尚的指挥下，率全团兵力对南越国军第5师团7团展开猛烈攻击。1团采取分割穿插靠近打的战法，重创了南越国军第5师团7团1、3营和团部，宣称毙伤对方1200人，包括团长、副团长和1名美军上尉顾问。按照美国陆军第1机械化步兵师师长希曼少将的说法，南越国军第5师团7团已经被"越共的攻击"消灭了。该战是南部东区战场上越军主力部队首次对南越国军团级部队打歼灭战的光辉战例。这次战斗，第1步兵团同样是代价小，

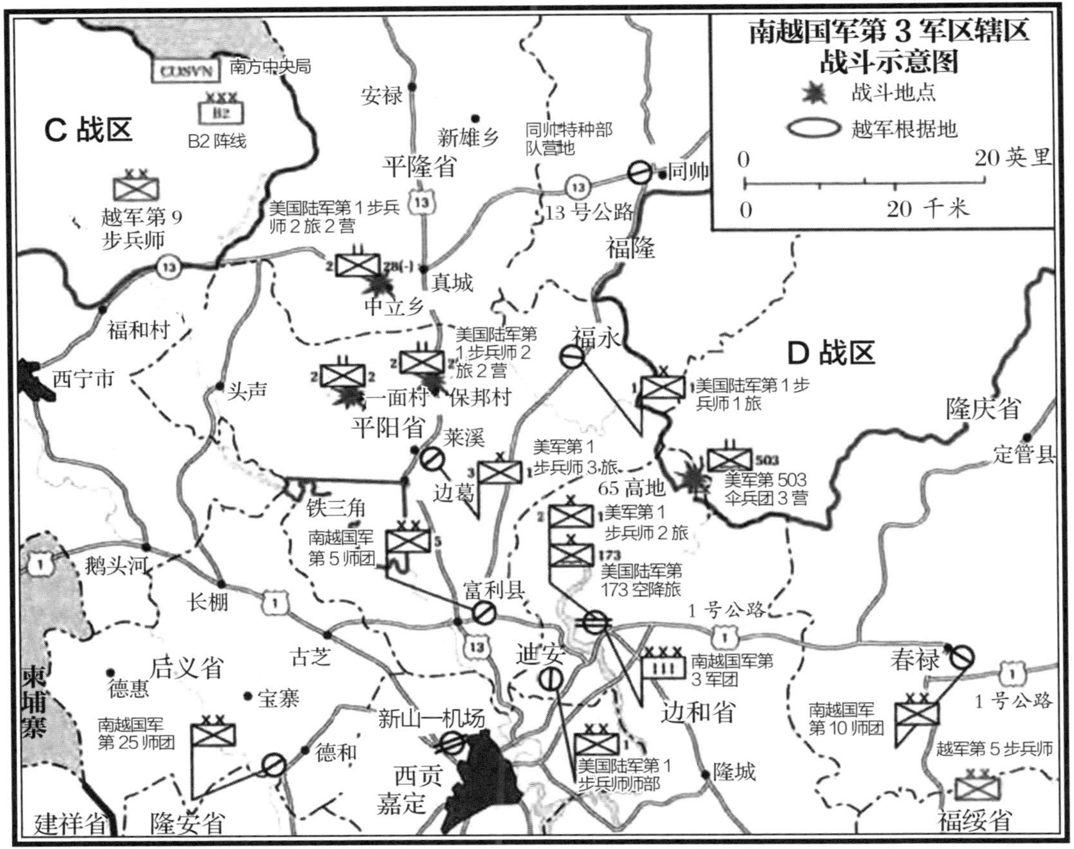

1965 年 10—12 月，南越国军第 3 军区辖区内的战斗示意图。

战果大，实际参战兵力 2073 人，伤亡 272 人（占比例 13.1%），含 161 伤和 111 死。[7]

为了掩护南越国军第 5 师团 7 团收容部队重新组织，美国陆军第 1 机械化步兵师师长希曼少将命令 3 旅旅长布罗德贝克准将率 2 个步兵营又 1 个炮兵营赶往支援。1965 年 12 月 5 日，发现这股美军从嘉末朝隆原乡移动后，越军第 9 兵师 2 团团长谢明钦率部队在嘉末对美军展开运动进攻。遭到攻击的美军仍然是保邦战斗中胜利击退第 9 步兵师 6 个营冲击的美国陆军第 2 步兵团 2 营，营长还是保邦战斗功臣舒菲尔中校。不过，这次战斗却和保邦有很大的不同，在越军第 9 步兵师 2 团的坚决冲击，靠近打近战的攻击下，美军实施了退却，蒙受较大损失，计 39 人战死。对第 2 步兵团来说，这次战斗斩获虽然超过了保邦战斗，但自己也损失了近 200 名干部战士，有些得不偿失。尽管如此，他们还是因为这次"胜利"获得了一等解放军功勋章。

总的来说，自美国远征军进入越南南方后，越军第 9 步兵师先后 4 次和美军大规模交战。除了首战 65 高地对美军第 173 空降旅获得胜利外，对美国陆军第 1 机械化步兵师三战都没有得手（至少 2 次是失败的），成为不良战例。这些战斗不仅说明美军的战斗力十分强大，远非南越国军可比，而且还表明作为越南南方解放军拳头主力部队的第 9 步兵师，建军发展道路上任重道远。

步入 1966 年，由于美国空军封锁了胡志明小道，美军从越军手中夺回了战场主动权，1964—1965 年备受打击的南越国军得到了喘息的机会。在美军的主导下，联军开始了第一次旱季战略反攻，意在采取美国远征军总司令威斯特摩兰上将的"搜剿"战略，寻找越军主力部队实施决战。

越军方面，为了激励将士们奋勇杀敌。越南南方民族解放阵线特地推出了"歼美勇士"这个荣誉称号，该称号分四个级别：歼美军 20 人为最高"歼美勇士"，歼美军 15 人为一级"歼美勇士"，歼美军 10 人为二级"歼美勇士"，歼美军 5 人为三级"歼美勇士"。

1966 年 2 月 15 日，美国陆军第 1 机械化步兵师 1 旅 2 个营的兵力对 D 战区实施新一轮扫荡，重点是针对 13 号公路和 16 号省道的莱溪—福永—新平地区。这次扫荡的目的是捕捉歼灭越军主力部队，把越军势力范围逐到蓬庄（Bông Trang）溪东面。越军地面侦察网很快发现了美军的行动，并摸清了美国陆军第1机械化步兵师的行动规律。越军第9步兵师师长黄琴大校决心组织运动袭击战斗，求得歼敌一部粉碎美军的扫荡。征得越南南方解放军军委和司令部批准后，越军第9步兵师党委和师指拟定出战斗方案：第1步兵团担任主要突击，从北面对美军实施攻击；第3步兵团担任次要方向突击，从西南方向直插敌阵；第2步兵团留做预备队。1966年2月24日凌晨1:10，越军第9步兵师对新平乡的美军第1机械化步兵师1旅发起总攻击。越军声称，战斗打了3个多小时，重创美军集群，歼敌数百，击毁坦克装甲车48辆。但美军对这场战斗的描述却迥然不同。美军观察，越军先是用迫击炮火力和步兵轻武器一阵扫射，接着无后坐力炮也加入射击。1旅旅长格洛茨巴赫（Glotzbach）一度很担心越军组织冲击，可对方并没有这么做，反而继续组织火力射击，这给美军组织火力还击赢得了时间。于是，配属美军第1机械化步兵师1旅的2个105毫米榴弹炮连压低炮口，朝越军阵地打了66发炮弹。驻福永的美军第27炮兵团6营也参加了支援射击。5:30，越军发起冲击，可他们没有发动协调一致的集团冲击，而是互无协同的小群袭击，每群兵力都不超过40人。美军轻松击退了这些冲击，至6:45，对方撤了下去。战斗结果，美军战死11人，负伤74人；1辆坦克和2辆卡车被击毁，2辆坦克和4辆M113装甲运兵车被打坏。

　　1966年3月16日清晨7:30，新平乡之战打了败仗的越军第9步兵师又以第1步兵团转移到贝江北岸，在地方部队配合下，对美军第173空降旅503团2营（营长：约翰·J·威尔什中校）发起新的攻击。这一次，第1步兵团采取四面环攻、分散美军火力的战术反复冲击，以求有一定的突破。越军的这种打法几乎奏效，他们有效分散了美军的火力，最近扑到美军跟前15米。美军全靠直升机飞进飞出，运来了补充的弹药，才使弹药保障没有断档。另一方面，美澳联军炮兵也实施了密切的炮火支援，消耗炮弹3000多发，部分炮弹甚至在离美军阵地不足30码处爆炸，协助伞兵们有效挡住了越军的冲击。10:00，越军第1步兵团被迫停止攻击，迅速撤离。相对新平战斗，贝江战斗打得更为不利，越军第9步兵师1团（平也团）还是没能冲进美军的战斗队形，靠近打击美军，反而在美军联合火力打击下，蒙受了近300人的伤亡（美军宣称击毙303人，实际可能击毙150人），美军损失仅为7死162伤。

1965 年 11 月—1966 年 3 月，越军第 9 步兵师在和美军 6 次的大规模交锋中，除了第一次的 65 高地占得便宜外，剩下 5 次几乎都输了，特别是对阵美国陆军第 1 机械化步兵师的 4 次战斗，全部败北。虽然越军第 9 步兵师在多次战斗中也给美军造成了不小的累积损失，但自身损失数倍于美军。在认识到组织编制和战斗力还与美军有较大差距后，为了做到团级能和美军营级抗衡，越军第 9 步兵师于 1966 年 4 月调整编制，每个步兵营满编为 350~400 名指战员，一般情况下能有 80% 的兵员（280~320 人），最差也要保证每个营有 250 人；一个团编制 1800~2000 人，除了 3 个步兵营外还有 3 个火力连（第 16、第 17、第 18 火力连）、运输连、卫生连、通信排、担架连等。

在装备方面，从 1965 年秋冬季开始，从越南北方运来的大量武器装备让越军第 9 步兵师的装备情况得到根本性的改善：步兵武器由原先的万国牌换成 CKC 半自动步枪（56 式半自动步枪）和 AK-47 自动步枪（含 56 式冲锋枪），机枪为清一色的 RPD-5 机枪，高射机枪统一为德什卡机枪，每个连还装备 4 具 B40（RPG-2）火箭筒。在训练上，营连干部都有 2 套教案，一套是基本训练教案，另一套是根据最新战斗总结经验编写的补充教案，根据这两套教案灵活指导部队训练，并越来越注重修工事，以便让部队在防御战斗中依托工事避免被美军空炮火力杀伤。连级训练科目，主要是训练如何实施据点攻击，强调以班排为单位实施连续爆破撕开突破口，进而突击据点抢占桥头堡，再往纵深冲击。团营训练科目主要是运动袭击，突破敌人阵地，特别要重视利用橡胶园、森林、大象草的地形和地物实施接敌运动，在火力组织上要重视协调各种火器，支援步兵发展进攻、迂回和包围运动……班和组的训练科目主要是打坦克装甲车，让战士们了解 M41 坦克和 M113 装甲运兵车的技术特点和弱点，学习接敌动作，用 B40 火箭筒、手榴弹和枪榴弹消灭坦克装甲车，学会在团营编制内的各种支援火器协同下，分割敌人的步坦协同，然后再分别吃掉步兵和打掉坦克装甲车，打破对方的坦克装甲车优势。在技术上，全体指战员根据袭击战术原则，重点强调攻坚和打坦克装甲车方面的特别训练。根据第 9 步兵师师长黄琴大校的指导，第 1、第 2、第 3 步兵团经常组织总结先前战斗经验，给未来的战斗和训练提供参考。

1966 年 4 月，越军第 9 步兵师奉命撤回阳明珠根据地休整两个半月，补充兵力和装备。趁着休整的宝贵时间，师长黄琴召集各个团长拟定未来的作战计划，重点是沿着交通线组织运动伏击战，力争打破美军的坦克装甲车战斗队形，一定要给美国陆军第1机械化步兵师一个狠狠的"打击"。

在此期间，第9步兵师组织编制做了一个调整，第16步兵团暂编入第9步兵师战斗序列。第16步兵团团长是阮春陆，团政委是阮威，副团长兼参谋长是陈新。有了第16步兵团的加入，第9步兵师可谓如虎添翼，黄琴一下子拥有了4个团的兵力，又经过两个半月休整，全师指战员们早就摩拳擦掌，准备参战了。1966年雨季，越南南方解放军军委和司令部给第9步兵师交代了新的任务——转移到平隆省活动，寻机消灭联军一部分有生力量，并协助当地武装力量发展游击战争，扩大根据地。在准备出师的过程中，第9步兵师侦察连突然发现美军往平隆省增兵，组织成多个集团防御据点，企图以点控面清剿平隆省的越军地方部队。根据新侦察到的敌情，越军第9步兵师师长黄琴大校决定改变原计划和打法，分散打击交通线、袭击脱离工事出巡之敌人，对联军各个据点实施游动炮击，把联军部分兵力从据点引到公路，然后再收拢部队组织运动袭击战斗，吃掉对方的集群。

1966年6月27日下午，越南南方解放军司令部的技术侦察部门向第9步兵师师长黄琴通报，美军的一支坦克装甲车队准备从汉馆（Hơn Quản）出发，会同从禄宁出动的美军一起沿13号公路扫荡。当时，黄琴正想让第1步兵团打禄宁，接到技术侦察部门的通报后，马上召开紧急会议，下令1团不打禄宁，改为运动伏击美军这支坦克装甲车队，他要求所有战斗准备工作务必在6月28日5:00前完成。为了确保完成这次运动伏击任务，越军第9步兵师师长黄琴大校给第1步兵团加强了1个高射机枪连（6挺德什卡高射机枪）、1个82毫米迫击炮连（6门82毫米迫击炮）和3门75毫米无后坐力炮。6月27日夜，在侦察研究了地形后，刚刚升任第1步兵团团长的裴清云向第1步兵团团指报告了全团在博义（Ba Nghì）庄（距禄宁7千米，离琴黎桥也有2千米）布置伏击阵地的决定。这一地带森林较为稀疏，溪流纵横（三溪过界），给部队隐蔽集结和机动带来不小的困难，不过如果加强伪装和仔细组织阵地工事，出击时机把握得当，越军第1步兵团完全可能达成进攻突然性。实际上，越军的判断是有错的。美军出动的部队是第4装甲骑兵团1中队（中队长：

莱昂纳德·L·勒瓦内中校）B、C 两个小队和第 18 步兵团 2 营 C 连，他们的任务是掩护工兵修好琴黎桥，并朝北沿 13 号公路实施威力搜索。

6 月 29 日夜，第 1 步兵团全部占领离 13 号公路不到 200 米的指定阵地。6 月 30 日 9:40，当美军坦克装甲车队全部进入伏击圈时，越军第 1 步兵团团长裴清云一声令下，第 1 步兵团各营出击。战斗伊始，越军第 1 步兵团采取打头、断尾、拦腰的方式，很快冲进美军的战斗队形里，用 B40（RPG-2）火箭筒猛烈攻击美军的 M48 "巴顿" 式坦克。在越军的勇猛攻击下，美军第 4 装甲骑兵团 1 中队 B 小队的 M48 不到 30 分钟就全部被打瘫，美军尽管抱团战斗，可还是有被吃掉的危险。显然，经过雨季整训和强化打美军步坦协同技术训练的越军第 1 步兵团战斗力提高很快，今非昔比。在空中观察的莱昂纳德·L·勒瓦内（Lewane）中校也担心自己的部队会被吃掉，赶紧召唤航空兵支援。武装直升机首先扑过来对地扫射，接着炮火支援和喷气式战斗机支援也随即到来，勒瓦内（Lewane）以 13 号公路为界，炮兵火力打击公路东面高地群，喷气式战斗机攻击公路西面。与此同时，美军第 4 装甲骑兵团 1 中队 B 小队的人员放弃被打坏的坦克，在 C 小队接应下撤了下去。美军空炮火力支援的同时，联军各路部队也赶来增援，战局瞬间逆转，原本是进攻美军的第 1 步兵团不得不转入打敌反扑的战斗。第 9 步兵师战史称：依靠顽强的战斗精神，第 1 步兵团依托工事继续消灭敌人机械化车辆并打击反攻的敌人步兵；同时还分兵一部占领三岔路口（13、14、17 号公路交会点），阻敌撤逃。可事实却恰恰相反，随着援军的不断到来和空炮火力的压倒优势，美军牢牢掌握了战场主动权，逼迫越军第 1 步兵团不得不在 3 团策应下逃出了战场。越军第 9 步兵师声称，经过 19 个小时的激烈战斗，一共击毁美军 43 辆军用车，其中大部分是 M41 坦克[①]和 M113 装甲运兵车，毙伤美军约 300 人，而自己的损失十分惨重。据《越南人民军卫勤史第二卷（1954—1968）》记载，1966 年 6 月 30 日琴黎桥运动打击美军机械化部队的战斗中，第 9 步兵师 1 团实际参战兵力 1750 人，伤亡 329 人（占比例的 18.8%），含 202 人受伤 127 人死亡。[8]

---

① 越军识别出现巨大错误，美军第 4 装甲骑兵团 1 中队装备的是 M48 坦克。

第1步兵团如此大的伤亡，换来的仅仅是美军的实际损失——13死5伤，双方无论是战死还是伤亡的交换比都达到了惊人的1:10！面对如此悬殊的交换比，越南南方中央局和越南南方解放军司令部竟然还授予1团一等解放军功勋章，如此不值一提的战绩和一等军功勋章这个荣誉形成了鲜明对比和强烈讽刺。

1966年6月8日，第2步兵团在13号公路的真城到安禄市路段的核沱到琴丹桥长达3千米地段，组织了一次运动伏击战斗。他们的对手是美军第4装甲骑兵团1中队A小队（小队长：拉尔夫·斯图尔吉斯上尉）和南越国军一部，美军拥有9辆M48坦克和32辆各种装甲车，包括2辆喷火坦克。第2步兵团一开始打得比较巧妙，先是用无后坐力炮干掉了走在队伍最前面的M48坦克，堵住美军坦克装甲车纵队的路，然后再组织各种步兵轻武器、无后坐力炮和迫击炮对美军战斗队形实施多点射击，但没能很好协调火力。越军第9步兵师始终没能有效克服战斗中的各个火器协调差的问题，导致战斗很快陷入僵持。美军依托强大的火力，迅速压住了对手。不久，美军第18步兵团2营和南越国军5师团一部也赶到战场，迫使第2步兵团撤出战斗。这场持续4个小时的战斗，第2步兵团仍然没有抓住机会给美军重创，美军战死14人，南越国军参战部队战死19人，合计联军战死33人。[①]

对6月连续的几次战斗，越军第9步兵师和美军第1机械化步兵师有截然不同的评价。

越军第9步兵师认为，在第1步兵团和第2步兵团连番"胜利"的情况下，13号公路对联军来说已经是一条恐怖之路、死亡之路。越军记载，为了防范伏击，联军被迫沿着13号公路增加巡逻，改变行军规律，使用炮兵和航空兵对公路两边可依托隐蔽的树林地区实施绵密的火力控制，把13号公路的部分"危险"路段，也就是容易受到越军伏击的路段，特别是汉馆（Hớn Quản）到明和之间路段变成安全区。美军的火力控制和加强巡逻给越军第9步兵师继续伏击带来了重重困难，但黄琴大校还是坚持认为只要注意隐蔽，善于运用和

---

① 越军第9步兵师战史称毙伤美军200人。

改造地形，并多筑工事防止空炮火力杀伤，把握好出击时机，在13号公路组织运动伏击战斗，继续消灭美军的机会还是很多的。

而美军第1机械化步兵师另有看法。他们认为越军第9步兵师的存在确实是个威胁，但他们并不惧怕越军。针对越军第9步兵师喜欢伏击公路交通线的特点，美军第1机械化步兵师决心将计就计，故意在13号公路支线的245号公路，也就是明城公路设下诱饵，派出一个运输车队引诱越军第9步兵师前来伏击。一旦鱼儿上钩，美军第1机械化步兵师马上出兵赶来围捕，给越军第9步兵师一个狠狠的打击。

与此同时，越军第9步兵师师长黄琴大校根据美军新的情况和活动规律，调整部署，决心组织新一轮交通线伏击战斗。1966年6月28日，他命令第2步兵团团长谢明钦在13号公路段的琴丹至头翁之间路段组织伏击阵地。在仔细研究了地形和分析敌情态势后，第2步兵团指挥班决定把兵力分成两个方向。主要方向：第4、第5营和第16步兵9营，以及团属3个火力连，在车吉（Xa Cát）到明和之间宽达2千米的路段（也就是245号公路）组织伏击阵地；次要方向：6营在琴丹—头翁桥路段组织伏击阵地。在主要方向的战术安排上，谢明钦要求5营打头，4营以一部分兵力断尾，一部分兵力为预备队，第16步兵团9营展开正面突击。经过差不多一个星期的坚持埋伏，越军第2步兵团终于等来了美军的车队。

不过，这支美军车队实际是诱饵。为了把越军给钓出来，7月9日7:00，美军第2步兵团1营B连（连长：约翰内森上尉）和第4装甲骑兵团1中队B、C小队从安禄机场出发，往明城机场行进，故布疑兵引诱越军上钩。11:10，走在美军纵队最前面的第4装甲骑兵团1中队C小队1排突然发现两群人横穿公路，遂开火射击。这一打引发了越军第2步兵团4、5营的激烈还击，密集的火力顷刻间朝美军纵队泼洒。团长谢明钦一声令下，第2步兵团4、5营和第16步兵团9营全部展开冲击。5营8连担任打头任务，该连在战斗一打响就宣称击毁了1辆M113装甲运兵车。接着，各营冲上路面，试图分割美军的步坦战斗队形。在正面进攻方向上，担任预备队的4营一部配合第16步兵团9营发起冲击，4营6连负责断尾。虽然顽强战斗，但越军第2步兵团始终没法击破美军步坦协同的防御圈，没法对敌形成战斗分割，只能在周围用B40

火箭筒和75毫米无后坐力炮朝美军坦克装甲车射击。经过近2个小时的战斗，越军第2步兵团在没有实现战斗任务的情况下撤出了战斗，他们声称摧毁30辆M113装甲运兵车和5辆M41坦克，击落8架各类飞机。虽然如此，第2步兵团还是承认由于撤退组织不善，同时战斗时间拖得太长，使部队长时间暴露在美军空炮火力打击下，蒙受了很大的伤亡：128名干部战士牺牲，167名干部战士负伤。

对明城伏击战，美军的看法完全不同，他们认为这是美军引诱战术的胜利。在遭到越军第2步兵团攻击后，美军坦克群和装甲运兵车迅速展开交错梯次队形，火力直向公路南北两侧猛烈展开。接到越军攻击"诱饵"的消息，早已做好战斗准备的美军炮兵群和航空兵马上对公路南北两侧实施密集的火力投射。武装直升机也赶到战场，对公路周围的灌木丛实施火力突击，堵住越军可能的逃生道路。最初美军还以为越军的主要火力从公路南面打过来，但很快大家都明白越军的主要火力在公路北面，遂集中火力对公路北面实施压制。在美军火力打击下，越军第2步兵团意识到进攻无望，只得开始退却。可撤退并不是一件容易的事情。美军的增援部队已经从四面八方围拢过来，堵住了越军可能的撤退通道。美军围堵部队和撤退的越军又展开了一系列小规模厮杀，最终越军第2步兵团各营寻隙突围，明城战斗才宣告结束。美军宣称自己取得了又一个大胜利，确认击毙238人，可能击毙大约300人；自己战死25人，负伤113人，4辆M113装甲运兵车、2架直升机和1辆坦克被击毁。综合双方的记载，越美双方战死交换比是5:1（美方获得绝对优势），负伤交换比是1.5:1，美军也占优，总的交换比是2.3:1。美军虽然取得战术胜利，但和保邦战斗结果相比，越军以少了一半的兵力（保邦战斗越军投入6个营，明城战斗投入3个营），和保邦战斗基本一样的伤亡代价，取得了和保邦战斗一样的歼敌数字，也表明了越军第9步兵师战斗力的进步。

经过在平隆省2个多月的战斗后，越军第9步兵师兵力损耗不小（从1966年5月15日—7月30日，共伤亡1700人，含1235人受伤、465人战死），加上部队健康水平下降，只得返回西宁省阳明珠根据地休整巩固，补充兵力和装备，总结雨季各次战斗经验，积极展开军事学习和政治学习，准备1966—1967年旱季作战。

在 2 个多月休整期间，越军第 9 步兵师既得到了充分的兵力和装备补充，也总结了雨季各次对美军战斗的经验。通过雨季的战斗，越军第 9 步兵师党委和师指再次认识到部队的火力协调能力与战场需求存在着较大的差距，战斗组织和部队技术能力还是普遍偏低。利用休整期，越军第 9 步兵师组织多轮集训（大练兵），着重提高各级指挥干部的技战术能力、战斗组织指挥能力，了解各种武器性能，加强战斗中的火力协调性。同时，他们还狠抓部队的多种步兵武器射击、手榴弹投掷、爆破筒和炸药爆破，以及袭击和伏击战斗中的战术动作训练。经过训练，部队战斗力又进一步得到提高。

1966 年 10 月，越南南方解放军军委和司令部给越军第 9 步兵师交代新的任务——配合西宁省军民在西贡西北方向积极活动，保持 1966—1967 年度旱季继续主动进攻的态势；同时还要积极准备对付联军的第二次旱季战略反攻，特别是对方针对阳明珠根据地的围剿行动。上级给第 9 步兵师的活动方针是：小打中打，重视运动袭击、运动伏击，以团、营规模活动为主，掩护地方部队和人民积极开展消灭保安、民卫屯，捣毁“战略村”，保卫和扩大根据地风潮。

不过，威斯特摩兰可不会给越军第 9 步兵师这个机会。他在酝酿组织联军第二次旱季战略反攻，重点指向西宁省阳明珠根据地，企图一举端掉南方中央局和越南南方解放军老窝。为保卫阳明珠根据地，越军第 9 步兵师奉命放弃配合西贡西北地方部队的活动，转而逐步张开兵力，跳到外线对进攻阳明珠根据地的美军展开拔点反攻。遗憾的是，“联络城”战役中，虽然越军西宁省地方部队和机关自卫队打得很好，一共牺牲 280 人，可第 9 步兵师却在外线诸多袭击战斗中蒙受了很大的损失：1967 年 3 月 19 日，第 9 步兵师 3 团出击保邦，参战 1200 人，伤亡 161 人（占比例 13.4%），伤 102 人死 59 人。[9] 1967 年 3 月 21 日，第 9 步兵师 2 团对同荣的美军一个旅进行袭击，参战兵力 2215 人，伤亡 429 人（占比例 19.3%），伤 250 人死 179 人。[10] 1967 年 4 月，第 9 步兵师 1 团又对长巴翁野外的美军一个营的驻军组织袭击战斗，伤亡 383 人，伤 267 人死 116 人。[11]

虽然没有给予美军沉重的打击，但第 9 步兵师也消耗了美军的有生力量。经历了 2 个多月的搜索无果后，美军撤离了阳明珠根据地。这次代号为“联络城”的扫荡作战，是美军在越南战争中进行的规模最大的战役行动，却没能达到摧毁南方中央局和越南南方解放军首脑机关的目的。联军战死282人，越军牺牲超过1000人，但保住了根据地，并又一次粉碎了美军第二次旱季战略反攻。

美军的"联络城"战役未能获胜，标志着威斯特摩兰在越南南部平原的搜剿战略的破产，这对南方的越军部队来说具有重要的战略意义。既然防守保住了根据地，那么接下来就应该反攻了，实现1965年取消的X计划，在整个越南南方发起总攻击和总奋起。

随着1968年的到来，越南南方将被血与火吞没，这将是越南人民军在整个越南战争中第一次实行战略总攻击，也是和联军进行的第一次大决战。越南共和国的首都西贡市也将沐浴在这场空前惨烈的血火之中。

注释

1. Trong đợt 1 đánh thị xã Phước Long, chi khu Phước Bình, đã có 195 thương binh.

2. Đợt 2 đánh chi khu Đồng Xoài và đánh viện Đồng Xoài có 439 thương binh.

3. Đợt 3 có 172 thương binh, trung đoàn 3 đánh trường huấn luyện biệt kích Bù Đốp và trung đoàn 1 đánh diệt viện giải tỏa.

4. đợt 1 là 62; đợt 2 là 212; đợt 3 là 65 (Bàu Bàng 14, Bù Đốp 51).

5. Đánh quân Mỹ trú quân dã ngoại tại Bàu Bàng đêm 11 tháng 11 năm 1965, do trung đoàn 2 sư đoàn 9 và trung đoàn 1 tăng cường đã có quân số tham gia 3.995 người, thương vong 308 (7,7% quân số), bị thương 160, tử vong 148 (3,7%), tỷ lệ tử vong thương vong là 48%.

6. Tập kích một chiến đoàn nguy ở Dầu Tiếng, ngày 22 tháng 11 năm 1965 do trung đoàn 3 sư đoàn 9 thực hiện, với quân số 1.408 người đã có 154 thương vong (10,9%), trong đó 92 thương và 62 tử vong.

7. Tập tính quân nguy ở Dầu Tiếng 27 tháng 11, do trung đoàn 1 sư đoàn 9 thực hiện với quân số 2.073 người, đã có 272 thương vong (13,1%) với 161 thương và 111 tử vong.

8. Vận động tập tính cơ giới Mỹ tại Cần Lê ngày 30 tháng 6 năm 1966, do trung đoàn 1 sư đoàn 9 thực hiện với quân số 1.750 người đã có 329 thương vong (18,8%) với 202 thương binh và 127 tử vong.

9. trung đoàn 3 sư đoàn 9 đánh Mỹ tại Bàu Bàng (Bàu Bàng 4) ngày 19 tháng 3 năm 1967 với quân số 1.200 người, đã có 161 thương vong (13,4%) với 102 thương binh và 59 tử vong.

10. Trận trung đoàn 2 sư đoàn 9 tập kích một lữ đoàn quân Mỹ trú quân tại Đồng Rùm, ngày 21 tháng 3 năm 1967 với quân số 2.215 người, đã có 429 thương vong (19,3%) với 250 thương binh và 179 tử vong.

11. Trận trung đoàn 1 sư đoàn 9 tập kích một tiểu đoàn Mỹ trú quân dã ngoại ở Tràng Ba Vũng, ngày tháng 4 năm 1967, đã có 383 thương vong (30,4%) với 267 thương binh và 116 tử vong.

平隆省琴黎桥。

越军第9步兵师1团成立时的留影。

南越国军的清剿给越军造成了不小的损失。图为南越国军在清剿行动中捕捉到的越军。

▲ 北村战斗和阳隆战斗的胜利，让失败的论调烟消云散，越军重新拾回了信心。

▲ 南越国军部分人员在越军的打击下被迫举手投降。

▲ 平也大捷纪念碑。

▲ 平也战役中越军第 1 步兵团的 56 式 75 毫米无后坐力炮。

▼ AK-47 冲锋枪的列装，使越军第 1、第 2 步兵团的战斗力得到进一步提升。

▲ 平也战役中越军第 1 步兵团的 12.7 毫米高射机枪。

▲ 越军第 2 步兵团获得的"同帅团"荣誉军旗。

◀ 丢失同帅的南越国军马上组织猛烈反击，双方在同帅大打出手。

◀ 同帅大捷纪念碑。

◀ 在 中 立
乡扫荡的美
军。

◀ 美 国 陆
军 第 23 炮
兵群装备的
175 毫米自
行火炮给越
军第 9 步兵
师造成了巨
大的威胁。

▲ 美国陆军第 1 步兵师工兵在 13 号公路沿线扫雷。

▲ 美军 M48 主战坦克。

挂载集束炸弹的美国空军F-100"超级佩刀"战斗机,他们同样对越军构成重大威胁。

明城伏击战虽以美军胜利告终,可越军第2步兵团的顽强战斗作风也给美军留下了深刻印象。图为明城战斗中被击毁的美军1辆M113装甲运兵车,旁边是战死的越军战士。

尽管美军出动重兵,发起越战期间规模最大的围剿作战,却依然没能重创越军主力。图为"联络城"战役后从阳明珠根据地缴获的大米,由M113装甲运兵车运回美军基地。

【第四章】
西贡大血战

T25号战役

在连续粉碎了联军 2 次旱季战略反攻后，越南南方战场的南部平原（B2 战场）、西原军区（B3 战场）、治天军区（B4 战场）和第 5 军区（B1 战场），以及 9 号公路—北广治战场（B5 战场）获得了极大的发展，南方根据地人口发展到 320 万。不仅如此，第 559 兵团也克服了 1965—1966 年旱季战略运输的困难，在 1966—1967 年旱季超额完成了越南人民军后勤总局交付的战略运输任务，共将 27469 吨武器弹药和物资运往南方，同时来自北方的 94000 名干部战士通过不断行军，穿过长山山脉也抵达了南方，补充给南方的治天军区、第 5 军区、西原和南部平原各师团营部队，使越南南方的越军总兵力达 22 万，其中地方部队和乡村游击队 57000 人（含民兵、游击队、机关自卫队）。

在北方的武器装备、弹药、补给以及大量兵力持续不断南下的加强下，越南南方越军实力进一步壮大，尤其是南部平原（B2 战场），战斗力进一步充实，许多军区都进行了较大规模的扩编。在南部平原战场上，西贡—嘉定—堤岸军区把决胜 1 营、鹅门 2 营、堤岸 3 营和嘉定 4 营集中起来，组建决胜团，加上同奈团和越南南方解放军司令部拨给西贡—嘉定—堤岸军区的第 16 步兵团，使该军区拥有 3 个团的兵力，拥有了一定的大规模进攻能力。

在南部中区（第8军区），主力部队也由1个团扩编为2个团又2个营，其中第8军区主力1团由第261A步兵营、第261B步兵营和第541A步兵营组成，军区主力2团由第263步兵营、第265步兵营和第267步兵营组成（其中第265步兵营和第267步兵营是新组建的部队，由北方南下补充给第8军区的干部战士组建），另外2个独立作战的营是第268步兵营和第269步兵营。

在南部西区（第9军区），新组建了第307步兵营，并调走了第308步兵营，军区在新春总攻前一共有5个营的兵力：第307、第303和第309步兵营，以及西都步兵营（Tay Do）和第2311炮兵营。

鉴于对美2年作战（1965—1967年），南方各个根据地站稳脚跟并迅速发展的喜人形势，越南劳动党中央政治局和中央军委于1967年4月召开扩大会议，认为目前南方已经出现了新的革命形势和战略时机，于是他们初步做出在1968年发动总攻击争取决定性胜利的主张。根据中央政治局的决定，越南人民军总参谋部派出大批工作组前往南方各个战场了解情况，同时各个战场的部分领导干部和指挥员返回河内，汇报各个战场的总体情况，参加指定1968年的战略计划。

经过2个月的调查研究，1967年6月越南劳动党中央政治局通过了战略决心：在持久战方针的基础上，以最大的主观努力，在短时间内（预定在1968年内）争取决定性的胜利。1967年7月，越南劳动党中央政治局和越南人民军中央军委在听取了越南人民军总参谋部的关于采取总攻击、总奋起的方式将革命战争推向最高发展阶段的计划报告后，决定在1968年集中军事力量和政治力量，向南方各个城市，重点是西贡、顺化、岘港发动出其不意的进攻。战役发起时间定为1968年1月29日夜（后改为1968年1月30日夜），代号T25战役。

1968年1月，越南劳动党召开十四中全会，会议通过了劳动党中央政治局1967年12月提出的关于"把革命战争转移到争取决定性胜利新时期"的决议，正式确立1968年新春总攻击和总奋起的战略目标：消灭和瓦解绝大部分伪军，打垮各级伪政权，建立人民革命政权；消灭美军有生力量，摧毁战略物资，使美军无法实现在南越的政治和军事目标。

随着十四中全会决议的贯彻，1968年新春总攻击进入倒计时。

光中革命战役

根据越南劳动党中央政治局和中央军委的决议，西贡—嘉定—堤岸特区是 1968 年戊申新春总攻击和总奋起的最主要目标，因为西贡—嘉定—堤岸特区是联军在南方作战的指挥中枢。

为了确保这个战争中枢，联军在西贡周围层层设防，形成了坚固的内外防御圈，并辅以各个军种（民卫队、保安军、别动军和南越国军野战部队）把守。尤其是 1968 年初，当发现越军向这个南方最大的城市集结兵力时，美军取消了第三次旱季战略反攻，转而在西贡周围部署了 3 道防线。

在最外层防线：西贡市西北 30 千米的同如（Đông Dù）县由南越国军第 25 师团据守，美国陆军第 25 步兵师驻防古芝和西宁，部分别动军和保安军驻扎在边吉县和外层防线各个据点上。在北面，美国陆军第 1 步兵师驻防莱溪（Lai Khê），第 101 空降师 2 旅驻防福永（Phước Vĩnh）县，美国陆军第 11 装甲骑兵团驻边葛，南越国军第 5 师团驻平阳省。在东面和东北，美国陆军第 9 步兵师 1 旅驻边和省，第 199 轻步兵旅驻隆平省，泰国陆军 1 个旅驻隆庆省，澳大利亚皇家陆军 1 个团驻福绥省，南越国军第 18 师团也在福绥省和隆庆省驻扎。在南面，美国陆军第 9 步兵师所属的第 2 旅和第 3 旅驻防姚建（隆安省）和平德（美荻省），南越国军海军陆战队 A 战团驻吉莱。

第二道防线，也叫中间防线。联军主要以别动军第 5 联团（4 个营）在雅贝县、平政县、霍门县、守德县组织防线，目的是封锁通往西贡市区各条主要干线。为了配合别动军，保安军和民卫队还在通往西贡市的各条主要公路干线设立检查站和屯哨，并在西贡周围各县搞间谍网络，防止越军渗透和接近西贡市区。

第三道防线，也叫内层防线。除了首都特区的保安军和野战警察外，还有不少联军各级军政首脑机构：美国远征军司令部（美国援越司令部，MACV）、美国驻越南共和国大使馆、南越国军联合参谋本部、独立宫、首都特区、各大训练中心、机场群、仓库区和联勤基地。总的来说，联军在西贡 3 道防线上驻有南越国军（不含保安军、民卫队和野战警察）共 46 个营、美澳新泰军 53 个营。联军兵力虽然很多，但也有一个很大的弱点，那就是春节假期，南越国军许多官兵纷纷请假回家过节。根据南越国军第 3 军区统计，由于大量官兵离队过节，导致 1968 年 1 月 29 日军区各部编制兵力 41952 人中离队率达 50%。相对正规军的满员率低，南越国军保安军、民卫队的满员率却相对较高，达到了 70%（因为保安军和民卫队的成员都是就近原则参军的）。情况最好的自然是美军，他们的满员率高，因此在遭到越军攻击后，准备相对完善的只有美军。

尽管如此，联军的力量还是十分强大的，要想在 1968 年新春对西贡的总攻击和总奋起中赢得胜利，越军就必须实施多点牵制攻击，把西贡市周围联军的主力部队和技术兵种吸引到其他方向，或是就地钳制住。根据越南劳动党中央政治局和中央军委的指示，越南南方解放军司令部和南方中央局调整了南部东区的指挥系统，把第 7 军区和西贡—嘉定—堤岸军区临时合并，成立东部战役指挥部，统一指挥越南南方解放军司令部直辖的第 5、第 7、第 9 等 3 个主力步兵师，以及第 7 军区和西贡—嘉定—堤岸军区的所有主力、地方部队和为了进攻西贡市特别组建的各个尖刀营，任务是以西贡—嘉定—堤岸特区为中心展开总攻击，同时在隆安省、后义省、平阳省、西宁省与边和省实施多点牵制攻击。战役指挥部主要成员：南方中央局副书记阮文灵担任战役指挥部党委书记，武文杰任战役指挥部党委副书记，越南南方解放军副司令员陈文茶中将出任战役指挥长。

根据联军的综合布防情况，东部战役指挥部决心采取奇正结合的战法实施总攻击。总的战役企图是以 F100 团所属的 9 个别动 / 特工队兵分 9 路，以突袭方式占领西贡市区内外 9 个重要目标，以最快的速度粉碎市区内的南越国军、野战警察、保安军的抵抗，等待第二梯队的各个尖刀营跟进和青年学生的支援，在巩固 9 个重要目标的同时，在市区内继续扩大占领区，引导西贡民众总奋起。与此同时，第 5、第 7、第 9 步兵师和各个主力团对西贡周围联军的各个基地、大型据点、仓库区和机场展开攻击，钳制住联军的主力，防止联军回援西贡。

为了打好 1968 年对西贡的总攻击，东部战役指挥部将西贡市区周围（含市区）划分为 6 个区，每个区任命一位书记，参加对西贡市周围总攻击的各部队按计划在各个区展开，由各区书记负责指挥所在区内各部队的展开，并予以引导。

第 1 分区（西贡北面和西北面）：古芝县、霍门县、鹅邑县和西贡市区西北及北面的长朋（Tràng Bàng）区、边葛（Bến Cát）区和头声（Dầu Tiếng）区。该区是 1968 年新春总攻击和总奋起的主攻方向，第 16 步兵团、嘉定特工 4 营、决胜 1 营和鹅门 2 营奉命向第 1 分区集结兵力。梅支寿任第 1 分区书记。

　　第 2 分区（西贡西面和西南面）：新平县、平政县、第 3 郡、第 5 郡、第 6 郡、德和县、隆安省边守（Bến Thủ）县。这里是新春总攻击的辅助进攻方向，第 8

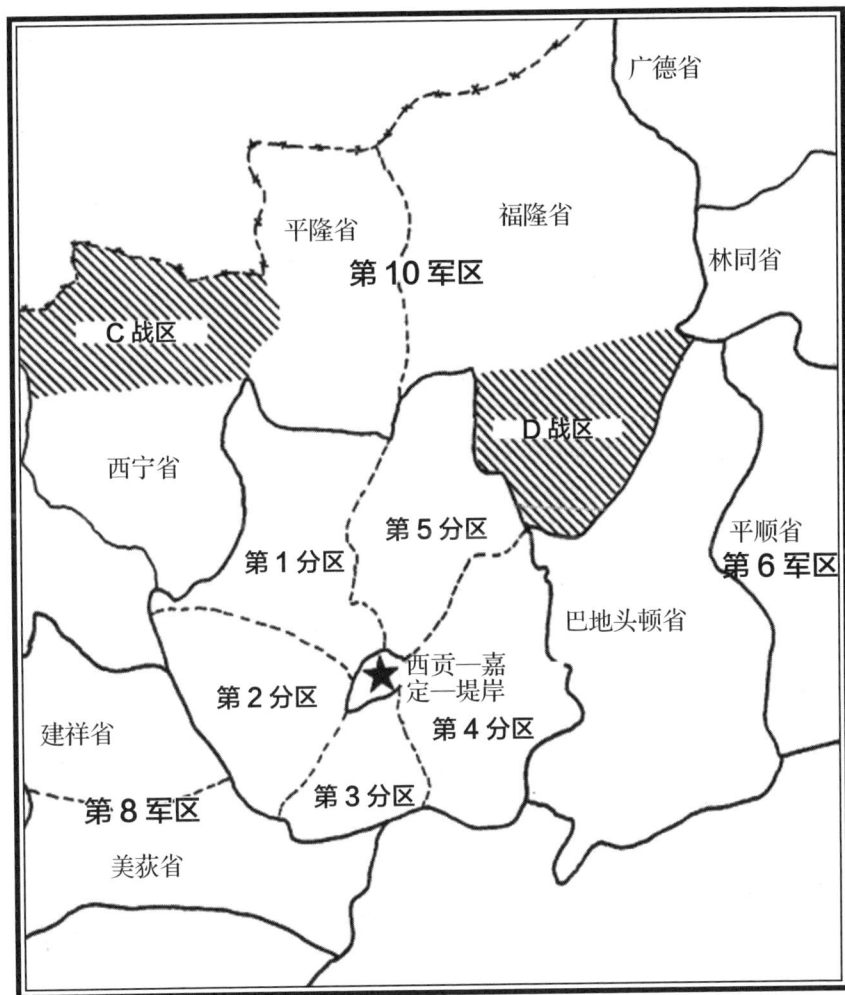

▲ 越军对西贡—嘉定—堤岸军区的军事化分示意图。

军区的第 267、第 268 和第 269 营，以及新平 6 营、第 16 步兵营、特工 12 营奉命向第 2 分区集结兵力。潘文汉（Phan Văn Hân）任第 2 分区书记。

第 3 分区（西贡南面）：雅贝县、平政县部分乡镇、第 2 郡、第 4 郡、第 7 郡、第 8 郡、张善县、新柱（Tân Trụ）、勤德（Cần Đước）、勤若（Cần Giuộc，隆安省）。隆安省 1 营和 2 营、雅贝 5 营、富利 2 营、同奈团 1 营和 1 个特工营奉命向第 3 分区集结兵力。阮文珍（Nguyễn Văn Chín）任第 3 分区书记。

第 4 分区（西贡东面）：守德（Thủ Đức）县、第 1 郡、第 9 郡、仁泽（Nhơn Trạch）县（属巴地省）。守德 4 营、特工 5 营、第 9 步兵师 3 团奉命向第 4 分区集结兵力。段公政（Đoàn Công Chánh）任第 4 分区书记。

第 5 分区（西贡东北）：堤岸、边和、富润和莱绍（Lái Thiêu）、富教（Phú Giáo）、新乌。堤岸 3 营和同奈团（欠 1 营）奉命向第 5 分区集结兵力。黄明岛任第 5 分区书记。

第 6 分区负责统一指挥别动队在市区内的战斗。任务是兵分东、南、北三路进攻市区内各个主要目标：第一路由第 3、第 4、第 5 别动队组成，负责城东各个目标；第二路由第 6、第 7、第 9 别动队组成，负责城北各个目标；第三路由第 2、第 8、第 11 别动队组成，负责城南各个目标。3 路别动 / 特工队均隶属于 F100 团，由东部战役指挥部直辖。在 1967 年 12 月的袭击计划中，东部战役指挥部原本只选择 9 个别动 / 特工队袭击西贡市区内 7 个目标，但 1968 年 1 月 25 日，根据越南劳动党中央政治局的指示，为了对即将到来的美国大选造成政治影响，决定增加第 8 个目标——西贡的美国大使馆。F100 团各别动 / 特工队目标分别为：第 2 别动队进攻警察总署，第 3 别动队进攻伪海军总部，第 4 别动队进攻西贡无线广播电台，第 5 别动队进攻独立宫，第 6 别动队进攻联合参谋本部，第 8 别动队进攻首都特区指挥部，第 7 别动队和第 9 别动队进攻新山一机场，第 11 别动队进攻美国大使馆。其中最重要的 5 个目标是独立宫、无线广播电台、联合参谋总部、西贡市首都特区政府大楼和美国大使馆。

为了确保打下各个目标后的巩固防御和打敌反扑，东部战役指挥部还计划在 9 个别动 / 特工队展开行动后 30 分钟，让集结在西贡市 5 个分区的各个步兵营按计划奔赴各个目标，跟进打击或支援 / 接防别动 / 特工队：第 3 分区的隆安省1营和富利2营负责接应第2别动队，彻底攻克巩固警察总署；第3分区的雅贝5营负责接应第3别动队，彻底攻克巩固伪海军总部；第五分区的堤岸3营负责接应第4别动队，彻底攻克巩固西贡无线广播电台；第3分区隆安省2营负责接应第5别动队，彻底攻克巩固独立宫；第1分区的鹅门2营和第2分区的第267步兵营负责接应第6别动队，彻底攻克巩固联合参谋本部；第2分区的新平6营负责接应第8别动队，彻底攻克巩固首都特区指挥部；第2分区第16步兵营和特工12营负责接应第7和第9别动队，彻底攻克巩固新山一机场；第5分区的同奈团（欠1个营）负责接应第11别动队，彻底攻克美国大使馆。

除开对西贡市区展开总攻击外，东部战役指挥部还以第2特工／别动队和第65别动队袭击新平县，第66别动队袭击堤岸，第1和第67别动队袭击鹅邑县，第69别动队和25名特工战士袭击雅贝县，第3水上特攻队和守德别动队袭击守德县。

为了确保西贡5个分区的别动／特工队和各区的地方部队在市区各个重要目标的奇正结合战法成功，东部战役指挥部还命令南部平原的3个主力师——第5步兵师、第7步兵师和第9步兵师，以及1—5分区未参加对市区总攻击的各部队、南方解放军司令部直辖的独立步兵团对西贡外围联军的各个驻地兵营和主要指挥机构、军事训练中心实施钳制作战，具体部署如下：

第1分区的决胜1营和嘉定特工4营分别负责进攻南越国军扶董装甲兵司令部和鹅邑仓库区；同奈团1个营负责进攻平利大桥；守德4营进攻车路大桥；第9步兵师负责进攻守德军事支区和光中训练中心，钳制同如基地的南越国军第25师团；第5步兵师（仅第4、第5两个步兵团）负责进攻边和机场、隆平仓库区、南越国军第3军区司令部和美国陆军第2野战军司令韦安德中将；第7步兵师进攻边葛—富教，钳制美国陆军第1步兵师（大红1师）和南越国军第5师团，阻止美国陆军第11装甲骑兵团增援西贡；第88步兵团攻打中安，负责钳制西贡第1分区和第5分区的美军，防止第1和第5分区内驻扎的美军回援西贡市区；第96炮兵团使用48门DKB 122毫米单管火箭炮对美国陆军第1机械化步兵师师部驻地莱溪实施游动炮击；第208炮兵团也使用DKB单管火箭炮对同如基地、古芝基地、新山一机场等实施游动炮击。

越军将对西贡的总攻击命名为"光中革命战役"。

战役计划和目标拟定后，参加战斗的特别／别动队和预定赶往各个分区的越军各个步兵团营开始了紧张的战役准备。东部战役指挥部的党委首先对西贡市区的党组织进行摸底统计，确认1968年新春总攻前，西贡市内第3、第5、第6、第12郡党组织力量最雄厚，共有12个大的党支部，153名党员（含18名别动队员），第2、第4、第7、第8郡党组织力量较为薄弱，仅有24个小支部，每个支部3~4人。工厂区共有5个支部，16名党员。另外，堤岸区还有2个特别行动支部（直接指挥各个别动队奇袭西贡各目标区）。依靠市内第3、第5、第6、第12郡各党支部的动员和努力，尤其是堤岸区2个特别行动支部的不懈工作，使越军于战前在西贡市内发展了一批革命群众，在革命群众（尤其是妇女和儿童）的支持下，越军在西贡市区周围建立了19个共325户贴近市区各个重要目标的地下网点，形成了400个可供连级兵力隐蔽的地下网点，实现了各分区各个步兵营可靠的隐蔽集结地。

与此同时，东部战役指挥部也向中央军委和中央政治局直接汇报战役准备工作。

1967年12月21日，东部战役指挥长陈文茶中将向越南中央军委汇报了B2战场的战役准备工作情况，重点是西贡市的别动／特工和地方部队的情况。

1967年12月25日，东部战役指挥部党委书记阮文灵向越南劳动党中央政治局汇报了东部战役指挥部和整个B2战场的军事准备情况及整体敌我态势情况，阮文灵乐观地认为，即将到来的总攻击将具有决定性意义，能够在不远的将来结束这场战争，因此东部战役指挥部决心不惜牺牲，坚决实施分成几个阶段的总攻击，以新春时期的总攻击为重点，在不久的将来迎来南方革命战争决定性的胜利，结束战争。

1967年12月29日，东部战役指挥部和军事委员会召开作战会议，检查对西贡总攻击的战役准备情况。

尽管条件艰苦，运输任务急迫，但怀着乐观心态和抱定抗美救国战争必胜决心的越军各级干部、战士和根据地的人民、国统区的革命群众克服重重困难，不分昼夜将武器弹药从各个战场往西贡周围指定地点运送，这是越南人民军在抗美救国战争中特有的前置储备法，将武器弹药装备隐蔽囤积在进攻目标周围，随打随取。这种特殊的前置补给方式支撑了越军度过15年抗美救国战争的艰难岁月。其中，长朋、霍门—鹅邑这些西贡周围100多千米的秘密军事运输走廊路线上，一到夜间就出现这样壮观的景象：数百辆小推车满载着弹药和粮食，在民工的推动下，从西贡外围联军的哨所和据点间隙穿过，送往指定集结点。在人民的大力支援下，共有200多吨武器装备和粮食通过隆安省运往西贡西面和南面的指定集结地，做好了战前储备工作。同时，市区被动员起来的进步青年和学生也积极协助在春节前混入采购年货的人群中的别动/特工队完成战前武器装备和弹药的准备，9个别动/特工队共在西贡预置了100支AK-47自动步枪和54手枪，以及2吨炸药。

对于越军的战役准备，联军也并非一无所知。美国远征军情报部门采取电子技术侦察方式，破译了不少越军的电讯，判明了越军将在近期有发动大规模进攻的征兆。1月29日16:15，美国陆军第2野战军司令部给辖区所有单位发出紧急通知，称"越共"可能要违反春节停战的传统默契，命令辖区内所有部队做好战斗准备。1月29日夜—1月30日凌晨，南越国军第1军区的岘港市突然遭到了越军攻击。显然，美军的情报是正确的。南越国军联合参谋本部召开紧急会议，经过简短的磋商讨论，于1月30日9:40向全军下达紧急命令，取消春节假日，并指示负责第3军区、首都特区指挥部做好一切战斗准备，防范越军的进攻。但这道命令来得有些迟了。碍于交通堵塞，官兵们没法迅速归队，导致南越国军各营只能以不到50%的兵力迎战越军的总攻击。

1月30日当天，第3军区辖地内唯一的战斗发生在11:00，南越国军第25师团一支巡逻队在西宁市南面坐标XT29Q300处发现25辆牛车和大约200名"越共"人员。他们马上召唤战术航空兵实施突击，宣称击毙40名"越共"，摧毁8辆牛车。与此同时，南越国军第3军区也部分调整部署：第18师团派2个营——驻福绥省汉新的别动军第52营和驻在平阳省的1号公路段执行任务的南越国军第52步兵团1营前往隆庆省会春禄做预备队。

南越国军第5师团也把第9步兵团3营从贝江抽调回来，放在平阳省的第5师团司令部驻地。南越国军第3军区司令部为了确保安全，也请示南越国军联合参谋本部，把第1伞兵营给抽调回来。该营原本驻扎在西贡市内，担任南越国军战略总预备队，奉命以营部和2个连前往警戒第3军区司令部，1个连派往西贡市内的国家广播电台附近驻扎，一个连往芝和监狱。

与此同时，新山一机场与边和机场的联军部队都拉响了红色警报，做好了战斗准备。21:25，南越国军保安军第86营抓获了越军1名俘虏，据他供认，越军要在1月31日晚上身着南越国军军服，由坦克掩护，打新山一机场和国家广播电台。根据这个情报，南越国军总部于22:00再次命令全军进入最高战斗状态，并确认红色警报有效。

全此，双方都做好了战斗准备。箭在弦上，只待射时！

为了全胜，前进！

为了达成战役突然性，越南人民军中央军委临时决定把原定于1968年1月30日凌晨打响的新春总攻击——T25战役推迟24小时，N日G时（越军的进攻日和进攻时）定为1968年1月31日凌晨0:00—2:00。1月28日，越南中央军委以紧急电令形式向南方各个战场通报推迟总攻击24小时，不幸的是第5军区没能及时收到命令，依旧按原计划于1月30日凌晨打响了对岘港的总攻击，致使新春总攻击——T25战役部分失去了战役突然性。幸而南部平原及时准确地接到了越南中央军委的命令，没有提前行动，保住了西贡方向的部分战役突然性。

1968年1月29日夜—1月30日凌晨，越军第6分区的各个别动队员与预定在各个分区展开的步兵团、营开始隐蔽向指定集结地行军，其中9个别动／特工队按时抵达了指定集结地。但奉命往5个分区开进的地方部队步兵团营却因距离远近不一，不少部队未能按时抵达集结地。

同夜，在富平县的吴隧（Ngô Toại）祖父家里，负责进攻各个目标的9个别动队长向F100团指挥员阮文智（Nguyễn Văn Trí）汇报各个别动／特工队的准备情况。听取了各个别动队的准备情况报告后，阮文智同志除了给各个别动队队长再次明确责任外，还向他们通报了西贡市内各个目标的最新情况和群众学生动员工作，并检查了各个别动队的武器装备，接着进行了最后的战斗动员，鼓励别动队员不怕牺牲，尽最大努力为新春总攻击的胜利贡献自己的力量。

1968年1月30日黄昏，在总攻击打响前，第6分区的书记武文盛（Võ

Văn Thạnh）从平政县隆文思（Long Vân Tự）桥附近的白登路241/5号阮农（Nguyễn Nông）的家里（一个秘密网点）来到了富平县F100团指挥所，带着即将参战的全体别动／特工队员对着红蓝金星旗帜宣誓：为了祖国统一不惜牺牲生命，坚决完成任务，打赢总攻击。

随着1968年戊申春节的到来，在胡志明主席的新年贺词"今年春光胜往年，举国欢腾捷报传。南北竞赛打美帝，稳操胜券勇向前"声中，越军在南方各大城市打响了新春总攻击的枪声。

在西贡，越军的计划是：别动队以奇袭方式占领各个目标，坚守1个小时，等待各个分区的步兵营接应支援，同时以各个分区的青年学生在支援别动／特工队的同时积极做市区内南越国军的敌运工作，促使南越国军和野战警察倒戈，协助各路接应步兵营、特工／别动队和青年学生守住各个目标。

按照协同要领，G时由DKB 122毫米单管火箭炮对新山一机场、美国远征军总司令部、威斯特摩兰上将的指挥位置进行齐射，以此为信号打响对西贡市区的总攻击。遗憾的是，G时到来，上述三地却没有传来任何爆炸声。等了1个小时都不见任何炮声传来，2:00，在第2分区展开兵力的第268步兵营情急之下用4门82毫米迫击炮对新山一机场打了2个齐射（耗弹8枚）。在隆隆的炮声中，越军对西贡市的总攻击开始了！

在新山一机场方向，第7和第9别动队共27名别动队员在杜新方指挥下乘坐2辆卡车，扑向新山一机场南面的飞隆纺织厂，企图从南面冲进新山一机场。然而，南越国军早有防范，他们依仗兵力优势进行激烈抵抗。进攻飞隆纺织厂的第7、第9别动队难以冲进目标。清晨，南越国军集中步兵在装甲车伴随支援和空炮火力掩护下对第7、第9别动队实施猛烈反击。眼看进攻受挫，杜新方只得放弃任务，带着第7、第9别动队退却到张国勇（Trương Quốc Dung）路，依托周围楼房组织抵抗，宣称打坏2辆装甲车，毙伤反扑的南越国军约百人。战斗中，女别动队员兼联络员潘氏美表现出色，她时而捡起伤亡战友的枪支打击反扑的南越国军，时而勇敢地爬到房顶向杜新风报告敌情，还穿过对方火力封锁线给第7、第9别动队运送弹药，英勇挂彩却始终不下一线。为了表彰这位女别动战士，越南国防部授予潘氏美"人民武装力量英雄"称号。

尽管第7、第9别动队英勇奋战了大半天，但负责这个方向接应和支援任务的第2分区16步兵营和特工12营却没有与他们会合，预定赶来支援的500名青年学生也丝毫不见踪影。战至1968年2月1日14:00，第7和第9别动队弹药消耗殆尽，只得收拢分散的别动队员撤出了战场。

在第7、第9别动队从南面袭击新山一机场失败的同时，第6别动队（16名别动队员）也在陈文林(Trần Văn Lém)指挥下乘坐2辆小巴士，对联合参谋本部展开了攻击。关于这次战斗，北越和南越方面记载有很大出入。北越方面记载："1968年1月31日凌晨2:50，第6别动队冲到联合参谋本部大门前，在击毙了九龙（Cửu Long）桥上的2名哨兵后，第6别动队在5号门附近的围墙上炸开了一个大洞，但当别动队员们试图冲进去的时候却遭到伪军强大的火力阻击，无法扩张战果。尽管如此，别动战士们还是英勇战斗到了最后，除了两位同志撤回根据地外，14位同志壮烈牺牲。"南越方面记载："1968年1月31日凌晨2:00，敌人对联合参谋本部大院5号门的进攻行动开始。C-10特工营①部分兵力乘一辆巴士抵达，与此同时，部分别动队员也在5号门对街的隆和佛塔占领阵地。当巴士停在联合参谋本部大院5号门前的时候，别动队员跳下车，试图冲进大门。通常，联合参谋本部大院5号门都是紧锁的，恰在别动队到来之际，南越国军1名将官进去，门打开了。巧的是，就在这时，美军宪兵的巡逻队乘坐吉普车刚好从5号门旁经过。当越军别动队注意力被过往的美军宪兵吉普车吸引过去，并朝吉普车开火时，5号门的南越国军警卫人员赶紧关上大门，从一侧沙包掩体朝越军别动队开火。与此同时，美军宪兵巡逻队乘坐的吉普车在遭到攻击后，立即呼叫求援。不一会儿，美军宪兵增援部队就从南越国军别动军总部3号门和其他兵营赶来增援。他们的到来，很快瓦解了越军别动队对南越国军联合参谋本部大院5号门的进攻。"

根据南越国军方面的资料，越军第6别动队队长陈文林并没有战死，而是当了南越国军的俘虏。他在接受南越国军审讯时透露出了不少有价值的情报，比如他承认战前F100团进行了许多鼓励政治，声称一旦自己率第6别动队完

---

① 联军对越军番号识别有错，实际上C-10是F100团的一个假代号。

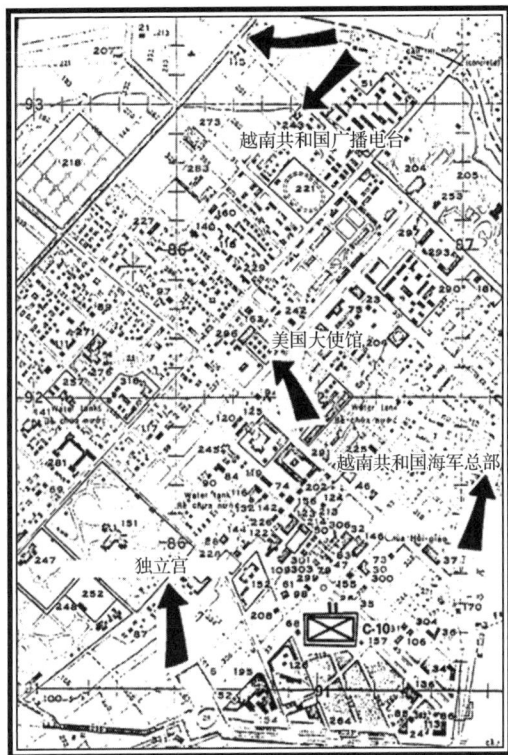

▲ 越军第F100团的各个别动队对西贡市内目标袭击示意图。

成任务，上级许诺晋升他为营级干部。至于这次任务，他供认F100团要求第6别动队拿下联合参谋本部，俘虏所有居住在大院内的南越国军高级将领和家属，准备交给前来支援的鹅门2营，扣做人质。不过，这个设想没有实现。

对越南共和国总统府——独立宫的进攻是由第5别动队的15位别动队员（含1位女别动队员）实施，由张黄清（Trương Hoàng Thanh）负责指挥。1:30，第5别动队从陈国级路（现在是武文进路）280/70号房（越军在西贡市区内的一个地下网点）乘坐3辆出租车（其中一辆满载炸药，准备强行用汽车炸弹冲撞独立宫）出发。在接近独立宫的阮游大街，南越国军的岗哨发现有些不对劲，拦下车辆要求检查。眼看行动就要暴露，首车的别动队员当机立断开枪射杀了哨兵，然后准备用车上部分炸药炸开独立宫大门，再以满载炸药的出租车直冲独立宫。然而因技术原因，炸药只是部分炸坏了大门，3辆车无法冲进。在这种情况下，第 5 别动队的 15 名别动队员只得跳下车，徒步冲击独立宫。不过，这声爆炸引起了独立宫总统卫队的注意，他们立即组织火力依托窗户向暴露的第 5 别动队猛烈射击，2 名别动战士阵亡，2 名战士负伤，退到大门周围。阮文绍的总统卫队不依不饶，从各个角落朝大门冲击，迫使第 5 别动队撤出了大门，以组为单位（一个组 3 人）退到阮游大街散开队形，继续战斗。就在这时，东面突然出现 7 名美军，他们身后跟着几辆吉普车，每辆吉普车都满载士兵。第 5 别动队的火箭筒手用 B40 火箭筒射击，宣称打坏了 2 辆吉普车，然后用 AK-47 冲锋枪朝弃车撤退的美军扫射。不久，第 5 别动队又发现从守科勋（Thủ Khoa Huân）路开来 1 辆载着几名全副武装的美军士兵的吉普车。待吉普车靠近，第 5 别动队连续投出 5 枚手榴弹，炸翻了这辆吉普车，宣称消灭了车上的全部美军。不过，第 5 别动队还没来得及享受"胜利的喜悦"，一股南越野战警察就在装甲车的支援下反扑过来。在激烈的战斗中，第 5 别动队又战死了部分别动队员。3:00，本该按计划支援和接应第 5 别动队的隆安省 2 营和青年学生们始终未到，而第 5 别动队面临的对方进攻压力越来越大。战至 4:00，第 5 别动队队长张黄清也阵亡了，全队只剩 8 名队员，他们退到科勋路 56 号房 3 楼继续战斗。尽管又饿又累，且被敌包围，但 8 位别动队员还是顽强打了一整天。最终，南越野战警察使用消防梯爬上了三楼，别动战士们打光子弹，砸毁枪支，用砖头和木板继续和扑上来的野战警察搏斗。黎新国在肉搏战中阵亡，但他死死拖住了对手，掩护剩余 7 位别动战士转移。可是，这 7 人也没跑远，就在嘉隆路（Gia Long）108 号房被南越野战警察包围，只得举手投降。第 5 别动队全军覆灭。

对越南共和国国家无线广播电台的进攻由南禄指挥的第 4 别动队（12 名别动队员）实施。新春总攻击打响前，第 4 别动队的武器装备和弹药都藏在阮平谦（Nguyễn Bỉnh Khiêm）路 65 号的陈富刚（Trần Phú Cương，他本人就是第 4 别动队一员）和陈氏崴（Trần Thị Út，南禄的妻子）家[1]。1 月 31 日，第 4 别动队的 12 名队员分乘 2 辆车出击。接近目标时，首车突然遭到对方猛烈射击，

---

① 现越南国安局胡志明市分局所在地。

陈富刚中弹身负重伤，他在停止呼吸前仍鼓励大家继续前进。经过3分钟战斗，第4别动队彻底控制了越南共和国国家无线广播电台。越军的目的是让西贡的口舌彻底闭嘴的同时，播放越南南方民族解放阵线的声明，动员西贡市区人民站到革命阵营，举行总奋起支持越军推翻阮文绍政权，同时呼吁南越国军士兵放下武器，主动站到人民一边，不要再替美国主子卖命。计划是好的，可实施起来却出现了问题。本来按计划赶来的越军1名播音技术员因路上遭拦截未能到位，而越南共和国国家广播电台的值班技术人员在战斗发起后逃之夭夭，使越军的计划未能实现。

就在第4别动队束手无策的时候，驻扎在附近的南越国军第1伞兵营1个连迅速赶来。他们乘坐直升机实施突击。接着，几辆装甲车也沿着大街扑到广播电台大门前。1月31日清晨，围绕广播电台的战斗进入了白热化阶段。在激烈的战斗中，第4别动队虽然重创了南越国军1个伞兵班，可自己损失也很大，且始终不见负责接应的第5分区堤岸3营踪影。寡不敌众的第4别动队在引爆了携带的20千克炸药，炸毁了部分广播设施后，包括队长南禄在内全部阵亡。7:00，越南共和国国家广播电台恢复播音，越南共和国副总统兼总理阮高其对全体越南共和国公民发表讲话，谴责北越和"越共"对西贡发动的进攻和袭击，扬言一定要彻底粉碎北越的"阴谋"。听到阮高其的讲话，第4别动队队长南禄的妻子陈氏崴有些不敢相信自己的耳朵。难道自己的丈夫牺牲了？行动失败了？她心绪难平，决定去看个究竟。当她走到国家广播电台门口时，看到一辆卡车正在装运十多具尸体，她一眼就认出了自己丈夫的遗体。那一刻，她几乎要晕倒在地。但她还是强忍泪水，快步回家。她知道，南越警察很快就会来搜家，必须赶在他们到来前收拾东西离开。当晚，陈氏崴化装成一名女大学生，找到西贡市内的一个秘密据点（陈文助家），从一条秘密地道安全出城。1968年2月10日，南越军警在西贡市进行全城大搜捕，终于发现了这个秘密地道，可为时已晚。1969年底，坚强的陈氏崴化名回到了西贡，她继承自己丈夫的遗志，领导着一支由20名战士组成的别动队继续活动在西贡市内，一直坚持到1975年越军攻克西贡为止。

负责进攻越南共和国海军总部的是陈文廉指挥的第3别动队，共16位别动队员，他们乘坐2辆小巴士冲向海军总部大门。抵达兰山广场检查站，他们被南越国军海军警卫人员拦下检查，陈文廉眼见行动企图就要暴露，遂命令第3别动队开枪射杀了兰山广场检查站的南越海军警卫人员。接着，第3别动队的爆破组试图在2个火力组掩护下，炸开海军总部大门，但遭到大门周围依托掩体的南越海军警卫部队的激烈还击。对方的火力太猛，爆破组没法接近大门，只得退了下来。看到第3别动队往后缩，南越国军海军警卫队员立即涌上来，包围了第3别动队。激烈的战斗一直持续到1月31日清晨，第3别动队也没见雅贝5营和200名青年学生前来接应，最终第3别动队有12名队员战死，2人被俘，一位女别动队员撤回根据地，陈文廉只身游过西贡河，撤到了守德县。对于这次行动的目的，被俘的第3别动队员在审讯中透露，他们要占领南越国军海军总部，然后在雅贝5营配合下，俘获停泊在白登码头的全部舰艇和船只，用来把第5军区沿海省份的革命群众接到西贡，形成声势浩大的总奋起。

1月31日这天的高潮莫过于对美国大使馆的奇袭。第11别动队的17名别动干部战士在吴成云指挥下，乘坐1辆出租车和1辆小卡车，于1月31日凌晨2:30扑到统一大街的美国大使馆附近。2:45，第11别动队在击毙了美国大使馆正门的2名美军宪兵后，开始了攻击行动。他们没有从正门冲入，而是巧妙地在大使馆外墙炸开一个口子，然后全队鱼贯而入，接近大使馆1楼时，遭到保卫美国大使馆的美军宪兵和3名陆战队员的抵抗，双方进行激烈对射。在交替火力掩护下，第11别动队冲进了大使馆，但没能抓住美国大使。随后，他们在大使馆院子里搜索时，切断了大使馆和外界连通的电话线。就在第11别动队认为自己胜券在握的时候，美国大使已经安全转移。对美国来说，第11别动队占据美国大使馆是个严重的政治问题，必须迅速夺回。美军第716宪兵营曾在3:05派1辆吉普车前来救援，但被第11别动队猛烈的火力挡下。意识到仅靠宪兵是无法赶走这些"讨厌的越共分子"，韦安德将军下令从边和机场调来美军第502伞兵团1营C连。5:00，第502伞兵团1营C连第一次试图在美国大使馆楼顶降落，却遭到越军第11别动队猛烈射击，被逐退。虽然进攻失败，但美军迅速从四面八方赶来，团团围住了美国大使馆。此时，预定支援第11别动队的200名青年学生和同奈团却不见踪影。从这时起，第11别动队实际成了瓮中之鳖，没法完成任务也没法撤退，只有死战到底一途。8:10，美军第502伞兵团1营C连在美国大使馆内强行机降成功，双方展开了激烈的战斗。越军第11别动队打得十分顽强，坚持战斗到9:00，全军覆灭。

第11别动队的袭击战斗动作暴露出很多问题，人们对他们指责颇多，特别是没有抓住一开始守军兵力薄弱的机会，大胆活捉美国大使。但批评者没有提到的是，第11别动队大部分指战员都是在1968年1月27—28日才领受任务的普通步兵指战员，他们根本就不是专门的别动队员。接到任务，他们就在边葛县附近乡村进行了临时编组，并进行了一天的紧急训练，大部分战士甚至到1968年1月30日才"晋升"为别动战士。袭击美国大使馆，是他们人生中的最后一次战斗，也是作为别动战士的第一战。不管怎么说，他们好歹占领了美国大使馆达6个小时之久，起到了预期的政治效应——震惊了美国人，在全世界也引起了不小的反响。对美国政界而言，这次袭击无疑是一枚重磅炸弹。美国远征军总司令威斯特摩兰上将于1968年1月31日9:30来到美国大使馆视察，亲眼证实："整个大使馆混乱不堪，美国人和南越人看起来还有些彷徨，可美国各大媒体记者和电台摄影师却无处不在。"在给美国总统约翰逊的报告中，威斯特摩兰上将声称，美军已经控制住了形势，大使馆正逐步恢复正常。尽管如此，美国总统约翰逊仍掩饰不住内心的沮丧，在对全国发表讲话时，约翰逊懊恼地声称："越共袭击了我们的大使馆。"

除了美国大使馆，越军还袭击了菲律宾驻越南共和国大使馆，活捉了菲律宾大使。不过，趁越军不备，菲律宾大使带伤逃脱。另外，越军特工也试图袭击越南共和国总理府官邸，刺杀越南共和国总理阮文禄，但这次行动也没有得手。

负责对越南共和国警察总署和首都特区政府大楼进攻的是第2和第8别动队，共30名别动队员，他们的任务是打下2个目标后坚守2个小时，等待新平6营、隆安1营、富利2营和1000名学生的接应和支援。1968年1月30日下午，第2别动队和第8别动队从长朋县的安净（An Tịnh）乡出发，朝目标进发。

N日G时，当各路部队打响总攻击的时候，第2别动队和第8别动队才刚到西贡西南郊的新12村，离市区还有15千米，没法实施攻击，只得临时取消了任务。

除了第2别动队和第8别动队外，担任进攻芝和监狱（Chí Hòa）解救被关押的革命人士任务的越军 C90 特工队于 1968 年 1 月 30 日夜从古芝县根据地出发，路上遇到南越国军的拦阻，鉴于行动暴露，没法完成任务，C90 特工队当机立断取消了行动，撤回根据地。

至此，西贡第 6 分区的进攻全部以失败告终。虽然参加战斗的绝大部分别动队都以高昂的斗志和决心，在对西贡的总攻击中冲在了全军最前面，并顽强战斗到了最后一刻，可是，越军的计划协同出现了极大的失误，导致各个别动队被联军优势兵力各个击破，功亏一篑。直接参加战斗的别动队员共 86 人，其中 41 人阵亡，26 人被捕。

也许不少人会指责别动队失败的根本原因是他们没有得到 5 个分区的步兵团营的全力支援，这是很不公允的。事实是，5 个分区的各个团营也在各别动队孤军奋战的同时，正不惜一切代价向各个目标区挺进，他们也遭到了联军猛烈阻击，伤亡巨大，因而未能向别动队伸出救援之手，这不能不说是一个巨大的遗憾。

喋血街巷

接下来，笔者按第 1—5 分区的顺序描述惨烈的西贡巷战。和前面所不同的是，前一节的主角是别动队，这一节的主角是 5 个分区的各个尖刀团营。

在第 1 分区，为了支援和接应进攻南越国军联合参谋本部的第 6 别动队，鹅门 2 营和第 267 步兵营奉命在第 5 别动队进攻打响后 1 个小时内跟进打击，彻底攻克和巩固南越国军联合参谋本部。但行动之初计划就出了纰漏，第 267 步兵营没能按计划及时展开兵力，只有鹅门 2 营在嘉定特工 4 营部分兵力加强下，赶到了指定出发阵地，他们决心按时完成东部战役指挥部交付的任务，从南越国军联合参谋本部 4 号门实施突破，拿下目标。

由于需要夜间摸黑奔袭接近目标，因此需要熟悉市区街巷的地方干部将分散隐蔽在各个地下网点的连队收拢起来。接着，鹅门 2 营又在地方干部和市区内部分革命群众的引领下，好不容易才在 1968 年 1 月 31 日凌晨 4:00 摸到联合参谋本部跟前，对 4 号门展开攻击。然而，经历过第 6 别动队的袭击后，联合参谋本部的守军——警卫营和 1 个装甲骑兵支团（装备 M41 轻型坦克）已经做好了战斗准备。4:00—7:00，双方在 4 号门周围展开激烈战斗。尽管失去了突然性因素，但鹅门2营还是用B40火箭筒轰开了4号门，蜂拥冲击进去。在俘虏的指引，鹅门2营很快拿下了联合参谋本部大院内的语言教学楼和联合参谋本部作战大楼。警卫营和装甲骑兵支团的兵力不足，加上缺乏统一指挥，只得眼睁睁看着鹅门2营冲进作战大楼。不过，鹅门2营初战胜利后并没有继续扩张战果，而是依托作战大楼和语言教学楼组织防御，在楼顶和最高层布置高射机枪，朝周围滞空的美军武装直升机开火射击。实际上，鹅门2营完全可以利用守军兵力薄弱的机会，继续展开攻击，拿下南越国军联勤中心和参谋长所在的指挥大楼，可他们并没有这么做。对鹅门2营的举动，南越方面一直很不解，直到肃清了联合参谋本部大院内的越军以后，他们才解开这个谜团。根据一名被俘获的越军鹅门2营的俘虏交代，该营的任务是不惜一切代价进攻并守住南越国军联合参谋本部作战大楼，营长坚决执行了这道命令，率全营从4号门突破进去，拿下了作战大楼。越军认为，这里就是联合参谋本部的作战中心，只要拿下了这里，南越国军的全国指挥系统就会不战自乱。在其他增援部队没有到来的情况下，鹅门2营只有死守作战大楼，没有继续大胆扩张战果。

鹅门2营的进攻，等于是往南越国军指挥系统心脏捅了一刀，严重威胁了南越国军指挥中枢的运转。9:00，南越国军第8伞兵营2个连奉命救援联合参谋本部。在院内的M41轻型坦克支援下，对4号门发起猛烈攻击。鹅门2营沿着武堤纬路展开部分兵力（2个连），依托周围楼房和联合参谋本部作战大楼架起轻重机枪、B40火箭筒、75毫米无后坐力炮，以及60毫米和82毫米迫击炮居高临下地朝南越国军第8伞兵营战斗队形猛烈射击。伞兵们处于仰攻态势，且兵力不占优势，战斗打得异常艰苦。虽然他们没能完成夺回作战大楼的任务，可他们的到来却意味着鹅门2营已陷入孤立被围态势，失败只是时间问题。

1968年1月31日中午，美军1架直升机在南越国军联合参谋本部大院的停机坪着陆，越南共和国总统阮文绍走了下来。由于距联合参谋本部不到1千米的独立宫也遭到越军的袭击，为了安全起见，阮文绍决定把临时总统府搬到联合参谋本部大院。他在联合参谋本部大院做的第一个决定就是马上把南越海军陆战2营给调过来，不惜一切代价在伞兵8营2个连配合下，夺回联合参谋本部作战大楼。经过一夜的准备，海军陆战2营和伞兵第8营相互配合，采取钳形突击战术从 2、3、4 号大门同时发起攻击，他们先是肃清了武堤纬路沿线的越军火力点，完全孤立作战大楼和语言教学楼。接着，他们再对作战大楼和语言教学楼发起总攻击。尽管鹅门 2 营连续奋战 2 天，兵力损失很大，但还是在嘉定特工 4 营一部配合下英勇战斗，不少指战员打光了子弹就捡起敌人的武器继续战斗。但孤军奋战的他们最终还是败下阵来。至 1968 年 2 月 1 日10:30，鹅门 2 营弹尽粮绝，各连排完全陷入分割孤立态势，除了少部分趁隙突围外，绝大部分指战员阵亡或被俘。返回根据地，鹅门 2 营清点兵力，发现出击时有 500 多名指战员（含嘉定特工 4 营一部），回来时却只有 28 人。

在鹅门 2 营进攻南越国军联合参谋本部的同时，第 1 分区的各路人马也对南越国军古螺炮兵司令部、扶董装甲兵司令部、光中训练中心等重要目标展开了攻击。

古螺基地和扶董基地位于鹅邑县，是南越国军炮兵和装甲兵两大兵种的司令部所在地。负责进攻古螺和扶董基地的是越军决胜 1 营（隶属于决胜团）。1 月 31 日 9:00，决胜 1 营从安仁出发，急行军赶到鹅邑县，立即对古螺基地

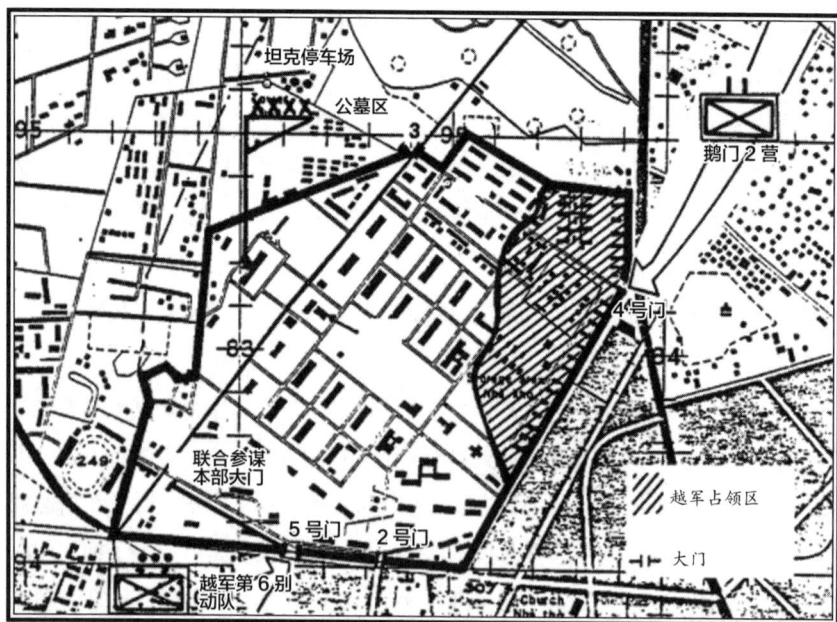

▲ 鹅门 2 营打联合参谋本部示意图。

和扶董基地发起攻击。他们很快达成突破，消灭了古螺基地和扶董基地的留守军官，包括扶董基地的全中校、吴玉寿中校、陈幸上尉以及古螺基地的段予康少校都被打死。在古螺司令部，越军缴获了12门105毫米榴弹炮，可南越国军炮兵在逃离前拆掉了炮闩，没法使用。在扶董基地，决胜1营本希望多缴获一些坦克装甲车，然后开进西贡支援友军作战，但他们的侦察员没能及时发现早在2个月前扶董基地的坦克装甲车就已经转移。尽管如此，决胜1营并没有气馁，还是继续进攻，又打下了附近的一个通信站，全歼了南越国军第80通信连，摧毁了鹅邑县的南越国军炮兵第10号仓库区储备的大量战略物资（特别是宝贵的炮弹）。1968年2月2日，南越国军海军陆战4营奉命赶来反击，夺回古螺基地和扶董基地。决胜1营把兵力集中在古螺基地，和南越国军的海军陆战4营殊死拼杀1天，最终被迫退出古螺基地，缴获的12门105毫米榴弹炮（越军没有炸毁）又原封不动"归还"给了南越国军。虽然陆战4营夺回了古螺基地和扶董基地，但也付出了战死17人、负伤88人的代价，宣称击毙决胜1营100多人。而决胜1营也宣称击毙对方100多人，击毁打坏5辆坦克装甲车。战斗结束后，决胜1营撤回安仁乡，准备休整再战。

1968年2月1日，第1分区的第16步兵团也对鹅邑县展开攻击，他们突破南越国军保安军的哨所后一度占领了鹅邑县中心。为了把越军第16步兵团给赶出去，南越国军第3军区和美国陆军第2野战军各组织一个特遣队——美军以第2步兵团各营和1个装甲骑兵中队组成特包德（Thebaud）特遣队，南越国军出动的是海军陆战第1特遣队。2月1日11:00，特包德特遣队和南越国军海军陆战第1特遣队从北面冲进鹅邑县，美军基本没有受到抵抗，南越国军海军陆战第1特遣队却遇到了越军第16步兵团的顽强抵抗。战斗一直持续到19:00，越军第16步兵团才被迫撤离。鹅邑之战也告结束。

在第1分区展开积极攻击的同时，越军第96炮兵团和第208炮兵团也对同如基地、新山一机场、同心基地实施游动炮击，杀伤了联军部分有生力量，并摧毁武器装备一批。

在第2分区方向上，东部战役指挥部前指在武文杰率领下，从平政县北面出发，在女交通员段黎芳的指引下，巧妙绕过沿途南越军警几个哨卡和检查站，往富寿赛马场前进。武文杰打算在市区内建立前指，统一指挥市区内的战斗。可是，他们在行经桥知（Cầu Tre）附近检查站时暴露了行踪，遭到南越军警的跟踪，武文杰果断决定放弃在西贡市内设立前指的想法，命令警卫班 12 名战士往富寿赛马场方向占领阵地，坚决阻敌，掩护前指队伍撤离。他指示警卫班，在完成掩护任务后，继续留在富寿赛马场周围坚持战斗，不得后退一步，代表前指鼓励在这个方向作战的各个单位。这个警卫班的 12 名战士也不辱使命，他们以一当十，在富寿赛马场附近坚持战斗了 8 天之久，拖住了联军相当兵力，最终全部牺牲，没有辜负武文杰的重托（后述）。

对第 2 分区来说，东部战役指挥部前指没能进驻西贡是一个危险的先兆。事实也正是如此，在新山一机场和富寿赛马场附近，爆发了西贡战役中最血腥惨烈的战斗，越军蒙受了极为惨重的损失，而联军却获得了整个战役中最大的胜利。

负责对新山一机场进攻的是第 268 步兵营、第 16 步兵营和特工 12 营营部。其中，第 268 步兵营要从西北方向的 57 号门朝新山一机场展开攻击；在西南方向，负责接应和支援第 7、第 9 别动队的第 16 步兵营和特工 12 营从 10 号门和 51 号门实施突击。第 7、第 9 别动队进攻失败的情况前面已有描述，在此不赘述。本来是一个很好的协同作战计划，可从一开始就出了纰漏。1968 年 1 月 31 日凌晨 1:30，越军第 268 步兵营按计划在新山一机场 57 号门附近展开兵力，做好了战斗准备。可等了半个小时，直到凌晨 2:00（越军规定的 N 日 G 时最后时刻）还没有听到作为进攻信号的 DKB 火箭炮射击的爆炸声。显然，越军第 208 炮兵团没有按计划对新山一机场实施炮火急袭。眼看进攻时刻就要错过，第 268 步兵营营长果断命令营属 4 门 82 毫米迫击炮对新山一机场齐射 2 轮，消耗炮弹 8 枚。在隆隆的炮声中，新山一机场战斗正式打响。

在短促的迫击炮火力准备后，第 268 步兵营展开战斗队形实施冲击，很快冲过 57 号门，拿下了机场西北角的 2 个碉堡，可他们的动作太迟缓，很快就被南越国军第 2 机场勤务营给顶住了。天明后，他们又遭到美军 M48 坦克群反击，加上地形不利，损失较大的第 268 步兵营先是退到机场西北角的叁梁纺织厂，坚持到 2 月 1 日夜才转移到霍门县附近。由于第 268 步兵营在新山一机场战斗中是负责次要方向的进攻，因此越军战史和联军方面资料对他们的战斗情况都着墨不多。另一方面，第 268 步兵营损失不到 200 人，相对几乎全军覆灭的第 16 步兵营来说，就有些不值一提了。

负责主要方向进攻的是越军第 16 步兵营，它的前身是 1965 年 9 月 15 日组建于越南北方清化省的第 304B 步兵师 24B 团 5 营，大部分指战员都是越南北方南定和清化两省的人。1965 年 9 月—1967 年 1 月，第 24B 步兵团 5 营在第 338 步兵师的指导下，完成了长达一年半的技战术各个科目训练后，做好了南下参加战斗的准备。

1967 年 2 月 10 日，第 24B 步兵团 5 营奉命南下作战，经过几个月的艰苦行军，第 24B 步兵团 5 营翻越长山山脉，抵达南部东区，归第 7 军区节制，改番号为西宁省 16 营，充当西宁省军事指挥部的主力部队。在 1967 年的战斗岁月里，第 16 步兵营根据西宁省军事指挥部的命令，参加大小战斗 15 次，宣称毙伤敌 500 人，缴获大量武器装备。1967 年 12 月，奉越南南方解放军司令部的命令，第 16 步兵营行军转移到隆安省，改番号为隆安省 16 营，隶属于西贡—嘉定—堤岸军区的第 2 分区参加新春总攻击。

1968 年 1 月 29 日，第 16 步兵营齐装满员，全营共有 481 位指战员，下辖第 1、第 2、第 3 步兵连和 1 个火力连，基本达到满编状态。当天，第 16 步兵营越过万古东河，在隆安省德和县的美幸乡完成集结。1 月 30 日 16:00，根据西贡—嘉定—堤岸军区的命令，第 16 步兵营在第 2 分区的指挥下，从西南方向的 51 号门对新山一机场展开攻击。完成拿下新山一机场的任务后，第 16 步兵营再往南越国军联合参谋本部发展进攻，继而突入市区和各路尖刀营会师独立宫。

第 16 步兵营按时抵达了新山一机场西南的攻击出发位置，并在维纳特克斯科纺织厂展开了自己的火力连，高射机枪架到楼顶和最高层，在肩负防空重任的同时，还要掩护步兵冲击，营指也设在纺织厂里。第 16 步兵营计划以第 1、第 2 连实施冲击，拿下机场跑道，预备队 3 连再跟进，巩固战果并打敌反扑。

1 月 31 日凌晨 2:00（美军记载是 1 月 31 日凌晨 3:21），越军第 16 步兵营以编制内 4 门 82 毫米迫击炮对新山一机场实施射击。在迫击炮进行火力准备的同时，第 16 步兵营各连也发起冲锋。不一会儿，他们就从 51 号门撕开突破口，从西南方向冲进了机场。可好景不长，部队被机场西南角的一个碉堡给拦住了去路。第 1、第 2 连的 B40 火箭筒手几次组织射击，都因角度不对而没有成功，部队蒙受了不小的伤亡。为了拿下这个碉堡，2连的阿杜自告奋勇，他在火力掩护下勇敢地抱着炸药包冲上碉堡，以自己的生命为代价，炸塌了碉堡，消灭了这个拦路虎。接着，第16步兵营1连和2连指战员迅速直插机场跑道。对于战斗初期的情况，美军战报记载与越军大同小异："对新山一机场的进攻始于3:21，机场在突然遭到猛烈的迫击炮火力轰击后，越共1个营从机场西面的51号大门发动了主要进攻，同时还各以1个营的兵力在10号门和58号门实施次要方向攻击。敌人没有留预备队，而是采取营战斗队形直接突破机场碉堡线，直扑机场碉堡。各营的支援连①都在10号门西面的维纳特克斯科纺织厂架好武器，实施火力支援。高射机枪也在纺织厂屋顶架好，实施对空拦阻射击。越军最初的进攻迅速打垮了51号大门周围警戒的几个碉堡，接着尖刀营直插机场纵深。"

可接下来的战斗情况，双方说法就有不小的出入。越军战史记载：

第16步兵营1连和2连沿着机场巡逻道（đường tuần tra）两侧发展进攻。右翼的1连很快拿下了2个机库。1968年1月31日清晨，联军巩固了力量，开始反击。1连就地组织阵地防御，顽强打击敌坦克车的冲击，击退对方多次反击，消灭联军150多人，击毁5辆坦克车。最终，无路可退的1连打光了子弹，牺牲殆尽。连副指导员阮文冒也英勇牺牲，他倒在了M41车下，到死他手中还紧紧握着自己的AK-47冲锋枪。

2连沿着巡逻路左翼发展进攻，一路杀进机场生活区。在打敌反扑战斗中，2连击退了敌人几十次冲击，击毙敌170人，打坏4辆坦克和M113装甲运兵车。战至中午，2连弹药耗尽，在敌人激烈反击下，不得不撤离机场，退到维纳特克斯科纺织厂。

对比美军的战报，越军的战史记载似有夸大自己战果之嫌。实际上，越军第16步兵营1连和2连并没有拿下任何机库和机场生活区，他们的确打掉了51号大门周围的碉堡，接着冲击200米，扑上机场主跑道时，遭到美军第377宪兵连和美国陆军第35特遣队2个排以及南越国军空军阮高其卫队的顽

---

① 美军不知道越军的编制里武器支援连正式名称叫"火力连"或"助战连"。

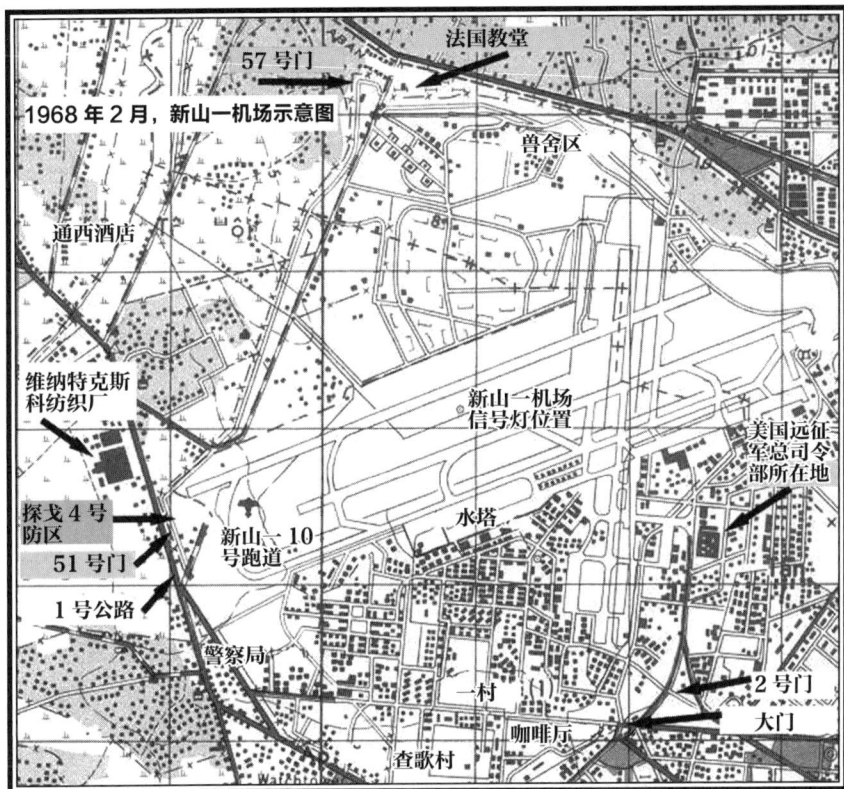

法国教堂

57 号门

1968 年 2 月，新山一机场示意图

兽舍区

通西酒店

维纳特克斯
科纺织厂

探戈 4 号
防区

51 号门

1 号公路

警察局

新山一
10 号跑道

新山一机场
信号灯位置

水塔

一村

咖啡厅

查歌村

美国远征
军总司令
部所在地

2 号门

大门

▲ 1968 年 2 月，新山一机场示意图。

强抵抗，冲击受挫。4:30，正等待空运的南越国军第 8 伞兵营 2 个连不待上级的命令，自发赶来增援。他们对越军第 16 步兵营迎头组织猛烈反突击，给对方造成了重大伤亡。

虽然南越国军第 8 伞兵营 2 个连的到来稳住了新山一机场形势，但机场的南越负责人和美军顾问还是不敢掉以轻心，请求美军第 2 野战军急派作战部队救援。接到求救报告，美国陆军第 25 步兵师所属的第 4 装甲骑兵团 3 中队奉命上路。M48 坦克群在得到照明支援的情况下，一路绕过了越军伏击点，于 6:00 顺利抵达新山一机场。

到位后，美军第 4 装甲骑兵团 3 中队的 C 小队先对机场西北地区的第 268 步兵营实施反击（这点完全符合越军战史对第 268 步兵营战斗过程的记载），把 268 营赶出了机场。接着，他们又冲向 51 号门地区，对突入机场主跑道的越军第 16 步兵营第 1、第 2 连展开猛烈攻击。美军战报承认越军第 16 步兵营第 1、第 2 连虽然陷入了绝境，却拼死抵抗，打掉了美军第 4 装甲骑兵团 3 中队 C 小队 1/3 的力量。尽管如此，第 4 装甲骑兵团 3 中队 C 小队的攻击，还是基本摧毁了越军第 16 步兵营 1 连，重创了 2 连。在联军地面部队奋战的同时，南越国军空军和美国空军战机也不断起飞，对维纳特克斯科纺织厂的越军第 16 步兵营营指、火力连和第 3 连实施绵密的航空火力突击，极大削弱了 16 营的支援火力。

12:19，联军一支 25 人的混编小分队在 1 名美国陆军中士指挥下，将第 16 步兵营 2 连残部赶出了机场。与此同时，美军直升机群也蜂拥而至，朝退却中的越军第 16 步兵营 2 连猛烈射击，又给他们造成了额外的伤亡。在机场外的维纳特克斯科纺织厂，2 连好不容易和营指、火力连、3 连会合，气还没喘过来又遭到冲杀过来的美军第 4 装甲骑兵团 3 中队攻击。按照越军战史记载，此时经历了联军对维纳特克斯科的空中打击和机场血战后，2 连和 3 连全体剩下的指战员加在一起已不足百，可他们还是"顽强打击敌人的反扑，又打坏了 3 辆坦克，击落 1 架直升机，消灭了几十名联军。在这次壮烈的新山一机场战斗中，第 16 步兵营共有 380 名干部战士把生命永远留了下来，为国牺牲"。

越军战史的记载绝非夸张，实际上，美军第 4 装甲骑兵 3 中队在下午的反击完全打垮了越军第 16 步兵营，结束了新山一机场战斗。据统计，在战斗最激烈的 51 号大门西面和机场内，联军一共清点到 500 多具越军尸体。为了这次胜利，联军也付出了不小的代价，美军战死 21 人，负伤 81 人；南越国军战死 29 人，负伤 15 人。

与此同时，第 2 分区的第 267 步兵营从永禄乡出击，他们的任务是组织对联合参谋本部的进攻，做鹅门 2 营的第二梯队。不过，他们还没冲到目的地，就在西贡市内的七贤路口被南越国军给挡住了去路。激战半天没法取得突破，只得往叁梁纺织厂退却。在这里，他们和第 268 步兵营、没能赶上新山一机场的特工 12 营会合，一起打击南越国军别动军第 38 营和第 41 营的反扑。

第 269 步兵营奉命打富林雷达站，但未能成功。受挫后，第 269 步兵营绕过桥知，又沿着陈国草（Trần Quốc Thảo）路攻击，进至渚息时遭南越国军反扑，第 269 步兵营停止进攻，转入激烈打敌反扑战斗。

第 2 分区最后一个部队是新平 6 营，他们的任务是接应和支援第 8 别动队，攻下南越国军首都特区指挥部。1968 年 1 月 31 日 18:00，在新日乡 5 村，新平 6 营 4 个连越过西贡河往富寿和集结。当部队穿过光东庄时，新平 6 营营长黎明春（Lê Minh Xuân）向全营指战员传达了这次战斗的任务和目的。一听说自己的任务是要拿下首都特区指挥部，往"伪政权"心脏捅一刀，全营指战员顿时士气大振，大家都争先恐后表态决不后退一步，要立功报国。在富寿和，新平 6 营与西贡市委派来的地下交通员接头。在交通员的指引下，新平 6 营 4 个连沿着规定的路线如同尖刀般刺向西贡市。

然而，路程实在太长了，新平 6 营急行军 8 个小时，还是没有赶到首都特区指挥部。当他们进西贡市区时，总攻击已经在全城打响，继续去打首都特区指挥部显然不是明智之举。黎明春果断决定改变进攻方向，沿着第 267 步兵营冲击路线前进，往富寿赛马场方向突击。依靠第 267 步兵营的战斗掩护，新平 6 营杀开了一条血路。他们先是冲到富寿赛马场，歼灭了附近的南越野战警察第 222 支团，然后冲到阮文话路和陈国全路，捣毁了这两条路的派出所和警察站。接着，新平 6 营一路往阮林、阮金、阮治方、绍沱等街道，以及安光佛塔发展进攻，夺取了西贡市第 5 郡和第 10 郡部分街区，并巩固了富寿赛马场。

新平 6 营在富寿赛马场的胜利，给联军极大震撼。联军认为，富寿赛马场地面平坦宽敞，本可供联军进行大规模机降，往西贡市区投送兵力，而现在这一有利局面被越军打破。此外，富寿赛马场紧挨着西贡—堤岸之间的一个公路枢纽，多条公路在此交会，给联军沿陆路穿过堤岸区往西贡实施救援战斗造成了很大的不便。在富寿赛马场周围，越军还可以架设他们的 82 毫米迫击炮，对西贡市区或堤岸区所有目标进行游动炮击，甚至可以威胁新山一机场。不管从什么角度来看，联军都必须夺回富寿赛马场。

1 月 31 日 6:00，南越国军别动军第 33 营乘坐直升机，从雅贝县赶来救援，开始了夺回富寿赛马场的尝试。在市区内部分游击队的配合下，新平 6 营占领赛马场周围高楼大厦和十字路口，顽强阻击反扑的别动军第 33 营。一开始，别动军第 33 营采取两路并进的反击策略，沿着阮治方（Nguyễn Tri Phương）路和阮绍罗（Nguyễn Tiểu La）路反扑，但两路先头连被新平 6 营 1、3 连组织的伏击战重创,战死6人负伤17人。第一次反扑受挫后,别动军第38营改变战法,采取多路渗透法实施突击,主攻方向直指西贡集市,可再一次被新平6营挡下。连续2次失败让别动军第38营退了下来,换上了美军。首先赶到富寿赛马场附近的是美军一个宪兵排,他们迎面对新平6营发动了联军的第三次反击。刚刚击退别动军第33营2次冲击的新平6营指战员们气还没喘过来,就投入到打击美军的战斗中。为了居高临下压住美军,在黎明春的指导下,全营所有重机枪班不顾暴露和武装直升机火力杀伤的威胁,抢占陈国全路527号两侧的高楼大厦、埃索加油站,并在楼顶与最高层窗户架起机枪,用火力有效控制了阮治方、黎代衡、旅嘉(Lữ Gia)等路段和富寿赛马场,用密集的火力把迎面冲击的美军宪兵排打得灰头土脸。不过,美军很快调来了援军,第7步兵团3营和第17装甲骑兵团D中队1个小队从平政县急行军赶来反击。在美军步坦炮空协同攻击下,新平6营损失很大,被迫在13:00让出了富寿赛马场。接着,新平6营又试图往苏贤城路渗透,被美军堵截。在持续一整天的发展进攻和打敌反扑战斗中,新平6营伤亡惨重。到1月31日夜,新平6营营长黎明春决定把2连和3连部分兵力加强给1连,让1连继续留在第3、第5郡顽强战斗,钳制住富寿赛马场的联军,剩下的兵力转移到第6郡,先组织发动群众然后再撤回平政县进攻出发位置。1月31日23:00,黎明春带领部队转移到第6郡,在当地干部配合下,发动控制区内群众奋起。经过动员,部分西贡市内女青年参军,并立即补充到新平6营队伍里,充当抬伤担架员和领路员。据统计,1月31日—2月12日,西贡市第6郡共有1000多人参加了越军,其中许多人补充到新平6营主力和1连。正是靠着这些兵力的补充,新平6营1连才能持续战斗到2月15日,他们在富寿赛马场、阮文话、阮治方、陈国全、阮绍罗、班古、陈黄观等各条街巷都留下了自己的身影。

2月1日,联军继续往富寿赛马场增兵。美军第60机械化步兵团5营A连、B连和美军第7步兵团3营继续对新平6营1连展开攻击。至15:00,美军再度受挫,新平6营1连指战员们依托富寿赛马场周围房顶组织阵地,不断朝美军发射火箭弹、迫击炮弹,射出密集的弹雨,给美军不小的杀伤。为了击破1连的抵抗,B连靠拢上来与A连合力攻击,又把新平6营1连往后击退,逐步夺回了失去地盘。此战越军宣称毙敌120人。

同一天，南越国军某部还在安光佛塔发现了新平6营1连连指，他们判断这很可能是越军一个高级指挥部，于是派兵团团包围了安光佛塔，在航空火力打击后，南越国军于17:05夺回了安光佛塔，1连连指不幸全灭。尽管1连的首脑机关被一锅端，剩下的指战员依旧遵照营长的命令，没有后退，继续在市区内和联军拼到底，因此联军发现一个奇怪的现象，富寿赛马场周围实际上已无越军大部队，可抵抗依然很顽强，局部战斗打得异常激烈。2月5日，美军第7步兵团3营沿着边陆实施扫荡时，呼叫武装直升机支援，却被新平6营1连打坏了7架直升机，美军2死9伤。

▲ 越军第9步兵师和各尖刀营对西贡市区的进攻示意图。

1968 年 2 月 5 日以后，随着西贡市周围地区的战斗特点逐渐改变，越军主力部队和尖刀团营基本撤离了市区，主要袭击战斗发生在偏远省会和县城，战斗强度和战斗频率相比 1 月 31 日—2 月 2 日都呈显著下降趋势。为此，美军把富寿赛马场周围清剿战斗的重任交给了南越国军别动军第 5 联团。可南越国军别动军却习惯了和美军一起作战，对美军的撤离感到很不适应。别动军第 5 联团声称自己的兵力不足，仅能确保守住富寿赛马场，没法腾出兵力继续清剿，因此请求美军留下。对南越国军的请求，美军第 2 野战军虽然不情愿，可还是应允了。2 月 9 日，撤下来休整了 4 天的美军第 7 步兵团 3 营又一次回到富寿赛马场，接过了防务。不过，美军第 7 步兵团 3 营可不是单纯防御，他们还比较活跃地出击。2 月 12 日，美军第 7 步兵团 3 营根据南越国军提供的情报，判明赛马场西面大约 2 千米的一个佛塔内有越军高级指挥部。于是，第 7 步兵团 3 营果断展开攻击，捣毁了这个"高级指挥部"，宣称抓俘 3 人，击毙 49 人。

2 月 15 日，新平 6 营 1 连奉命撤出战场。1 月 31 日—2 月 15 日，新平 6 营在西贡市内坚持战斗 16 天，宣称击毙联军 500 人，活捉 18 人，而自己损失也不亚于新山一机场之战的第 16 步兵营。根据新平 6 营简史记载，全营共有 380 名战士牺牲、被捕和失踪[1]，这其中还不包括第 6 郡临时参军的青年群众。

为了配合第 2 分区的各部队，在阮金、新福等各条街道，前面提到的武文杰留下的东部战役指挥部警卫班 12 名战士继续坚持战斗，他们依托每一座房屋、每一个街巷拐角和每一条巷子与反扑上来的南越国军别动军第 38 营拼死战斗。在灵活机动的运动阻击战中，12 位战士连续击退了对方多次反扑。不过，兵力的悬殊注定了他们的命运。2 月 1 日一天时间，12 位战士中就有阮文利、黎文晨、黎文国、阮德赢、裴文德、吴文白、阮文执、裴文心、阮黄安等 9 人壮烈战死，阮明黄也在 2 月 4 日阵亡。警卫班剩下的两位战士范明中和黎文增于 2 月 7 日退到富寿公墓区，打光了最后一发子弹，最终被南越国军别动队员俘虏。

在警察总署的审讯室里，无论南越警察如何拷问，范明中和黎文增始终没有透露东部战役指挥部的任何秘密。在没有审出任何情报的情况下，南越军事法庭判处范明中、黎文增叛国罪（两人都是越南南方人）和间谍罪，予以枪决。

在第3分区,越军从隆岗—隆定—协福—福莱出发,兵分三路对富定、富林、西贡市第4郡和第8郡展开攻击。

其中,隆安省1营和2营先是进攻5号高速公路的福乐枢纽到2号高速公路桥之间地段,然后往协安(Hiệp Ân)桥发展进攻,很快前出到第8郡的政雄坊和平安坊,继而在西贡市第7郡的地方武装工作队配合下,夺取了文元桥、平西酒厂和平仙桥,然后一路穿过鸣凤路和平实路,往富寿赛马场方向冲击,很快和第2分区的新平6营取得联系。

接着,势如破竹的隆安省2个营又扑到边沱公路枢纽,干掉了维光保安屯,控制了协安桥到边沱公路枢纽之间广大地段,完全解放了边沱坊和平安坊。接着,他们就地组织打敌反扑战斗,一直坚持到1968年2月7日才撤离。

在联军的战报和资料里,第3分区最活跃的部队是富利2营。对这支部队的战斗情况,双方记载有很大的出入。越军战史记载:富利2营在1月31日凌晨,先夺取了隆田运河、朱桂村,然后渡过平奠河,往富定方向发展进攻,保护隆安省1、2营后方。联军资料记载却是富利2营鬼使神差地跑到了边吉县,对南越国军第8步兵团团部和边吉军事支区展开攻击。1968年1月31日3:55,南越国军第8步兵团团部首先遭到来自东面的攻击;4:29,第8步兵团团部周围防线被突破,富利2营冲了进去,缴获了团部的4门155毫米榴弹炮,并围困了边吉军事支区。5:30,美军第4装甲骑兵团1中队和美军第18步兵团1营C连在南越国军第8步兵团2营配合下,先给边吉军事支区解围,然后夺回了被缴获的4门155毫米榴弹炮。6:00,富利2营放弃进攻,扔下47具尸体和20件步兵武器撤走。联军战死13人(全是南越国军第8步兵团的士兵),负伤24人(含3名美军顾问)。

第3分区最没有作为的部队莫过于雅贝5营,他们的任务是接应和支援第3别动队彻底攻克越南共和国海军总部。可是,他们还没到目的地,就在新桂村被南越国军给拦截下来,未经激烈战斗就撤回了根据地,遗憾地结束了自己的使命。

与此同时,第3分区的各个地方武装和游击队却活跃出击,战绩令雅贝5营汗颜。为了配合隆安省1、2营,第7郡的越军武装工作队占领了阮威屯,接着又攻入市区，拿下嘉仓桥和1个检查站，继而发动民众搜捕控制区内的南越公务员，一经逮捕立即处决。在武装工作队的引导下，第7郡周围各乡的游击队也加入到"惩官除霸"行动中。其中，平东酒厂女工只用一支手枪，就在平东坊3号公路桥附近打死了3名南越公务员。第3分区的部分游击队甚至还深入到第2郡的裴氏春路。数百名青年臂缠红袖章，积极给部队带路，协助收缴南越军警的武器装备并大力支前，将弹药送上前沿支援一线奋战的战士。

在第4分区和第5分区方向，堤岸3营的任务是接应和支援第4别动队，彻底攻克南越海军总部。1968年1月30日夜，堤岸3营在指定地点完成集结。1月31日凌晨2:00，堤岸3营准时展开攻击，出其不意拿下了航青警察局。遭到进攻后，南越国军马上命令驻防守德县的别动军第30营赶来救援。但别动军第30营的车队掉进了堤岸3营的伏击圈，2辆卡车被击毁，5死14伤。首战告捷的堤岸3营士气大振，继续往桥山西面发展进攻。此时别动军第30营已经回过神来，在武装直升机和战斗机的支援下，连续冲击，迫使堤岸3营退回航青警察局，转入防御。激烈的战斗持续到2月1日夜间，损失大半兵力的堤岸3营无法继续坚持，不得不撤离了航青警察局，退回根据地。

与此同时，守德4营也对高速公路桥展开攻击，但遭到对方激烈反击，未能攻克目标。天亮后，守德4营调整战术，派2连过江1连占领平桂西乡10村。在此之前，10村村委书记二治就已经组织游击队消灭了村里的全部民卫队，缴获全部武器装备。1968年2月4日，守德4营2连又从10村向9村发展进攻，消灭了平安屯，1968年2月5日又打下了京桥。不过，他们的进展也到此为止。南越国军海军陆战6营很快赶来，在溯行而上的炮艇火力支援下，夺回了9村，准备反击10村。同时，1个保安连也在飞机大炮掩护下从9村向10村实施反击。守德4营在对方两路夹击的情况下，顽强抗击。火箭筒射手李雄用B40火箭筒打坏了2辆装甲车，机枪手阿连打了400发子弹，宣称击毙15名南越海军陆战队员。最终，守德4营和其他各路部队一样，因寡不敌众和损失太大，不得不放弃任务，撤回根据地。

作为第4、第5分区编制最大的尖刀部队之一的同奈团，总攻击中的表现也不如人意。该团的任务是接应和支援第11别动队彻底攻克西贡市内的美国大使馆。总攻击打响时刻到来时，同奈团离西贡市还比较远，失去进攻突然性，只得临时放弃任务，转而集中全团兵力，对富刚的南越国军工兵学校和嘉定小区展开攻击。在工兵学校，同奈团一开始就冲进了操场，控制校区北部。接着，他们继续扩张战果，又拿下了富刚部分街区，却没能啃下嘉定小区。为了给富刚解围，南越国军迅速调来第5师团所属的第9战团2、3营和侦察连，在美军第1装甲骑兵团1、3中队支援下反攻富刚。11:00，他们重新夺回了工兵学校。18:30，彻底将同奈团给赶了出去。一天战斗下来，联军宣称在富刚击毙越军98人，可代价也不菲——美军战死3人，南越国军战死24人，2名美军和10名南越国军负伤，1辆坦克和2辆M113装甲运兵车被击毁，1辆坦克被打坏。

富刚战斗给联军提了个醒，同奈团编制很大，不可能就此作罢，何况他们的损失并不大。于是，美军出动第4装甲骑兵团1中队和美军第28步兵团1营对富刚北面实施扫荡。当晚，美军第1机械化步兵师远程巡逻队在富利县附近发现了一股向南运动的越军，马上呼叫炮兵对其实施射击。受到炮击的越军马上往安美乡撤退。美军判断，这股越军的企图是要偷偷穿过富利县，对守德发动进攻。美军第28步兵团1营马上把安美乡围个水泄不通，先用4天疏散村民，然后在空炮坦火力支援下，冲进村子实施逐屋逐房的清剿战，宣称击毙343人，缴获包括3门81毫米迫击炮在内的大量武器装备。美军判断，这个被歼火的营应该隶属于越军第9步兵师3团，可实际上这个部队是同奈团3营。

安美乡之败，并没有让同奈团收手，他们还是继续活跃出击。1968年2月4日1:15，同奈团1营袭击了新乌发电站。他们迅速突破南越守军的哨所和据点，拿下发电站，然后用高爆炸药摧毁了站内的发电设施。5:40，南越国军第48步兵团3营赶来救援，完成任务的同奈团却已经撤离。在此期间，同奈团2营也在4:00袭击了富东军事支区，不过他们的进攻没有得手，仅仅击毙了1名保安军士兵而已。

2月10日2:55，同奈团进行了新春总攻击第一阶段的最后一次出击。2:55，他们以1个营的兵力从西面对新安乡发动进攻，但被南越国军保安军和民卫队在美军一部兵力支援下击退。联军宣称击毙越军103人，俘虏22人；己方3名保安军士兵、8位民卫队员和1名南越国军士兵战死。进攻失败后，越军对新安乡实施游动炮击，炸死了25位平民，炸伤125人。

当5个分区的尖刀团营奋战的时候，西贡周围各县的群众和地方部队、乡村游击队也积极行动起来。在地方干部的带领下，群众积极奋起给部队提供战勤服务。特别是鹅邑和霍门两县周围各乡的人民，他们主动挖了大量战壕和地道，并组织3个小队站岗放哨和巡逻，掩护伤员转移，协助部队打敌反扑。新平、平政、守德等县，许多人民甚至把小船集中起来，将部队和武器装备送过西贡周围的各条河流（西贡河、万古东河、万古西河），并转运后送伤员。战斗进行过程中，他们又继续坚持用船往城里运送弹药和粮食。如果没有他们提供的战勤服务，突入西贡市内的越军是很难坚持战斗2个星期的。

在西贡市第3、第5、第6、第8、第10郡，当隆安省第1、第2营和新平6营突入市区战斗时，不少市民给部队送饭送水、抬运伤员、送弹药，主动带路甚至积极参军，使在战斗中损失很大的新平6营和隆安省1、2营很快恢复了战斗力，继续参加5月攻势。

与此同时，西贡市周围各县的地方部队和乡村游击队也活跃起来，不断袭击县城和交通干线，他们协助越军第9步兵师切断了1号公路、15号公路等重要交通干线，并控制了不少乡村，扩大了根据地。

在古芝县，古芝7营和乡村游击队密切配合，并得到越军第96炮兵团支援，袭击了古芝县。1968年1月31日1:00，古芝7营首先用82毫米迫击炮轰击了古芝军事支区。接着，越军第96炮兵团又对古芝县驻扎的美国陆军第25步兵师师部进行炮击，10枚122毫米火箭弹和200发82毫米迫击炮弹落下，导致美军1死28伤。5:00，古芝7营对古芝军事支区展开攻击，使该地一度告急。5:30，美军第22步兵团3营D连和第23机械化步兵团4营1个排紧急赶到古芝县，可还是没有击退古芝7营袭扰。7:30，南越国军第49步兵团2营又往北朝古芝县突击，在美军第49步兵团3营和第10装甲骑兵团1中队的支援下，一举击破了古芝7营，于10:30冲进了古芝县中心。大约11:45，越军古芝7营撤围，但仍和南越国军缠斗到18:30才离开古芝县。这次战斗，联军宣称击毙越军65人；自己无人战死，仅8名美军、3名南越国军士兵负伤，1辆装甲车被打坏。

虽然没能夺取古芝军事支区，但古芝7营并没有停止活动，他们接着又在新城西、富和东、新安会、平美等乡组织拔点作战，敲掉了南越国军保安军和民卫队一些屯哨，并发动人民群众捣毁了几个乡公所，动员青年参军。在古芝7营和地方干部的鼓动下，古芝县周围又有上千青年参加了越军，及时补入到损失大的各个战斗单位里。

在鹅邑县，当地乡村游击队主动袭击了桂春、盛禄两乡，消灭了一些屯哨，并配合地方部队进行了激烈的打敌反扑战斗。

在霍门县，为了配合越军第9步兵师打光中训练中心，以及切断1号公路，当地地方干部组织人民发动声势浩大的奋起，有力配合了越军第9步兵师1团（平也团），占领霍门县城3天之久。

在新平县，南越国军海军陆战3营哨所和检查站（设在永禄乡）遭到了越军持续不断的迫击炮和火箭炮袭击，损失了十几名官兵。

在平政县，南越国军保安军/民卫队3个哨所和4号公路的平奠大桥都遭到了攻击。在连续不断的战斗中，平政县周围4号公路南北两侧地面遍布弹坑，给交通运输带来了不小的麻烦。

在西贡远接近地的各省和各县，越军的出击也很活跃。在乃萨特区，特工10团袭击了仁泽县的富友屯和利仁乡的保安屯，攻破了6个"战略村"。1968年2月14日夜，特工10团再显身手，神不知鬼不觉地摸进雅贝港，击沉了1艘10650吨的船只。1968年2月25日，特工10团又在西贡周围的龙头河畔组织伏击，一举打沉了3艘运输船。3月17日，特工10团1、2连再次出击龙头河，宣称干掉3艘船只。一时间，特工10团连续告捷振奋了越军东部战役指挥部。

在特工10团告捷的同时，越军第96炮兵团和第208炮兵团也在1月31日—2月6日对南越国军第3军区辖地内各个重要的军政目标实施游动炮击，重点是莱溪的美国陆军第1机械化步兵师师部和古芝的美国陆军第25步兵师师部。据统计，1月31日—2月3日，莱溪的美国陆军第1机械化步兵师师部一共受到了42次炮击，落弹141发122毫米火箭弹、169发82毫米迫击炮弹、21发75毫米炮弹，造成美军1死124伤。

虽然越军在游动炮击和沿河炮火袭击战斗中不断取胜，摧毁美军一批武器装备并歼灭美军一批有生力量，但他们的胜利对大局已无裨益——越军5个分区兵分5路打西贡的战略已告失败。虽然5个分区的越军各个尖刀团营都进行了英勇的战斗，可大部分部队都遭到联军的猛烈反扑，没能有效攻下指定目标，给越军各路部队造成了很大的困难。

从战斗过程来看，联军反应确实是快如闪电。越军进攻之初，西贡市周边的南越国军只有正规军8个营（包括陆军、海军陆战队、伞兵和别动军）、保安军3个营、宪兵2个营和机场勤务2个营。

遭到攻击后，南越国军的联合参谋本部第一时间就召集附近所有的预备队赶来救援西贡。不到48小时，7个营已经赶来。2月2日日落前，集结在西贡市周围地区的南越国军总兵力已经增加到5个伞兵营、5个海军陆战营、5个别动营、1个炮兵营。不过，能召回的援军也就只有这么多了，因为第1、第2、第4军区也陷入了苦战，没法抽调兵力回援首都。

在预备队陆续汇集的情况下，南越国军联合参谋本部决定对越军展开大规模反击，把越军逐出首都特区。他们任命阮德胜中将负责指挥这次总反击，行动代号"陈兴道战役"。

这次总反击事关越南共和国的国威和军威，南越国军联合参谋本部负责人高文园上将指示阮德胜中将亲自对自己负责。为了组织好这次大反击，高文园上将与阮德胜中将进行了周密的计划，把西贡市区划分为A、B、C、D和E等5个分区。其中，A分区由南越国军战略总预备队伞兵师团负责（因为伞兵师团司令部驻地就在A分区）；B分区由南越国军海军陆战师团负责（因为南越国军海军陆战师团司令部驻扎在B分区）；C分区主要是西贡市区，由越南共和国警察总署署长阮玉銮准将指挥西贡市内的保安军、民卫队和野战警察共2万多人负责；D分区包括堤岸区的华人街，由南越国军别动军司令部所属的别动军第5联团负责；E分区包括陈兴道兵营和美国远征军司令部，由南越国军联合参谋本部特设作战司令部负责，主要部队是联合参谋本部的荣誉警卫营和由联合参谋本部各部门、联合参谋本部大院内的勤务官兵（合计1928人，绝大部分是军官和士官）临时组建的4个快反营。这样一来，南越国军联合参谋本部各部门剩下的军官就连编制的1/3都不到了，给正常的运转造成了不小的麻烦。2月9日以后，由于E分区基本位于西贡市郊，南越国军联合参谋本部遂把部分清剿任务移交给美军，逐步解散各个快反营，让官兵们回归本职继续工作。

与此同时，南越国军联合参谋本部和美国陆军第 2 野战军签署了联合作战协议，规定南越国军负责西贡市内清剿，美军负责西贡郊区扫荡，目的是内外结合，摧毁进攻的越军并打掉越军进攻跳板，防范越军继续组织对西贡的进攻。

由于联军系统性协调反击，分工明确，只用了不到 2 个星期就基本打败了越军 5 个分区的各个尖刀团营的进攻，除了西贡市个别据点还有越军小股部队坚持战斗外，绝大部分市区已经恢复平静。

回顾这一阶段的战斗，参加西贡市区各路进攻的尖刀团营在 5 个分区的指挥下进行了英勇的战斗，夺取了不少市区内外目标，但西贡内层防线的联军增援速度太快，凭借着强大的空炮火力实施连续反扑，把各路尖刀团营阻挡在市区各个重要目标外。在连续不断的战斗中，越军损失巨大，许多尖刀团营撤回根据地，剩下的兵力只有编制的 10%~20%，境况凄惨。

注释

1.Tiểu đoàn 6 có 380 chiến sĩ hy sinh, bị bắt, mất tích.

▲ 虽然 1966—1967 年是非常艰苦的岁月，但越军经过不断战斗，并得到来自北方的支援，顶住美军 2 次旱季战略进攻，逐步站稳脚跟，积蓄力量准备拉开新春总攻击和总奋起大幕。

▲ 时任美国远征军总司令的威斯特摩兰上将。

◀ 在光中革命战役中，越军打算以别动队和西贡一嘉定一堤岸军区直辖的各个尖刀营担任对西贡市区的主攻任务。图为某尖刀营由女兵组成的 82 毫米迫击炮排。

▲ 整装待发的越军部队。

▲ 1968 年新春总攻击和总奋起前越军召开干部会议。

美国陆军第2野战军司令韦安德少将，他是越战中仅次于艾布拉姆斯的第二号名将。

▲ 袭击美国大使馆被击毙的越军别动队员。

▲ 独立宫。

▲ 美军在越军突袭大使馆后抓获了1名越军别动队员。

▲ 在西贡市内支援联军步兵战斗的 M113 装甲运兵车。

▲ 西贡的巷战打得极为残酷，图为南越国军正拖走一具被打死的越军的尸体。

新山一机场全景。

新山一机场附近横尸街头的越军指战员遗体。

在新山一机场附近警戒的美军士兵。

新山一机场留下了太多越军的尸体，这一仗他们败得无话可说。

堤岸区爬上屋顶和越军激烈对射的南越国军士兵。

▲ 在直升机支援下，联军对突入西贡市区的越军实施猛烈反击。

▲ 在西贡市区内奋战的南越国军别动军战士们。

▲ 西贡堤岸区的一个集市在新春总攻击中被打得稀巴烂。

▲ 1968 年 2 月的巷战是残酷的，联军也付出了很大的损失。图为美军士兵正抱着 1 名负伤的别动军战士，把他送去急救。

▲ 1968 年 2 月 5 日，被打成一片废墟的安光佛塔附近。

▲ 战斗过后，西贡市满目疮痍。

【第五章】
钳击作战

第9步兵师的苦战

6个分区的各尖刀团营和特工／别动队在西贡周围浴血奋战的时候,负责西贡外围战略钳制联军主力部队的越军第5、第7、第9步兵师也按计划展开了猛烈攻击。东部战役指挥部给这3个主力师的任务是:对西贡周围外层防线的联军各个重要指挥机构、仓库区、军事基地和军事支区组织进攻和袭击战斗,阻止联军主力部队回援西贡,保障地方部队团营和特工／别动队的战斗不受联军主力部队的干扰。命令归命令,实际上,各师在战斗过程中遇到了很大的问题。

先来看越南南方解放军的头号铁拳第9步兵师的表现。

为了准备1967—1968年冬春季作战,1967年9月,南方中央局、越南南方民族解放阵线组织召开越南南方解放军英雄、战士第二次代表大会。在会上,第9步兵师1团获得了表扬,被誉为南部东区的绝对主力团。越南南方民族解放阵线送给第9步兵师1团16个字——"忠诚勇敢,克服万难,连续立功,歼伪胜美"。第2步兵团4营营长谢光思、第1步兵团无线电排长段黄明、第16步兵团7营2连副排长阮德义(当时,第16步兵团暂时隶属于第9步兵师)、第1步兵团1营3连班长黄定义烈士获得了"人民武装力量英雄"荣誉称号。这些题词和荣誉称号,极大鼓舞了越军第9步兵师的斗志,全师指战员都抱定决心，继续克服一切困难，不惜牺牲，在新的历史道路上建立更多的功勋。1967 年 6 月，越南中央政治局下决心发起新春总攻击和总奋起，重点目标是西贡、顺化和岘港，争取在越南南方战场上获得决定性的胜利。

根据上级的决定，为了提高主力部队在战场上打大歼灭战的能力，第 9 步兵师党委和师指集中指导各团利用 1967 年 5—9 月雨季这段宝贵的时间，积极训练部队，提高作战协同能力，提高运动袭击依托坚固工事守敌的能力，以及在平原、沿海和各城市公路附近野战急行军的能力，并采取前置法，与当地干部配合动员组织民工积极进行战勤服务等多种方针，解决了战斗过程中后勤保障可能出现的诸多问题。

1967 年 10 月，越军开始实施 1967—1968 年冬春季第一阶段攻势（第二阶段攻势就是新春总攻击）。越南南方解放军司令部集中大部分主力部队——第 7 步兵师、第 9 步兵师和第 69 炮兵师，在平隆省 13 号公路沿线，围绕禄宁军事支区展开积极活动。越南南方解放军司令部给这次行动的任务是在西贡北部方向夺取部分地盘，消灭部分联军有生力量，锻炼越军主力部队战斗力的同时，也给西贡北部方向的各地方军民按计划进行 1968 年新春总攻击和总奋起创造有利条件。同一时期，越军第 16 步兵团奉命脱离越军第 9 步兵师建制，调归西贡第 1 分区，参加对鹅邑县的总攻击。

在持续一个多月的时间里（1967 年 10 月 26 日—12 月 5 日），越军第 7 步兵师和第 9 步兵师连续战斗：第 9 步兵师 2 团在师属炮兵营（12 门 76 毫米加农炮）支援下，运动袭击了禄宁，宣称几乎全歼对手。卫勤资料记载是 2 团参战兵力 2000 人，伤亡 208 人，其中 144 伤 64 死；[1] 第 3 步兵团更是夸张地宣称"攻克"禄宁军事支区。按照美军记载，这次战斗实际发生在 1967 年 10 月 29 日，越军第 2 步兵团和第 3 步兵团的攻击都被美军顶了回去。不过，越军方面可不管实际情况如何，照样给第 9 步兵师"庆功"，授予第 2 步兵团一等解放军功勋章，授予第 3 步兵团"禄宁团"荣誉称号。接着，第 3 步兵团"再接再厉"，又在 11 月 28 日袭击了布都的美军 1 个步兵营和炮兵营，参战兵力 3336 人，伤亡 264 人（占比例 8%），其中 196 伤 68 死。[2] 这次战斗宣告第 9 步兵师冬季发起的禄宁战役正式结束。

虽然禄宁之战对越军第9步兵师来说实际并非胜利,可越南南方解放军司令部却对他们的表现大喜过望,决定把师长黄琴和师政委黎文想调回司令部指挥机关。根据上级决定,黄琴和黎文想离开第9步兵师,第2步兵团团长谢明钦和团政委阮文通接任第9步兵师师长和政委职务,裴清云接替阮世贲出任第9步兵师副师长,第2步兵团副团长阮实冰出任师参谋长,第1步兵团政委邓文尚出任第9步兵师副政委兼政治部主任。

1968年1月,越南劳动党中央政治局召开第14次会议,决定在整个越南南方发动新春总攻击和总奋起,把革命战争推向新的高潮,争取决定性的胜利。为了实现越南劳动党中央的战略决心,南方中央局、越南南方解放军军委和司令部决定在南部东区各个战场组织一次大的战役,交给第9步兵师和各个主力师的任务是要进攻西贡外围的敌人各个据点,钳制和阻止南越国军第3军区辖地内的联军各师,不让他们救援西贡,确保西贡市6个分区奋战的尖刀团营和别动队后方安全。

1967年12月底,第9步兵师全体指战员从根据地开始行军进入平原。出师时,部队士气高涨。各单位指战员写了成百上千份的决心书和入党申请书给第9步兵师党委、师指,表明会顽强战斗,宁可牺牲自己也要坚决完成这个历史性的任务。在行军途中,第9步兵师师长谢明钦交代任务给各团,要他们一定确保在计划规定的时间内赶到指定地区,参加战斗。

1968年1月1日晚,接到第9步兵师师长谢明钦的命令,第1步兵团和第2步兵团密切配合,隐蔽而安全地行军占领了集结位置,消灭巴战(Bà Chiêm)三岔路口的一个美军据点[①],给后续各单位安全越过西贡北面的联军防线打开了方便之门。接着,第9步兵师全体指战员抓紧时间,着重进行村落、开阔平原地形的战斗,以及打坦克车、打M113装甲运兵车的战斗训练,加强组织伪装、隐蔽、挖工事训练……同时,还组织政治教育、树立总攻击和总奋起的战斗决心。越军第9步兵师师长谢明钦直接交代具体任务给各个团长,师政委阮文通则把各团政委一个个单独找来谈话,向他们了解部队的政治工作情

[①] 第9步兵师卫勤资料记载,第9步兵师1团在1968年1月1日袭击巴战据点的战斗中,参战兵力2500人,伤亡325人,其中226伤99死。[3]

况和思想状况。

1968年1月30日夜—1月31日凌晨，正值新春佳节，越军同时在整个南方多个市县打响了1968年新春总攻击和总奋起。

在西贡—嘉定，特工/别动部队同时对诸如美国大使馆、独立宫、联合参谋本部、首都特区、西贡广播电台、新山一机场等联军重要首脑机关展开进攻。各分区的各个尖刀团营也发动了进攻，一些单位突破了联军的封锁线，冲进了市区。在这历史性的总攻击行动中，越军第9步兵师的主要任务是钳制住南越国军第25师团和美国陆军第25步兵师一部。

为了完成上级交付的任务，越军第9步兵师师长谢明钦盯上了位于霍门县的光中训练中心，这里是越南共和国国军最大的训练基地，距西贡市区不到10千米，常年保持16000名新兵受训。虽说是新兵，可还是有很强的战斗力，一旦他们驰援西贡，就会对市区内奋战的特工/别动队和5个分区的尖刀团营构成很大的威胁。因此，第9步兵师的第一个目标就是不惜一切代价钳制住光中训练中心，不让这些新兵回救西贡市区。

时间紧，任务急。越军第9步兵师面临着诸多困难，不仅行军路程漫长，而且一路上还有联军的许多检查站、据点和哨卡，层层拦阻，第9步兵师许多单位在行军过程中频繁和南越国军保安军、民卫队战斗，没法按计划及时到位展开总攻击。当西贡市内的枪炮声激烈响起时，第9步兵离目的地还有相当远的距离。此时，只有第1步兵团（平也团）位置离光中训练中心比较近。第9步兵师师长谢明钦和政委阮文通来不及多想，就把进攻光中训练中心的任务交给了第1步兵团。

为了确保按时打响进攻，完成任务，越军第9步兵师第1步兵团团长武明哲（Võ Minh Triết）和政委林文镇（Lâm Văn Chẩn）决定让走在1团战斗队形最前面的3营先展开攻击，给他们的任务是一定要冲进光中训练中心，绝不能让光中训练中心的南越国军新兵出动。由于任务极为重要，第1步兵团团指商量后决定让团副政委阮文楚直接下部队，亲自指挥主攻连——1团3营12连冲进光中训练中心。

由于行军过程紧张，第1步兵团3营没有时间对光中训练中心的对方布防和火力配系进行详细侦察。为了抢时间，不等3营全部展开战斗队形，阮文楚就带着 12 连扑进了光中训练中心。他们迅速攻下训练中心一角，然后就地组织防御，打敌反扑。激烈的战斗持续了 5 个多小时，期间阮文楚积极动员 12 连全体指战员顽强战斗，打击南越国军的新兵、坦克和飞机的反扑，同时组织赶上来的 3 营主力一边展开兵力火力，一边把伤兵和战死人员尸体后送。尽管越军第 1 步兵团 3 营打得英勇顽强，可最终实力相差太悬殊了，在南越国军海军陆战队 1 个营增援后，越军第 1 步兵团 3 营被迫撤离了光中训练中心。这次战斗的结果是：第 1 步兵团 3 营宣称打死南越国军新兵 300 多人，捣毁了光中训练中心的广播站；自己伤亡 92 人，第 1 步兵团副政委阮文楚不幸战死。第 9 步兵师战史对这次战斗给予了高度评价，称第 1 步兵团 3 营的奋战钳制了光中训练中心的 16000 多名新兵，使这些原本可以支援西贡市区的新兵没法动弹，出色完成了第 9 步兵师和第 1 步兵团交给他们的任务。

按照计划，越军第 1 步兵团 1、2 营也应该进攻光中训练中心。可 3 营打响进攻战斗时，1 营和 2 营还没有赶到。这时，南越国军 1 个海军陆战营赶来支援，试图给光中训练中心解围。由于情况紧急，越军第 9 步兵师师长谢明钦只得命令第 1 步兵团转而打击支援解围之敌。在 3 营退出光中训练中心后，第 1 步兵团又组织袭击了霍门军事支区，但没能获得胜利。接着，1968 年 2 月 4—13 日，他们和南越国军海军陆战队 1 个营、美军第 27 步兵团 1 营展开战斗。他们顽强顶住了联军多次冲击，完成了上级交付的堵住霍门县这个公路闸口的任务，没有让美军第 25 步兵师冲过霍门增援西贡。在总攻击第一阶段的战斗中，第 1 步兵团英勇战斗，宣称歼敌 856 人，击落 23 架飞机，击毁 56 辆军事车，击毁 2 门火炮，缴获 115 条各类枪支。

越军第 9 步兵师不仅负有钳制光中训练中心和阻止美军第 25 步兵师增援的任务，还负有钳制同如基地的南越国军第 25 师团的重任。师长谢明钦给第 2 步兵团交代的任务是封锁 1 号公路的霍门县到古芝县路段，阻击同如基地的南越国军第 25 师团出援西贡。

为此，越军第 2 步兵团 4 营在营长南松上尉指挥下，于霍门县新富中乡组织阵地防御，卡住 1 号公路的霍门—古芝路段。在当地人民的协助下，越军第 2 步兵团 4 营利用新富中乡周围的橡胶园和森林进行部队的隐蔽和机动，争取多修工事削弱对方的空炮火力杀伤，在运动阻击战中打击联军。负责打通这段公路的是美军第27步兵团1营。1月31日—2月5日，美军第27步兵团对新富中乡的越军2团4营设置的路障展开了多次冲击，都被南松上尉的4营击退。在6昼夜的奋战中，4营和协助战斗的人民群众伤亡很大，但还是像钢钉一样死死扎在阵地上没有动弹一步。2月6日，2团4营奉命撤离新富中乡，美军第27步兵团这才彻底打通了1号公路。

与此同时，越军第2步兵团5营（6营做预备队，没有参加战斗）也在当地游击队的配合下，对南越国军第25师团驻防的同如基地周围据点展开攻击，消灭了一些保安屯和民卫屯，把缴获的武器全部送给了当地的游击队。受到越军第2步兵团5营的威胁，同如基地的南越国军第25师团一部遂召唤美军航空兵和炮兵连续对疑似越军埋伏的地区进行轰击。2月1日，第2步兵团5营阵地受到美军密集轰炸，70名干部战士负伤和牺牲。5营党支部只得紧急动员全营党员在当地各级党委和人民的协助下掩埋战死者的尸体，并转移伤兵到后方。此外，5营党支部召开联合会议，认为美军航空兵和炮兵连续进行密集的火力突击意味着同如基地的南越国军第25师团出动在即，目前的任务是要加强部队的思想领导工作，保持决不动摇的意志。会后，营里的军政主官亲自下到各连排做思想工作，鼓励和动员全体指战员不怕牺牲，克服困难，坚决粉碎出击的南越国军第25师团，守住阵地，完成上级交付的光荣任务。

然而，南越国军没有迅速出击，而是继续召唤美军航空兵和炮兵又进行了3天的轰击。5营总共在空袭下损失了约200名指战员。2月4日，在阵地前沿潜伏的5营侦察员突然发现同如基地正在集结步兵、坦克和装甲车。侦察员马上把这个情况报告给5营营指。得到消息，5营党支部马上召开作战会议，讨论应对措施。当时的情况十分紧急。在美军航空兵和炮兵火力连续不断的轰击下，5营已经损失了一半的兵力（编制兵力400人），有些人提议，为了保存实力，应该撤离同如基地周围，如果继续留下来战斗的话，5营不仅有更大伤亡的可能，搞不好还会全营覆灭。对这种消极悲观的论调，5营党支部和营指没有赞同，营政委指出既然这次作战是新春总攻击和总奋起的一环，5营就要顾全大局，下决心守阵地坚决打击出动的南越国军第25师团。他进一步分析，如果5营撤走了，自己的压力是减轻了，可别的地方友军就会受到更大的压力。另一方面，同如基地周围不是老根据地，需要越军在这里树立威信。那么威信该如何树立？就是坚决坚守阵地，战胜对方的反扑，这既是军事需要，更是政治需要。简单地说，这次战斗是一场政治仗，只能守不能退。在最终的表决中，5营党支部集体决定继续坚守阵地，击退南越国军第25师团从同如基地展开的一切反扑。会后，党支部各领导干部分头下到各个步兵班，把决议传达给每一位战士，同时组织部队深挖工事，做好大战的准备。

果不其然，南越国军第25师团在2月5日发动了猛烈进攻。激烈的战斗从清晨打到傍晚，可他们的每一次进攻都被越军第2步兵团5营击退。每次反扑失利，南越国军都会召唤航空兵和炮兵，用火海给5营阵地"洗澡"。可一天打下来，无论南越国军第25师团冲击多少次，都没能从5营手上夺走哪怕一个村庄。在对方最后一次进攻中，第2步兵团5营指战员利用南越国军士兵无心恋战、协同失误的机会，在防线上开了一个口子，把对方的3辆M113装甲运兵车给放了进来，然后先集中火力击退了跟进的步兵，再掉头收拾防线内的3辆M113装甲运兵车。在他们的火力打击下，2辆M113装甲运兵车被打坏，1辆成了越军2团5营的战利品。

经过连续6天的激烈战斗，由于越军在西贡周围的战斗损失很大，进攻受挫，在同如基地周围的第2步兵团5营再打下去也不会有结果，只是徒增伤亡。在这种情况下，第9步兵师师长谢文钦同志只得命令2团把5营撤出同如基地周围的阻击阵地。2月5日夜，5营在胜利粉碎南越国军第25师团最后一次进攻后，悄悄撤了下来。

在西贡东北和北部方向上，越军第9步兵师3团也在西贡市第4分区部队编制内参加了对守德军事支区、平盛县的鹏基桥的进攻。2月2日清晨，越军第9步兵师3团突然对守德军事支区和县警察局展开攻击，试图在打下守德军事支区和县警察局的同时，顺带炸掉守德县内的发电站和水利设施。不过，美军反应迅速，1个装甲骑兵中队在美军第18步兵团1营1个连的配合下，只用了不到一个半小时就赶到守德县，把越军第9步兵师3团给击退了。

2月3日夜，越军第9步兵师3团第二次展开攻击。这一次，他们没有直取目标，而是采取了声东击西的打法。1:00，越军第9步兵师3团首先以7营打连接西贡与边和的生命线——新港大桥，接着在4:10以9营打守德军事支区，再于 6:50 用 8 营攻击南越国军海军陆战 2 营兵营。在守德军事支区，在美军第 18 步兵团 1 营 1 个连和南越国军别动军 3 个排支援下，越军第 9 步兵师 3 团 9 营的进攻被击退。联军宣称击毙越军 80 人。虽然防御战斗获得全胜，可守德县还是有 75 座房屋毁于战火，平民死亡 38 人。在新港大桥，越军第 9 步兵师 3 团 7 营先是攻破了大桥东端的碉堡，继而冲上桥面。当他们准备埋炸药炸桥的时候，南越国军第 5 装甲骑兵师团 1 支团和美军第 720 宪兵营及时赶来，于 2:50 夺回了新港大桥，宣称击毙越军 11 人，大桥完好无损。

当然，屡战不胜的 3 团并没有气馁。他们在下午转攻霍门县附近的芹德桥，在干掉了守桥的保安军后，炸掉了这座大桥，加剧了霍门县周围的交通堵塞。

芹德桥之战，也是越军第 9 步兵师在新春总攻击第一阶段的最后一战。从 2 月 10 日开始，越军第 9 步兵师各团陆续撤离西贡周围各县，返回阳明珠根据地休整，补充兵力和装备，同时继续坚守西贡北面一些地盘，准备第二阶段的进攻。

隆平仓库与边和机场

在越军第 9 步兵师苦战霍门和守德的同时，越军第 5 步兵师也在隆平仓库、边和机场与美军进行浴血厮杀。一切都是为了完成东部战役指挥部交给他们的重任——钳制住联军的主力部队。

隆平仓库区是美军在边和省最大的综合仓储中心，同时也是美军在越南南方最大的综合仓库基地，驻有美国陆军第 2 野战军司令部和美国陆军第 199 轻步兵旅。为了钳制 199 旅和干扰美军第 2 野战军的指挥，越军东部战役指挥部命令第 5 步兵师 5 团对其发起攻击。

对越军的进攻，美军早有准备。自 1 月 29 日 16:15 发出紧急通知后，隆平仓库便如临大敌。美国陆军第 2 野战军司令部不仅增加了岗哨，还指示第 199 步兵旅增加夜间巡逻次数。1 月 30 日平静地过去了，1 月 31 日白天也相安无事。可连续 2 天的平静并没有让美军放松警惕，岘港传来的消息（后述）让美军大意不得。美国陆军第 2 野战军司令部判断，越军很可能在 1 月 31 日夜袭隆平仓库。根据这个判断，驻扎于此的美国陆军第 199 轻步兵旅从 1 月 31 日 19:00 开始连续进行连级规模的密集巡逻。

1968 年 1 月 31 日 0:35，美军第 199 轻步兵旅 12 团 4 营 E 连在同奈河北岸坐标 XT039222 处发现了一支正往南朝机场运动的越军部队。美军马上呼叫空炮火力对越军实施打击，宣称击毙越军 47 人。大约 1:00，美军第 199 轻步兵旅 12 团 4 营 E 连又发现大约 90 名越军正在平隆仓库附近的胡奈村北面集结。美军预感到越军马上就要下手了，于是呼叫武装直升机群起飞。美军的猜测很快就得到了证实。3:00，越军突然用 DKB 122 毫米单管火箭炮和 82 毫米迫击炮对隆平仓库区实施猛烈炮击。打了不到 10 分钟，越军炮兵转移火力集中轰击美军第 2 野战军司令部和第 199 轻步兵旅指挥部。遭到炮轰后，已经升空的美军武装直升机群马上对越军炮兵的发射阵地进行密集的航空火力突击，同时，美军第 2 野战军司令部也指挥炮兵群对同奈河东、北两面进行炮火反击。在美军卓有成效的火力反击下，同奈河东岸的越军几个火箭炮还没打完火箭弹就被端掉了。3:30，美国陆军第 2 野战军司令部命令美军第 9 步兵师所属的第 47 机械化步兵团 2 营沿着 15 号公路开进，支援隆平仓库。

4:30，越军第 5 步兵师 5 团 5 营从胡奈村出发，往南穿过 1 号高速公路，对隆平仓库区北面展开攻击。在他们面前的是边胡与隆平之间的一个南越国军宪兵兵营，驻扎着大约 200 名南越国军宪兵。越军第 5 步兵团 5 营发起的攻击并没有把美军打个措手不及，美军第 199 轻步兵旅 12 团 4 营各连很快搭乘 M113 装甲运兵车展开反击。与此同时，美国陆军空中骑兵第 17 大队 3 中队的武装直升机也很给力，密集的弹雨横扫越军战斗队形。在美军联合陆空打击下，越军第 5 步兵团 5 营势单力薄，既没能拿下宪兵营，也没能冲到机场边缘的橡胶园，更不用说冲上隆平仓库区的美军第 12 航空大队的停机坪，破坏美军直升机和航站设施。

不过，越军第 5 步兵团的进攻也非毫无意义。趁着美军和第 5 步兵团 5 营大战的机会，越军 U1 特工 2 营 1 个连在陈文泰指挥下冲进了隆平仓库区的 53 号分区，安放了大量定时炸弹。不过，这些炸弹很多都被仓库区的美军拆弹组给拆除了，只有少量库房被炸（越军声称炸掉 127 座库房）。5:30 左右，奉命赴援的美军第 47 步兵团 2 营赶到了隆平仓库区，该营 B 连 1 排乘坐宪兵吉普车（装载机枪），穿过 1 号公路，对被美军火力打退、准备重整旗鼓冲击的越军第 5 步兵团 5 营实施反击。虽然进攻未成，但越军第 5 步兵团 5 营并不打算就此认输，他们依仗兵力优势在胡奈村附近组织坚决抵抗，击毁了美军一辆吉普车。

8:00，美国陆军第 9 步兵师第二路援军——第 39 步兵团 4 营 B 连也赶到战场。他们和第 47 步兵团 2 营一起，在美军空中骑兵第 17 大队 3 中队支援下，重创了越军第 5 步兵团 5 营，基本解除了越军对隆平仓库区和美军第 2 野战军司令部的威胁。

2 月 1 日，在完成了给隆平仓库解围的任务后，美军第 47 步兵团 4 营和第 12 团 4 营撤回，改由美军第 199 轻步兵旅继续在胡奈村周围打击越军第 5 步兵团 4、5 营。战斗的激烈程度明显下降。越军第 5 步兵团主力已经开始撤下来，留在胡奈村的都是一些打阻击掩护的后卫部队。当天 21:15—24:00，双方进行了隆平仓库区最后一次大规模战斗，美军 1 个连击溃了越军大约 1 个连有组织的抵抗。2 月 2 日，隆平仓库区基本恢复平静。1 月 31 日—2 月 2 日，美军在隆平仓库区战死 9 人，负伤 78 人。宣称俘虏越军 47 人，击毙 775 人，彻底粉碎了越军第 5 步兵团的进攻。总的来说，在隆平仓库区的战斗中，越军第 5 步兵团没有夺取任何一个在战略和战术上值得一提的目标，虽然一度迫使美军第 9 步兵师出兵救援，但并没有钳制对方多久，而且自己损失惨重以致失去战斗力，无法参加新春总攻击第二阶段（5 月攻势）战事，可谓得不偿失。

不过，越军第 5 步兵师可不止隆平仓库区一个目标，他们还肩负着打边和机场的重任。负责进攻边和机场的是越军第 5 步兵师所属的第 4 步兵团与边和省特工 1 营 1 连，他们要在越南南方解放军司令部直辖的第 724 炮兵团（装备 DKB 122 毫米单管火箭炮）支援下，压住边和机场，削弱联军的空中支援，给西贡市内奋战的友军创造有利的条件。

1968 年 1 月 31 日 2:00（美军记载是 3:00），越军第 724 炮兵团用 DKB 单管火箭炮对边和机场实施猛烈轰击，作为进攻前的炮火准备。100 多发火箭弹拖着长长的尾焰，划出大大的弧线，在边和机场密集落下。此起彼伏的爆炸声宣告了越军对边和机场总攻击的开始。

越军第 4 步兵团 2 个营对边和机场、边和省特工 1 营 1 连对机场附近的南越国军第 3 军区司令部同时展开攻击。进攻伊始，越军就遭到了联军的顽强抵抗。在机场东面，南越国军一个保安军排依托碉堡群组织防御，美军部分宪兵也赶来支援。虽然越军第 4 步兵团 2 个营拼死突破了边和机场周围的铁丝网地带，却没法冲上跑道。得知越军进攻的消息，南越国军同奈小区指挥部马上命令保安军第 57 营于 4:20 赶到边和机场支援，把越军第 4 步兵团从突破地带逐出。

8:20，美军第 506 伞兵团 2 营乘直升机返回边和机场，一着陆马上就往南向边和机场东门展开反击。与此同时，美军第 9 步兵师所属的第 5 装甲骑兵团 3 中队 A 小队也赶来增援，他们直接从隆平仓库区北面的越军第 5 步兵团战斗队形中穿过去，对越军第 4 步兵团进攻的 2 个营侧翼实施猛烈打击，给越军第 4 步兵团造成了很大的伤亡。在这次成功的救援战斗后，美军第 5 装甲骑兵团 3 中队和美军第 506 伞兵团 2 营顺利会师。另一方面，边和机场起飞的美军喷气式战斗机和武装直升机也不断攻击，最终美军依仗优势兵力和火力以及技术装备完全瓦解了越军第 4 步兵团 2 个营（620 人）的进攻。

同时，越军边和省特工 1 营 1 连对南越国军第 3 军区司令部的进攻也被警卫击退。

虽然进攻失败，但越军第 4 步兵团也和第 5 步兵团一样，在没有接到上级下令撤退的情况下，只能苦苦坚守边和机场周围的进攻出发阵地。

2 月 1 日，为了彻底粉碎越军第 4 步兵团对边和机场的威胁，美军第 11 装甲骑兵团 3 中队、美军第 506 伞兵团 2 营 A 连联合对南越国军保安军第 58 营当面的成村展开攻击。越军第 4 步兵团打得英勇顽强，激烈战斗从早上持续到下午 18:30，第 4 步兵团才撤离了成村。美军宣称以 4 死 5 伤的代价，击毙对方 67 人，缴获 53 件步兵武器，铲除了越军攻击边和机场的最后一块进攻出发阵地。

获胜的美军并没有就此罢手，他们继续往北攻击，试图把进攻的越军赶尽杀绝，转移到新富村的越军第 4 步兵团 1、3 两营为了掩护团指转移，死死顶住攻上来的美军第 11 装甲骑兵团 2 中队。遭到顽强抵抗的 2 中队连连求援，不仅召唤航空兵和炮兵进行模式般的火力突击，还请来美军第 506 伞兵团 3 营 1 个连支援。空炮坦步联合军攻坚打了一整天，到夜幕降临才彻底攻克新富村。此时，越军第 4 步兵团已经完成了掩护团指的任务，安然撤离。美军付出了战死 34 人的代价，却没能吃掉越军的主力，这次代价高昂的血腥攻坚战可以说是得不偿失。

2月4日，鉴于边和机场和隆平仓库区的进攻战斗全部失败，继续留在这两个战场和美军纠缠只是徒增损失，越军第5步兵师只得命令第4、第5步兵团撤回D战区。2月4—8日期间，澳大利亚第1特遣队的2个营一路尾追退却的越军第4、第5步兵团实施攻击，又给他们造成了更多的损失。由于在边和机场和隆平仓库两战损失太大，越军第5步兵师被迫休整了半年，基本错过了1968年5月的总攻击第二阶段战事。

在第5、第9步兵师奋战的同时，越军第7步兵师也在平隆省方向的13号公路活动，对禄宁—安禄之间的13号公路段组织了多次袭击战斗，牵制了美国陆军第1步兵师（大红一师）部分兵力，但自己的损失也不小。

从越军第5、第7、第9步兵师的战斗情况来看，他们确实牵制住了驻扎在西贡外层防线的美国陆军第1、第25步兵师，以及南越国军第25师团、第18师团相当大一部分兵力，可还是没能阻止美军第9步兵师和第25步兵师一部，以及被他们忽略的南越国军海军陆战队和伞兵（南越国军战略总预备队）往西贡市区的增援，导致在市区和周围各县战斗的5个分区的越军各尖刀团营蒙受惨重损失，而且3个主力师也损失很大（根据越南南方解放军卫勤部门统计，第一阶段3个主力师共负伤8851人）。总的来说，他们基本完成了上级交付的任务，但他们奋战的结果对全局影响不大。

最后的努力

从2月10日开始，西贡6个分区的各个尖刀团营，以及越军第5、第7、第9等3个主力师奉命撤回根据地休整，补充兵力装备。

为了确保主力部队能安全转移，越军东部战役指挥部决定再对西贡市组织一次为期2周的进攻，以游动炮击为主，辅以一部分兵力袭击联军各个重要的目标，不给联军喘息和反击扫荡的机会，同时还要抓住战机以求歼联军部分有生力量。进攻的主要方向选在了西贡西部和西南，拟以第267、第269步兵营以及新平6营、隆安1营、决胜1营、特工12营参加这次牵制攻击战斗。

根据东部战役指挥部的命令，1968年2月17—24日，越军第96炮兵团和第 208 炮兵团使用 DKB 单管火箭炮突然对新山一机场、警察总署、富利县实施游动炮击。根据美军统计，越军这些炮击行动给联军造成了不小的损失：2 月 18 日 1:15，越军炮兵对新山一机场发射 81 发 122 毫米火箭弹和 82 毫米迫击炮弹，造成 33 架飞机被炸坏，6 架被摧毁。同一天，越军 6 枚 122 毫米火箭弹命中了 C-130 停机坪，造成人员 1 死 6 伤。2 月 19 日清晨，西贡航空公司候机楼又被一枚火箭弹命中，1 死多伤。连续 2 天，越军不断组织 DKB 单管火箭炮和 82 毫米迫击炮袭击，造成了新山一机场 6 人被炸死，151 人负伤。2 月 24 日，新山一机场再度受到火箭炮袭击，20 发 122 毫米火箭弹和 82 毫米迫击炮弹在机场落下，炸坏了不少基地内的建筑物，造成美军 4 死 21 伤。

在炮击新山一机场的同时，决胜 1 营对霍门县的贝村和新实协村的南越国军第 2 步兵团展开攻击，隆安省 1 营和新平 6 营也对富林县的南越国军别动军第 30 营展开攻击，但都没有成功。2 月 20 日中午，越军又对新实、富寿和展开攻击，双方在富寿和西北 3 千米的潮州（Triều Châu）爆发了牵制攻击阶段中最激烈的战斗。2 月 20 日 12:00—2 月 21 日 14:00，越军连续击退了南越国军别动军第 33 营在飞机、坦克支援下的多次反扑，宣称歼敌多人，打坏 2 辆坦克和装甲运兵车，击落 1 架敌机。然而，越军参战部队少，战斗性质属于牵制，因而这次攻势没有持续多久就偃旗息鼓了。联军方面统计，2 月 17—25 日，越军一共组织了 10 次地面进攻和 57 次游动炮击，联军宣称击毙对方 446 人，自己战死 28 名美军士兵和 82 名南越国军士兵。

至此，越军对西贡地区的总攻击第一阶段宣告结束。在这一阶段战事中，双方都蒙受了很大的损失。联军方面，1968 年 1 月 29 日—2 月 19 日，在南越第 3 军区辖区内，美军战死 453 人，负伤 3625 人；南越国军第 3 军区正规军（野战师团和别动军、海军陆战队、伞兵）损失为战死 471 人，负伤 1290 人；澳大利亚、新西兰和泰国军队战死 20 人，负伤 83 人。总计，联军正规部队战死 944 人，负伤 4998 人，失踪不计。宣称击毙越军 12614 人，俘虏 864 人，缴获 3089 件各种武器。

要是以为联军的损失仅止于此的话，那就大错特错了。上面统计的仅仅是正规军，在南越国军第 3 军区辖地，共有 58000 名保安军、民卫队和 650 个保安、民卫屯哨。1 月 29 日—2 月 19 日，共有 63 个保安、民卫屯哨，严重受损或是被摧毁的不到总数的 10%，22 个被攻破，5 个被无端放弃。第 3 军区的保安军、民卫队战死 221 人，负伤 481 人，失踪 68 人。一般来说，保安/民卫屯是比较脆弱的，特别是 1963—1967 年的战斗中表现得更明显。不过，在越军新春总攻第一阶段对西贡市周围的进攻战斗中，南越国军保安军表现可圈可点，极少在保安屯的防御战斗中有被全灭的战例，唯一一次例外就是后义省的罗门保安屯，被越军完全攻破，37 名保安军和 2 名美军顾问战死。

除了保安军、民卫队，南越野战警察也是越军攻击的主要目标之一。首都特区内共有 16839 名野战警察，共有 87 人在战斗中阵亡，326 人负伤。除了西贡—嘉定—堤岸外，整个南越第 3 军区还有 11500 名野战警察，其中战死 45 人，负伤 139 人。后义省、平阳省和福绥省的各个省警察厅也受到不同程度的破坏。西贡灾情尤为严重，越军严重摧毁了第 5、第 6、第 7 郡的警察局。在基础设施方面，越军攻击的重点是路桥系统。截至 2 月 19 日，越军一共炸毁 9 座桥梁，破坏 5 座，这给西贡周围的交通运转带来了一定的压力。在平民生命财产方面，1 月 29 日—2 月 19 日，西贡市周围（含西贡市内）共有 225810 人无家可归，564 位平民死于战火，2853 位平民负伤，17886 座房屋被毁。

综合上面的统计，1968 年 1 月 29 日—2 月 19 日，联军各种武装力量在第 3 军区辖地内共战死 1297 人，负伤 5944 人，失踪 68 人，总伤亡 7309 人。

越军方面，根据 1969 年 4 月越南中央军委召开的关于 1968 年新春总攻击和总奋起总结会议统计的数字显示，南部东区（第 7 军区和西贡—嘉定—堤岸军区）在总攻击和总奋起第一阶段（1968 年 1 月 30 日—2 月 25 日）共牺牲 9643 人，负伤 7988 人，失踪 858 人，被捕和失去联络 123 人，逃亡 207 人，主动投敌 44 人，合计损失 18863 人（此数字不含乡村游击队、武装工作队和地方干部的损失）。但这个数字是有所缩小的。按照越南南方解放军司令部的统计，1968 年全年南部东区共收容 105355 人次伤兵和病兵，其中伤兵 25660 人次。3 个主力师（第 5、第 7、第 9 步兵师）的伤兵分布是第一阶段 8851 人，第二阶段 5565 人，第三阶段 2923 人。[4] 从上面的统计可以看出，仅越军第 5、第 7、第 9 等 3 个主力师在第一阶段就差不多损失 9000 人，如果加上所有尖刀团营和地方部队，南部东区在第一阶段伤员要大大超出 1 万人。显然，越南中央军委报告给中央政治局的数字并不可靠，也是缩水的。

虽然越军在对西贡的第一阶段总攻击中没能完成上级交付的任务，兵力损失也超过了联军的2倍以上，而且还造成了大量居民伤亡和房屋破坏，但这次战役在政治上对美国打击颇大，这是越军在战争中第一次使用武装力量进攻联军在越南南方的老巢——西贡，等于是往联军的胸腔上捅了一刀。

不过，1968年新春总攻击和总奋起并不局限于西贡，愤怒的烈火在整个越南南方全境燃烧起来。

注释

1. Trung đoàn 2 sư đoàn 9 tập kích một chiến đoàn Mỹ ở lộc Ninh với quân số 2.000 người, đã có 208 thương vong (10,4%) với 144 thương binh và 64 tử vong.

2. Trung đoàn 3 sư đoàn 9 tập kích hai tiểu đoàn bộ binh và một tiểu đoàn pháo binh Mỹ ở Bù Đốp ngày 28 tháng 11 năm 1967, với quân số 3.336 người, đã có 264 thương vong (8%) với 196 thương và 68 tử vong.

3. Trung đoàn 1 sư đoàn 9 tập kích một lữ đoàn Mỹ ở Bù Chiêm, ngày 1 tháng 1 năm 1968, với quân số 2.500 người đã có 325 thương vong (13%) với 226 thương binh và 99 tử vong.

4. Với 3 sư đoàn chủ lực đã có lượng thương binh trong đợt 1 là 8.851, đợt 2 là 5.565, đợt 3 là 2.923.

越南共和国最大的军事训练基地是光中训练中心，图为正在训练中心接受训话的南越国军新兵。

▲ 联军依仗良好的步坦协同突击，给越军造成了很大的压力。

▲ 隆平仓库区一角。

▲ 隆平仓库区库房。

▲ 在美军坦克和 M113 装甲运兵车的反击下，越军第 5 步兵师对边和机场的进攻也以失败告终。

◀ ▲ 被越军火箭炮炸坏在新山一机场的美军战机。

▲ 1969 年 10 月，越南共和国为在新春总攻击中战死的南越国军士兵举行公祭。

▲ 越南共和国总统阮文绍在公祭仪式上发表讲话。

【第六章】
漫延全国的烈火

岘港总攻击

　　1968 年新春总攻击三大目标之一的岘港市是越南南方第二大城市，拥有联军在越南南方的第二大基地环状带（含美军 8 个基地），其中朱莱基地和岘港基地是联军在越南南方北部的重点基地。在朱莱基地周围，联军集结了 3 个师又 1 个旅团的兵力（南越国军第 2 师团，美军陆战 1 师、陆战 3 师，韩国国军海兵第 2 旅团）。对越南共和国来说，岘港战略地位也十分重要，它担负着越南南方北部直通西贡的海空路的连接，是越南南方北部最大的贸易港口，既具有政治价值，也具有很高的经济价值。一旦岘港有失，整个越南南部北方就会失去平衡。为此，越南共和国也很重视对岘港的防御，除了第 1 军区司令部设在岘港市外，他们还在周围集结了 34500 人（含第 2 师团、第 1 师团所属的第 51 步兵团、保安军、民卫队和部分海军陆战队）。相对联军强大的驻防兵力，越南劳动党在岘港市内的党组织却显得比较单薄，截至 1968 年 1 月 29 日，全市共有 250 名党员和 3000 名各行各业的群众，政治力量显然很薄弱，还需要强大的军事进攻作为后盾，这些政治力量才能发挥些许作用，"可能引导岘港市内的人民起义"。

　　根据越南中央军委交付的任务，第 5 军区把广南省和岘港合并，成为广岘①战场。1967年7月，第5军区成立4号战役指挥部，指挥长武守，政委胡义林，任务是总攻击打下岘港，围困美军的岘港和朱莱基地，切断岘港—顺化之间所有重要的交通干线，支援越军对顺化的总攻击和9号公路—溪山战役。

在具体部署上，武守和胡义林使用第575和第577两个炮兵团实施游动炮击，压住岘港机场，削弱联军的制空优势；以第2步兵师夺取岘港市周围的德祥（Duy Xuyên）、赖诺（Gò Nổi）、104号公路、阳通（Dương Thông），切断岘港美军基地和朱莱美军基地的联系；同时动用工兵破坏岘港和顺化之间所有电话线，并实施道路爆破作业，阻止岘港地区的美军沿公路出援顺化；在市内，以第31步兵团、第89特工营、广南省步兵1营、广南省特工25连在岘港市别动队（别名黎废别动队）和市区内党员革命群众组织全民奋起的支援下，夺取市内各个重要目标，特别是要抢占第1军区司令部。

4号战役指挥部计划运用政治力量和军事力量双管齐下，实施总攻击，引导岘港全市人民总奋起，以群众起义为主要方式推翻岘港的南越政权，建立革命政府，然后再组织打敌反扑。总的来说，4号战役指挥部把胜利的主要希望寄托在政治力量上，而不是军事打击。这个战斗决心在敌强我弱的情况下，显得很不切实际。

战前，参加对岘港总攻击的各个部队潜入目标区周围进行了详细的侦察，但他们的侦察行动正好撞上联军的围剿，双方频繁展开战斗，都蒙受了不小的损失。南越国军方面，第1师团51团在1月下旬持续对岘港周围进行扫荡，确保春节岘港的平安。但他们在扫荡中发现，战斗规模已不像往年春节前那么零星了，在部分地区，不仅战斗规模颇大，而且双方死伤还不小。比如在奠班附近的清剿战斗中，南越国军第51步兵团就蒙受了战死40人、失踪6人、负伤140人的损失，战绩仅仅是宣称打死"越共"80人，活捉13人。得知奠班战斗打得如此艰苦，美军也坐不住了。通过严密的直升机搜索，美军发现岘港外围的贤德西面似有越军大部队在集结的信号，这显然是要搞什么大动作。

为了进一步查明越军的战斗准备情况，美军陆战7团1营C连1个班组

---

① 广南—岘港简称，国内经常误译成广沱，这是个常识性的错误。

织了伏击战斗，消灭了越军1个3人侦察小组，击毙2人俘虏1人。那名被俘的越军身负重伤，在送到医院抢救时最终不治而死。临死前，他向陆战队透露自己是R-20营营长阮文林少校①。从他身上搜出的笔记本和一幅标注了陆战7团1营营部10号高地的地图来看，阮文林显然在执行一项侦察任务，目的是查明陆战7团1营防线的薄弱环节。

前线部队的报告，引起了美国海军陆战队第3两栖军的警觉。第3两栖军情报部门的电子技术侦察部门持续不断地捕捉越军的电台动向，他们报告1月15日越军第5军区前指从广南省西部山区转移到赖诺岛，1月29日美军再次获得情报，称越军第2步兵师也在赖诺岛建立了师指。地面侦察也有不小的斩获。根据驻岘港北部地区的美国海军陆战队第5反情报（侦察）小组的陆战队军士长斯图亚特·N·邓肯的说法，1968年春节前几天，他击毙了一名试图隐蔽在地道里的"越共"分子。从地道和被击毙的越军身上，他搜出了一些文件。显然，这名越军是个侦察员，他最后的报告里写道："我已经暴露了，任务没法完成。"从其他缴获的文件来看，这名越军来此的目的就是侦察岘港地区。他的笔记本里记载着岘港的军事设施、各个目标的距离、武器配置和其他对越军进攻部队有价值的情报等。

其他情报来源也表明越军似乎要有大的动作。南越国军第51步兵团在岘港南部地区的清剿作战中也发现了不少越军要进攻的征兆。1月29日，一名南越村长找到驻先沙兵营的美国海军支援行动军官，告诉他大约300名越军会在当晚袭击马尔布勒（Marble）山的无线电发射站。同一天，陆战1师也通知第3两栖军，称"据可靠消息"，越军正在岘港南面集结兵力准备发动进攻。最后，根据陆战队情报官的判断，另一个极为可靠的消息指出："第5军区的全面进攻将在1:00打响，最迟不会超过1月30日2:00。"

美军的判断可以说是百分之百的准确。越南中央军委定下的N日G时最初就是1968年1月30日凌晨0:00—2:00，但临时决定推迟24小时。遗憾的是，越军第5军区和西原军区没有及时收到通知，提前24小时打响了总攻击。

---

① R-20就是广南省1营的代号，而且阮文林也不是当时的营长，营长叫莱南阳，他乱报军衔和职务显然是为了蒙骗美军。

1968 年 1 月 29 日傍晚，岘港到处都能嗅到大战将至的气息。驻岘港的陆战 1 师已经做好战斗准备。当天，陆战 1 师派出 11 支巡逻队，沿着越军可能扑进岘港的道路进行侦察搜索。16:00，其中一支巡逻队报告在距岘港西南大约 20 千米的安和附近守本河曲发现大约 75 名戴盔形帽的越军战士，部分携带迫击炮。接到报告，陆战 11 团对目标实施炮击，但没有结果。50 分钟后，美军又一个侦察小组报告，"马鞍袋"东北大约 2000 米发现 50 多名越军正往东运动。美军炮兵马上对这个新目标实施新一轮齐射，引发了次级爆炸。19:20，在同一地区，另一支巡逻队再次发现大约 200 名越军，部分扛着 40 毫米火箭筒。美军炮兵接到报告，进行了第三次齐射。在空中观察机的校正下，美军炮兵群进行了效力射。与此同时，美军 3 架固定翼飞机和 4 架武装直升机也扑了过来，轰炸和扫射越军队形。不过，很快降临的夜幕使美军侦察兵没法查明空炮火力打击造成的越军损失。

1 月 30 日凌晨 2:00，越军 4 号战役指挥部一声令下，第 575 和第 577 炮兵团同时对岘港机场、诺曼机场和岘港市区内各个预定目标进行猛烈炮击。

在岘港北部的海云岭，美国海军陆战队第 1 轻型防空导弹营（装备霍克地对空导弹）先后遭到 82 毫米迫击炮和 122 毫米火箭弹袭击，炸坏了 1 个导弹发射架，炸伤 3 名陆战队员。与此同时，陆战 1 师的师属炮兵——陆战 11 团炮兵阵地也落下了 15 枚 122 毫米火箭弹，美军炮兵 2 人负伤，一些设备受损。

岘港红滩附近的陆战队后勤指挥部在越军的炮击下也没能幸免。大约 2:00，4 发 122 毫米火箭弹在陆战队后勤指挥部周围落下，其中 1 发就落在暂时驻扎在附近的美国陆军第 1 骑兵师的直升机群中，炸坏了 4 架直升机，但没有任何陆军或陆战队人员伤亡。

3:00，越军第 575 和第 577 炮兵团再次实施炮击。这一次，在马尔布勒山的美军直升机站也没有逃过越军的打击。3:30，16 枚迫击炮弹在马尔布勒山的美国海军陆战队第 16 航空大队停机坪落下。在此期间，岘港机场周围也落下了 65 枚 122 毫米火箭弹，造成美军 5 架飞机、9 套地面设备、2 辆车和 1 个仓库被摧毁，14 架飞机、6 套地面设备、5 处建筑物以及 2 辆车受损，人员 3 死 11 伤。

在密集的炮声中，越军各路进攻部队打响了对岘港的总攻击。在岘港北面，越军第 31 步兵团试图越过海云岭，切断 1 号国家高速公路，但没有成功。在奠班，越军第 74 步兵营进攻了南越国军第 15 民卫排和保安军第 708 连。他们在短促的炮火支援下，一度冲进了奠班支区，激战两个半小时，但没能拿下支区，反而被民卫队和保安军联合逐退。战斗结果，南越方面战死 1 位民卫队员，10 人负伤；宣称击毙越军 8 人，俘虏 1 人。

真正的战斗主要集中在岘港市区。在城北，岘港市工人自卫队和黎度别动队以及第 31 步兵团展开了攻击。可是，他们的行动正在美军意料之中，迎接他们的是严阵以待的陆战 1 师。

午夜刚过，在连通岘港市和先沙半岛的第 1 军区大桥附近，美国海军陆战队第 1 宪兵营的哨兵们发现了 2 名游泳靠近的越军水下特工。他们立即开火，当场击毙越军水下特工一人，另一人向陆战队投降。大约 1:00，陆战 7 团 2 营 G 连 1 个排在 1 号国家高速公路大桥（横跨岘港北面的古德河）附近站岗时发现另两名越军乘坐一个木筏靠近。陆战队再次开火射击，打死了这两名越军并挫败了他们的爆破企图。两个半小时后，岘港大桥另一侧，美军宪兵发现 2 名游泳过来的越军士兵，几个舢板也正朝岸边扑过来。美军宪兵马上开火射击，击毙了 1 名游泳的越军士兵，抓俘另一人，并驱散了扑过来的舢板。在海云岭方向，试图穿插打美军霍克导弹连的越军第 31 步兵团也没有得手。

在城南，越军第 89 特工营也对南越国军第 51 步兵团团部周围展开攻击，他们一度拿下了杜桥以及琴黎河南岸的部分南越国军哨所，但他们没能坚持多久就被南越国军第 51 步兵团的反击给赶了出去。在袭击岘港的各个特工／别动部队（第 89 特工营、第 25 特工连和黎度别动队）中，表现最好的当属广南省特工 25 连。

大约 2:30，广南省特工 25 连 2 排 17 名指战员悄悄抵近美军陆战工兵 7 营和陆战通信 7 营防线结合部的铁丝网，用爆破筒炸开口子，突入陆战通信 7 营阵地，冲到通信支援连生活区，猛砸手榴弹，并安放炸药包，导致陆战队 2 人负伤。不一会儿，陆战队工兵和通信兵从错愕中惊醒过来，组织起顽强还击，宣称击毙越军特工 4 人。眼看没有得手，广南省特工 25 连 2 排在迫击炮火力掩护下，撤出了陆战通信 7 营阵地（这顿掩护炮火倒是炸死炸伤陆战队各 2 人）。

陆战通信 7 营遇袭半小时后，广南省特工 25 连 1 排又奇袭了美军陆战 1

师的 2 号分区作战中心和 200 高地通信站（这里距陆战 1 师主要指挥所不到 1000 米）。特工 25 连 1 排使用爆破筒娴熟地在铁丝网障碍带炸开口子，然后一鼓作气冲了进去。接着，他们用冲锋枪、炸药包和火箭筒集中攻击通信站，导致陆战队员 4 死 7 伤，特工们还炸毁了站内的通信掩体和里面的通信设备，令陆战 1 师的战术通信网一度失灵，直到 4:00 才恢复。

在当晚对岘港总攻击的各次战斗中，其高潮莫过于广南省 1 营勇敢奇袭第 1 军区司令部的战斗，这场战斗虽然失败了，但却是越军英勇奋战的缩影。

广南省 1 营是越军广南省军事指挥部的头号劲旅，编制内大部分指战员都是广南省子弟兵，长期在岘港附近的赖诺岛活动和战斗，熟悉地形，训练有素。自组建成军开始，广南省 1 营就始终奋战在第一线，屡经战火考验，实战经验丰富，完成了不少艰巨的任务，受到广南省军事指挥部乃至第 5 军区的高度评价。由于广南省 1 营素质高，战斗力强，4 号战役指挥部特地把岘港总攻击最重要的目标——拿下南越国军第 1 军区司令部这个重任交给了广南省 1 营。

出师前，广南省 1 营齐装满编，下辖第 1、第 2、第 3 等 3 个步兵连和 1 个火力连（4 连），全营指战员合计 400 人，其中党员 120 人，团员 280 人，是政治可靠的部队。营长莱南阳（Lại Nam Dương），营政委黄青松（Hoàng Thanh Tùng），副营长阮文丹（Nguyễn Văn Đán），营参谋长阮文治。武器编制是清一色的 AK-47 冲锋枪和 CKC 半自动步枪，以及 2 门 82 毫米怕击炮、8 挺德什卡高射机枪、2 门 57 毫米无后坐力炮、12 具 B40 和 B41 火箭筒。

1968 年 1 月 30 日凌晨，广南省 1 营潜入岘港市内，试图渡过琴黎河，直插南越国军第 1 军区司令部，但美军在沿河 4 座大桥都部署了岗哨，加上南越国军别动部队在琴黎河沿岸严阵以待，烧毁了所有的船只，给广南省 1 营渡河带来了很大的困难，只有由连长杨文珍（Dương Văn Chín）指挥的 1 连 1 排和由排长陈文勇（Trần Văn Dũng）、副排长黄福东（Huỳnh Phước Đông）指挥的第三区的和汪（Hòa Vang）乡地方部队 1 个排共 57 名指战员，携带着武器装备，隐蔽渡过了琴黎河，从东面扑向南越国军第 1 军区司令部。

未能过江的广南省 1 营主力在营长莱南阳带领下，改变目标，转而占领昆头村（Côn Dầu），架起迫击炮支援 1 连 1 排与和汪乡地方部队 1 个排的进攻。

对第 1 军区进攻战斗的描述，越美双方有不小的出入。越军记载，广南省1营1连1排在陈文珍率领下，汪乡地方部队1个排在陈文勇、黄福东率领下，先是炸开了南越国军第1军区司令部大门，随后57名指战员顺势冲进司令部大院。在歼灭了部分哨兵后，越军占领大院一角，依托周围建筑物组织火力，封锁了对街的成山路（Núi Thành）和维宾路（Duy Tân）十字路口，等待天明后营主力跟进（遗憾的是，广南省1营无法渡河，冲进第1军区的57名勇士只能孤军奋战）。天亮后的情况，越军记载："2个别动营和1个步兵营在4辆坦克、至少10架直升机支援下猛扑过来，同志们依托楼房窗户、墙角、拐弯处、顶楼沉着射击，顽强战斗，击毙敌数百人，但因敌众我寡，大部分同志打光了最后一发子弹并壮烈牺牲，没有一名同志被俘或投敌，只有极少数同志趁隙突围出来，在市区内藏匿几天后，得到群众的帮助，辗转返回根据地。"美军方面记载："3:30，也就是越军特工对陆战1师师部突击1小时后，他们又对黄春林中将的南越国军第1军区司令部发动进攻。在夜幕掩护下，广南省1营和V-25营渡过桥杜河，突入和汪村。在81毫米和82毫米迫击炮火力掩护下，越共以大约1个加强连的兵力冲进了岘港市内的第1军区司令部大院（刚好紧靠岘港主要空军基地防线北面）。他们从南面和东面两个方向突击了第1军区司令部大院。南面，大约12名越共冲过外围铁丝网，他们搭起梯子翻过大院围墙进了第1军区司令部大院。一名站岗的南越国军哨兵在升旗台附近和越共激烈交火。"

接着，南越国军4辆装甲运兵车在1个侦察班配合下冲过来试图包夹越共。警备部队击退了从东面试图搭梯子翻进第1军区大院的越共分队。时任南越国军第1军区代理参谋长的阮德幸上校回忆说当天傍晚就收到南越国军联合参谋本部的急电，警告第1军区的越军可能会"加强活动力度"。接到通报，南越国军第1军区司令黄春林中将马上命令所属部队做好战斗准备，阮德幸上校也从第1军区总部大楼回到500米外的家中（也在军区大院内）休息。大约3:30，他被枪声惊醒。通过卧室的窗户，他看到曳光弹道在夜空中交织。他马上给黄春林中将打电话，报告第1军区司令部正遭到敌人攻击。可接到电话的黄春林第一反应却是怀疑，并在电话中大喊："胡扯！胡扯！"但黄春林还是马上穿衣服，从家里出去，急如星火地返回第1军区司令部。

军区大院内的战斗一直持续到天亮。突破了外围防线，冲进大院的越共用B40火箭筒朝第1军区司令部大楼发射火箭弹，接着就进行顽强的迟滞战斗，等待援军到来。遗憾的是，这些援军始终未至。负责增援他们的越共部队被堵在和汪村，与南越国军保安军和民卫队（得到陆战队E-3一个混编连的增援）展开激烈战斗，没法冲过去。尽管如此，和汪村的越共炮兵仍然对第1军区战术指挥中心进行断断续续的迫击炮射击。4:45，黄春林中将命令南越国军第4装甲骑兵支团、别动军1个营和南越野战警察一个分队增援和汪村的南越民卫队和保安军，以及第1军区大院的警备部队。

与此同时，美军第3两栖军也紧急增派援军。希尔中校的第1宪兵营直接在第3两栖军指挥下，负责岘港空军基地的接近地、连通先沙半岛和主要空军基地的2座大桥以及先沙半岛海军医院的警备任务。希尔中校回忆说他在1月30日凌晨3:45接到第3两栖军G-3的托马斯·L·兰代尔上校的电话，兰代尔上校要求他派3个排去第1军区司令部南部组织防御阵地，同时以1个连的兵力在先沙半岛，另外3个排保卫主要空军基地。希尔表示反对，他说自己没有多余的3个排。他和兰代尔协商后同意从第1宪兵营抽调1个预备队暂编快速反应排，在约翰·E·曼宁上尉率领下，于4:15从空军基地出发，大约5:15赶到指定阵地。

大约半小时后，南越国军第1师团得知冲进第1军区司令部大院的越共分队已经带着死伤人员撤了出来。这次战斗，一共持续了大约3个小时，守备第1军区司令部的南越国军将士伤亡是3死7伤，2辆装甲（运兵）车被打坏。

在第1军区司令部南面，也就是和汪村附近，战斗仍在继续。越共的迫击炮和无后坐力炮继续从和汪村轰击第1军区司令部大院。拂晓，黄春林中将赶到了司令部。在迅速评估形势后，第1军区司令黄春林中将转向驻第1军区战术指挥中心的美军高级顾问、陆军少校米兰托尼。根据华盛顿邮报记者顿·奥贝尔多尔菲尔德的记载，黄春林在司令部地图上把越军的迫击炮和无后坐力炮阵地位置指给米兰托尼看，并向米兰托尼请求到："米兰托尼，炸这里。用重磅炸弹。"米兰托尼少校抗议说，指定轰炸区离第1军区司令部大院太近，有误炸的危险。可黄春林中将还是坚持己见。无奈之下，米兰托尼少校只得把这个请求转达给空中支援中心。在空中支援中心值勤的美国空军军官也表示反对："太近了，没法给轰炸让出（安全）空间。"米兰托尼少校说："这是林将军要求的。"

不久，陆战队固定翼飞机和武装直升机扑了过来，对和汪村的越共进行猛烈攻击。这次空袭几乎完全瓦解了对方的抵抗。在南越国军解围部队和陆战队第1宪兵营快速反应排的攻击下，越共退出了小村。在这次战斗中，南越国军和美军清点到25具尸体。

在追击战斗中，美军又宣称击毙对方近100人。联军一共战死9人，数人负伤，包括2名陆战队员战死（含曼宁中尉），陆战队第1宪兵营6人负伤。

尽管进攻岘港市区的各个部队英勇奋战，但兵力不足，没能攻克市区内的重要目标，尽管政治和军事双管齐下，但掀起岘港市民总奋起从而推翻伪政权的战役目的依旧未能实现。与此同时，第5军区主力——担负对岘港市区南部实施第二波主攻任务的第2步兵师由于到位延迟，在市区总攻打响时仍未能完成兵力集结。第2步兵师师长阮真大校判断，在目前总攻打响第2步兵师仍未完成兵力集结的情况下，进攻已失去突然性，而且敌人正向岘港市区和周围集结重兵，并用炮火和航空火力封锁进入岘港的各条通道，因此贸然攻击只是陡增伤亡。阮真大校决定取消进攻，命令第2步兵师后撤。

岘港市区战斗激烈打响的同时，广南省2营和3营也对会安县展开攻击，一度占领了南越国军第102工兵营驻地和县城里大部分军政要地。1月30日，在对方持续不断的反攻下，广南省2营和3营只得撤出会安县。

岘港总攻击以完败告终。和对西贡的总攻击不同的是，岘港总攻击既没有实现政治效应，也没有给联军有生力量有力打击（西贡总攻击好歹还歼灭了联军不少有生力量，双方交换比尚可接受），甚至没有哪怕一次的具有轰动效应的胜利。越南中央军委在总结岘港之战失败的教训时，认为对诸如岘港这样联军守备兵力强大，周围又有联军基地群作为依托的大城市，断不应该把胜利希望寄托在市区内薄弱的政治力量上，企图以严重不足的兵力和火力展开攻击，掀起市内政治力量，组织动员人民奋起，这不仅是不切实际，还是盲目的左倾冒险主义行为。正因如此，岘港总攻击才以完败告终。这个现象不是第5军区所独有，而是1968年新春总攻击和总奋起整个越南南方的各个军区乃至南方中央局、越南南方解放军军委和司令部所共有的，过高估计总奋起的可能性，过低估计了联军的战斗力和反击力度，导致这次总攻击和总奋起其中一个大目标——夺取各个重要大城市没能实现（也不可能实现）。1968年2月5日，时任越南中央军委书记、国防部长的武元甲大将在给第5军区致电总结岘港进攻失败的教训时，强调："作为第一阶段南方总攻击主要目标之一的岘港是南方第二大城市，不仅伪军重兵布防，而且还依托周围的美军环状基地群在战时做快速增援，在这种情况下，将解放城市的重点放在政治力量上而忽视兵力投入是导致失败的根本原因。"武元甲大将的话可谓一语中的，道破了岘港总攻击失败的根本原因。

第5军区其他各省也都没能及时收到推迟进攻的通知，结果大家都提前在1月30日发动了总攻击。

在中部沿海的庆和省，由于地处偏远、交通不便，给越军的兵力和物资集结带来了很大的困难。为了进行1968年新春总攻击和总奋起，庆和省军事指挥部除了动用新组建的第20步兵团外，还有4个特工连、4个步兵连和1个工兵连。省指挥部定下的总攻击和总奋起的主要目标是庆和省会芽庄市。

进攻伊始，越军先是对芽庄的南越国军海军训练中心进行炮火急袭，接着第20步兵团直扑芽庄市广播电台、庆和小区、省政府大楼和南越国军第5联勤司令部，以及南越国军第651通信营驻地。利用除夕夜的混乱，各个参战部队伪装成欢庆新春的民众，隐蔽地扑向目标，达成了进攻突然性。在混乱中，南越国军把庆贺新春的鞭炮声和越军对伪海军训练中心的炮击混淆了，一时间区分不清越军和普通民众，没能在第一时间反应过来。趁着对方的错愕，越军仅用10分钟就冲进了庆和省政府大楼、第5联勤司令部、庆和小区和第651通信营驻地。然而，芽庄市警备司令部却没能在第一时间攻克，给了对方喘息之机，南越国军芽庄警备司令段文光少将立即拼凑市区的军警向越军展开激烈反扑，双方在第5联勤司令部和寨水（Trại Thuỷ）山的争夺战尤为激烈。

在南越国军第5联勤司令部，越军7名特工战士在力量对比悬殊的情况下，顽强战斗一连击退了对方9次冲击，打坏2辆M113装甲运兵车后，全部战死在司令部里。在寨水山，越军第20步兵团和南越国军连续展开3天的争夺战，虽然击退了对方多次冲击，但兵力差距太大，最终坚持到1968年2月5日，在对方的压力下，越军全面撤离了芽庄市。

不过，第5军区可不只是岘港和芽庄爆发了战火，越南南方英雄省份、老区平定省同样打得惊心动魄，气壮山河。

作为第 5 军区资格最老、战绩最丰硕的省份，平定省一直在第 5 军区中占有重要地位。这里既是越军第 3 "金星" 步兵师的休养生息之地，也是自抗法以来的革命老区，更是 1964—1965 年度冬春季战略攻势第一战——安老大捷所在的省份。为了打好 1968 年新春总攻击和总奋起，平定省军事指挥部特地把目标选定为省会归仁市和富美县，第 5 军区副司令员阮政少将亲自下到平定省，出任平定省战役司令部指挥长。他决定以特工 407 营（下辖特工 D10、第 30 和第 117 连，以及水上特工第 598 连）、平定省 50 营、归仁市别动队一起分兵三路，承担起对归仁市区总攻击的重任。第 5 军区所属的第 3 步兵师（金星师）负责解放富美县并歼灭南越第 2 军区所属的第 22 师团 41 团，引导民众奋起推翻伪政权，在归仁市和富美县建立革命政权。第 5 军区直属的第 405 特工营任务是进攻德山仓库。各县地方部队和乡村游击队也要积极配合归仁和富美的总攻击，切断 1 号高速公路，深入县乡发动民众奋起，广泛建立革命政权扩大解放区。

除夕前夜，总攻击和总奋起的气氛日益浓厚，N 日 G 时原本定在 1968 年 1 月 30 日凌晨 0:00—2:00，后来总部临时推迟了时间，但该通知没有传到平定省战役指挥部，阮政少将按原定时间下令各个部队打响总攻击。

1 月 29 日夜，越军第 3 "金星" 步兵师所属的第 2 步兵团在富美县郊外的平治乡展开兵力，直接对富美县发起攻击。令 2 团没有想到的是，南越国军第 41 步兵团早有准备，他们的进攻不仅没能拿下富美县，反而在对方的反击下蒙受了巨大损失，冲得最远的第 2 步兵团 2 营几乎全军覆灭。1 月 30 日清晨，越军第 2 步兵团被迫退回平治乡，转入打敌反扑的艰苦战斗中。

相对富美县的进攻失利，越军第 3 步兵师 12 团对安仁军事支区的进攻却取得了成功，他们占领安仁军事支区 2 天之久。在他们的掩护下，地方部队袭击了归仁市北面的治奈水库，炸毁了治奈水电站，部分引开了归仁市南越国军的注意力。与此同时，在富安省北面活动的越军第 10 步兵团也切断了古蒙（Cù Mông）隘口，从南面威胁了归仁市。南北两面的呼应，给越军平定省第 50 步兵营和特工 407 营总攻归仁市创造了有利的条件。

但出人意料的是，归仁总攻前越军出了意外。按照计划，越军特工 407

营和平定省 50 营对归仁市区总攻的同时，市委也领导归仁市各区民众和工人进行总罢工和游行，里应外合，夺取归仁市。然而，战前却发生了意外，归仁市委书记阮框（Nguyễn Khuông）被捕，导致里应外合的战役计划流产。在危急关头，平定省委召开紧急会议，决定让平定省军事指挥部副指挥苏定（Tô Đinh）统一指挥对归仁市区的总攻击。

在苏定的命令下，平定省 50 营和特工 407 营在归仁市郊的归平乡雄盛村（Hưng Thạnh）隐蔽展开兵力，完成了战前集结和准备。接着，平定省 50 营和特工 407 营为了隐蔽接近市区，达成进攻突然性，开始从雄盛村往归仁市内各个预定进攻目标挖屯兵洞和秘密地道，准备在 N 日 G 时到来时隐蔽机动到目标附近，缩短冲击距离，在总攻击发起后迅速攻克各个目标。

1968 年 1 月 30 日 2:00，N 日 G 时一到，特工 407 营在营长吴文迈（Ngô Văn Mười）的指挥下，以迅猛的动作，从秘密地道里冲出来，拿下了归仁市广播电台，接着又攻下平定小区，以及监狱区，解救了包括刚刚被捕的归仁市委书记阮框在内的 22 名干部和革命群众。与此同时，平定省 50 营也冲进了归仁市区，打下了归仁市公交总站和市警察局，全歼南越野战警察一个支队（排级规模）。在这次战斗中，平定省 50 营的阮文世表现出色，他不顾横飞的弹雨，迎着火力冲进电梯直上警察局顶楼，然后从上往下进攻，协助正面冲击的营主力歼灭了顽抗的警察，攻下警察局。在此期间，特工 407 营所属的水上特工第598 连 7 名别动战士在阮东带领下，乘坐 2 艘机动艇沿着治奈湖直插归仁市区。

驶到治奈湖心时，他们和南越的警察巡逻艇遭遇，双方展开激烈交火，7名别动战士宣称打坏了对方 2 艘巡逻艇，但也牺牲了 3 名别动战士。为了防止再和对方巡逻艇遭遇，阮东决定和其他 3 名别动战士一起，弃艇跳入水中，游向岸边奔袭各个指定目标。可当他上岸后，却和另外 3 位别动战士失散，只得取消任务撤回根据地。

在平定省 50 营和特工 407 营对归仁市发动总攻击的同时，特工 405 营袭击了德山仓库区，他们用 B41 火箭筒、75 毫米无后坐力炮、DKB 火箭炮和 82毫米迫击炮轰击，摧毁了德山仓库区许多储备着弹药和军需品的库房。平定省52 营也对西定县和福山的新西兰军驻地展开袭击。D40 特工连还袭击了隶德市和泰梁县，有力配合了主力部队在归仁的战斗。

按照南越国军的统计，平定省50营和特工407营的一夜袭击，导致市区内军警战死7人，负伤27人，失踪1人，损失1挺轻机枪和16支自动步枪；宣称仅击毙越军10人，俘获6人。

1月30日清晨，南越国军调来1个营企图在归仁市内机降，对越军实施反扑。但他们的进攻被顽强抵抗的平定省50营和特工407营给顶了回去。战至夜间，平定省50营的弹药所剩无几，且人员伤亡很大，战役指挥部只得忍痛命令50营留下20名干部战士，收缩在市警察局外，全营放弃市内所有目标。

第二天，也就是1月31日，经南越国军请求，驻扎在附近的韩国国军首都师团（别号"猛虎师团"）师团长郑淳珉准将命令第1步兵联队1中队在中队长金洪汉上尉带领下，投入归仁市区战斗。南越国军和韩国国军经协商后决定：南越方面负责夺回市警察局，金洪汉上尉的韩军第1步兵联队1中队负责夺回归仁广播电台。

归仁市警察局留守奋战的平定省50营20名指战员在伤亡了大半兵力后，趁夜悄悄撤退，但特工407营没能撤下来。越军战史记载，英雄的特工407营被韩国国军团团包围在归仁市广播电台。1月31日—2月7日，在进行了极为英勇的抵抗后，除了少数特工战士趁隙突围出来，大部分特工指战员牺牲。或许是觉得被俘耻辱，获得解救的归仁市市委书记阮框也没有离开归仁市广播电台，而是同特工407营一起奋战到最后，也倒在了血泊中。按照韩国国防部出版的《派越韩国军战史第四卷》"首都师团1968年2月暗行御史防御战"一节记载，参战的韩军第1步兵联队1中队伤亡仅1死1伤，宣称击毙越军特工75人，俘获11人。

除了对省会展开总攻击外，第5军区各省的地方部队、乡村游击队也积极参加总攻击，袭击交通线，拔除南越国军保安军、民卫队的屯哨以及野战警察和宪兵的检查站，甚至组织女炮兵部队对联军基地进行游动炮击，有力配合了主力部队大量歼敌。不过，第5军区在1968年新春总攻击和总奋起第一阶段所付出的代价也十分惨痛：3756人牺牲，4089人负伤，146人失踪，122人被捕和失去联络，595人逃亡。

西原军区

在西原诸省，越军西原军区定下的 1968 年新春总攻和总奋起的主要目标是嘉莱省省会波莱古和崑嵩省省会昆嵩市。在西原，美军驻有 2 个师的兵力，其中第 1 骑兵师师部设在安溪，第 4 步兵师师部设在波莱古。为了贯彻越南中央军委关于 1968 年新春总攻击和总奋起在西原地区要首先解放一二个省，依托有利地形大量歼灭美伪军的指示，西原军区拟集中兵力解放嘉莱省，再向整个西原地区扩大解放区，而要实现这个战役意图就必须向联军在西原的老巢——波莱古、昆嵩和邦美蜀发动总攻击。

和第 5 军区一样，西原军区也没有及时接到总攻击推迟 24 小时的通知，结果他们也在 1 月 30 日清晨发动了总攻击。在波莱古，越军于 1 月 30 日凌晨 0:55 兵分数路，同时冲进波莱古市区，以别动队袭击了波莱古监狱，解救了 2000 多名被俘的越军指战员和革命群众。为了支援对市区的总攻击，西原军区直属的特工第 408 营袭击了波莱古机场，宣称击毁 15 架直升机。第 95A 步兵团也在 19 号公路设伏，声称全歼了南越国军一支补给运输车队。然而，联军反扑力量强大，越军准备不足，兵力单薄，在没有打下任何值得一提的战略目标的情况下，为了避免在市区内陷入被围孤立的不利态势，西原军区在战斗发起不到 24 个小时就下令部队撤离了波莱古。

昆嵩市的情况也和波莱古市大同小异，参加进攻的越军第 304 步兵营和特工 406 营也在经历了不到 24 小时的战斗后，被对方赶出了市区。

事不过三，越军对多乐省会邦美蜀的进攻终于取得了不小的胜利。虽然这里是西原的东南梢，离南北两越的边界较远，不利于越军集结重兵，可也麻痹了南越国军第 2 军区，使他们疏忽了对多乐省邦美蜀的防务。在联军的布防态势上，由于嘉莱省和昆嵩省紧靠老挝和北越边界，周围有重要的 19 号公路和 7 号公路通过，同时也是长山公路许多军事干线经过的重点省份，因此联军很重视嘉莱省和昆嵩省防务，波莱古和昆嵩市自然也是联军防御中的头等重镇。而地处西原南部纵深的邦美蜀却因地势狭窄，没法展开大兵力，给越军的奇袭提供了有利的战机。1959—1968 年差不多 10 年的时间里，越军在多乐省的活动比较消极，在邦美蜀更是几无踪迹，这就给联军造成了一个错觉，认为邦美蜀是南越国军第 2 军区的后方安全区，因此驻军很少，战备程度不高。此外，邦美蜀周围公路比较少，一旦遭到越军进攻，南越国军很难在第一时间内迅速调集大军回援。南越国军兵力不足，美军也够呛。当时，在西原的美军共有 2 个师——骑兵 1 师和第 4 步兵师，分别驻扎在嘉莱省和昆嵩省。在多乐省，美军仅有远征军司令部直辖的一个顾问团和部分地勤技术人员，以及一个直升机连，总兵力还不到 400 人。

1968 年春节前夕，由于西原军区刻意加强了在多乐省山区乡村的袭击活动，迫使南越国军不断从邦美蜀市区抽调兵力前去应付，造成了邦美蜀市守备力量的空虚。到 1968 年 1 月 30 日，邦美蜀市内留驻的南越国军部队为第 413 心理战连、第 23 侦察连、第 514 运输连、保安军第 702 连和别动军第 23 连、南越国军第 23 师团所属的第 45 步兵团 1 个营和第 8 装甲骑兵支团，满员率仅 30%。

1968 年 1 月 29 日 0:40，越军先以多乐省 301 营、401 营和多乐省特工 3 营对邦美蜀市打响了总攻击。进攻前，越军先用 82 毫米迫击炮和 75 毫米无后坐力炮轰击邦美蜀郊外的和平机场、南越国军第 23 师团指挥所和第 45 步兵团指挥所。在隆隆的炮声中，多乐省 301 营和 401 营从南越国军第 231 和第 232 炮兵营阵地达成突破，冲进了邦美蜀市，很快拿下了市财政局。与此同时，新组建的多乐省特工 3 营也扑向南越国军第 8 装甲骑兵中队兵营，意在吸引装甲兵的注意力，掩护市区的主攻。然而，他们向目标运动的过程中遭到对方猛烈的火力拦阻，只有 3 连成功冲到第 8 装甲骑兵中队兵营大门口，扛起 75 毫米无后坐力炮和 B41 火箭筒，堵截开出兵营的南越国军第 8 装甲骑兵中队的 M113 装甲运兵车群。

初战取得成功后，曾在 1965 年 11 月的德浪河谷地战斗中立下卓越战功的越军第 33 步兵团也冲了上来，对南越国军第 23 师团指挥所、多乐小区、多乐省长厅展开攻击。虽然他们拿下了多乐省长厅和多乐小区，却打不动南越国军第 23 师团指挥所。

从 1 月 30 日中午开始，联军陆续调兵回援邦美蜀。最初赶来的是驻郊区的南越国军第 23 师团所属的第 45 步兵团。但第 45 步兵团的兵力不足，没法把越军 6 个营赶走。2 月 1—2 日，南越国军别动军第 23 营和美军第 503 伞兵团 1 营从波莱古赶了过来，双方的兵力对比和形势发生了逆转。尽管越军第

33步兵团及多乐省301营、401营和多乐省特工3营继续在市区内顽强打了4天，但终究不敌联军强大攻势，被驱离了城市。

邦美蜀之战是西原军区在1968年新春总攻击和总奋起第一阶段唯一相对成功的战例。按照南越国军的统计，他们在邦美蜀6天的战斗中共战死148人，负伤300多人，是南越国军在西原各城市战斗中损失最大的一次。

虽然西原军区对辖地内各大城市的进攻都失败了，但他们本身部队就少，参加战斗的兵力不多，1968年1月30日—2月25日总计牺牲927人，负伤2098人，失踪175人，被捕和失去联络92人，总损失3292人。

第6军区的总攻击

第6军区辖地主要是中部南区和沿海平原部分省份。在接到越南中央军委下达的参加1968年新春总攻击和总奋起命令时，第6军区各个部队正在反击联军的围剿，因此战斗准备十分仓促。根据军区司令员阮明洲少将的决定，军区主力部队要集中对平顺省省会藩切市和林同省省会大叻市展开总攻击。

在平顺省方向上，第6军区计划兵分三路展开攻击：

第一路由第840步兵营和特工481营3连担任主要突击任务，负责从东面攻入藩切市区，拿下平顺小区、平顺省法院、平顺省保安团司令部及其周围基地。这一路进攻部队由第6军区副司令员范轲（Phạm Kha）、军区副政委潘文辉指挥。

第二路由第482步兵营（欠3连）、特工481营2连、1个侦察连、平顺省学生敢死连、一个政工干部团组成，平顺省副队长范怀章和藩切市市委书记阮文博负责指挥，任务是从北面沿着8号公路对郑翔（Trịnh Tường）特区展开攻击，然后再向平兰特区（光中农场）和丁贡庄农场发展进攻，消灭守军，占领这两个农场，继而往平顺小区发展进攻。

第三路由特工第481营1连、第482步兵营3连、藩切市第480步兵连、第6军区直辖的第30火力连组成，任务是拿下埃斯佩克（Esepic）兵营、Y字桥、周城军事支区，以及美军在宁顺省的分区司令部，并与第一、第二路进攻部队相互配合，共同拿下嘎思河右岸，引导藩切市人民奋起，更迭政权。

然而，平顺省军事指挥部的组织协调出现了很大的漏洞，导致三路进攻部队只有第二路按时对藩切市展开攻击。在侦察连的配合下，越军第 482 步兵营（欠 3 连）和第 481 特工营 2 连对藩切市郑翔（Trịnh Tường）特区展开攻击，他们的对手是南越国军第 23 炮兵营 1 个排、第 44 步兵团留守部队和宁顺小区直属的保安军第 208、第 954 连。经过一天血战，越军攻下半个特区，宣称重创保安军第 208、第 954 连，连续击退对方 6 次反扑。战至 1968 年 2 月 1 日 16:00，南越国军在连续反扑都没有得手的情况下，呼叫航空兵出动 20 架次轮番攻击，重创了越军第 482 步兵营和特工第 481 营。在损耗很大的情况下，越军 2 个营暂退藩切市郊区，进行紧急兵力补充后于 1968 年 2 月 2 日再次组织对郑翔特区的攻击，但始终没能克敌，还蒙受了约 400 名指战员伤亡的损失，范怀章（Phạm Hoài Chương）只得下令停止进攻，除了留下部分兵力继续包围郑翔特区外，第 482 步兵营和特工第 481 营 2 连主力转向丁公庄农场。

第二路进攻部队刚刚退下来，第一路进攻部队却冲了上去，让联军有了各个击破的机会。1968 年 2 月 2 日 24:00，范轲率的越军第 840 步兵营和特工第 481 营 3 连姗姗来迟。他们从藩切市东面突入，首先击退了赶来救援的南越国军第 23 师团所属的第 44 步兵团、第 8 步兵团 4 连自永豪的反扑，然后直接对市内的平顺省保安团驻地展开攻击。或许是冲劲十足，他们仅用不到 4 个小时的时间就拿下了平顺省保安团驻地 2/3 的地盘，并攻下藩切市警察局、藩切市军人俱乐部，继而冲进平顺小区。眼看刚刚击退一股越军，又一股越军冲了上来，美军出动第 506 伞兵团 3 营，在坦克支援下，该营对平顺小区展开猛烈反扑，将越军第 840 步兵营给赶了出去。

与此同时，第二路进攻的越军并不死心，第 482 步兵营集中兵力对丁公庄农场实施猛烈攻击。这是藩切市郊南越国军一个重要的据点，由于紧靠周城县，故而由周城军事支区负责，守备这个农场的是周城军事支区指挥官阮友治上尉所部。为了攻克这个据点，越军第 482 步兵营组织 75 毫米无后坐力炮、B40 和 B41 火箭筒对农场实施绵密的轰击，摧毁了大量火力点和工事，但守卫该农场的是保安军第 208 连，虽说该部队在前面的战斗中受到了重创，可还保持着强劲的战斗力。在他们极为顽强的抵抗下，越军第 482 步兵营连冲 3 次都失败了。最终，美军第 506 伞兵团 3 营赶来救援，击破了围攻农场的越军第 482 步兵营。连续苦战了 6 个昼夜，越军第二路进攻部队的第 482 步兵营和特工第 481 营 2 连苦无友军支援，遗憾败北。

就在第一路和第二路进攻部队浴血奋战的同时，第三路进攻部队（由第481 特工营 1 连、第 482 步兵营 3 连、藩切市第 480 步兵连、第 6 军区直属第30 武器支援连组成）总算在 2 月 3 日夜，也就是整整迟到了 96 个小时后赶到了战场。但为时已晚，第一路和第二路进攻部队已丧失锐气。联军以逸待劳，集中兵力直扑第三路进攻部队，仅一天时间，第三路进攻部队的 3 个连就因伤亡太大丧失了战斗力。

总的来说，1 月 31 日—2 月 5 日持续 6 昼夜的藩切市巷战中，越军第 6军区参战部队打得英勇顽强，但配合不佳，三路进攻部队只有一路按时发起攻击，给了联军各个击破的机会。对于一直以打游击战为主的第 6 军区各个主力部队来说，藩切之战给他们留下了"深刻"的印象，联军强大的空炮火力和美国陆军第 506 伞兵团 3 营快速机动的能力让他们措手不及。在连番战斗中，第一路进攻部队的第 840 步兵营和特工第 481 营 3 连损失惨重，许多重伤员没有撤下来，被联军俘虏。尽管如此，南越方面记载的藩切市之战却表现出了对越军的尊重。南越方面统计，1 月 31 日—2 月 13 日的藩切之战中，南越国军和美军一共战死 170 人，负伤 650 人，藩切市内 20% 的房屋受到不同程度损坏；宣称击毙越军 800 人，缴获 360 件各类武器。

按照常理，进攻失败后应该休养生息，补充兵力和装备，但越南南方解放军军委和司令部十分着急，第 6 军区休整还不到 2 个星期，就严令其在 2 月17 日再打藩切市，理由是不给敌人喘息之机。这个理由实在太过牵强，第 6军区蒙受的重大损失并没有完全得到弥补，就又要发起对藩切市的第二次进攻，结果可想而知。

第 6 军区吸取第一次进攻战斗的教训，进行了更加周密的战前准备工作。他们先是对在第一次进攻战斗中损失最大的第 840 步兵营和特工 481 营进行兵力、武器装备补充，并针对联军的布防特点进行总结，拟定出二打藩切市的作战计划。

第一路：第 840 步兵营在第 482 营 3 连和第 6 军区直属第 30 火力连配合下担任主攻，奉命从东面直插市中心，任务是攻取平顺小区、省法院、省保安团基地等市区中心的重要军政目标。

第二路：第 482 步兵营（欠 3 连）在藩切市第 481 特工营 2 个连的支援下，联合邯顺县 430 连 1 排，负责从北面攻入藩切市区，先打下平林特区和藩切市警备司令部。

第三路：北平县（Bắc Bình）489 连在地方部队和乡村游击队配合下，掩护第 6 军区炮兵部队对美军埃斯佩克兵营实施游动炮击，力求压住美军第 506 伞兵团。

针对越军可能的进攻，联军也调整了部署，加强防范。他们把南越国军第 44 步兵团和第 8 步兵团 4 连调到藩切市郊驻防，把美军第 506 伞兵团 3 营部署到藩切市周围巡逻。联军的这种举措给越军二打藩切市带来了很大的困难。

虽然此次进攻已无第一阶段攻击的奇袭效果，但第 6 军区三路进攻部队还是在 2 月 17 日夜—2 月 18 日凌晨对藩切市进行了第二次总攻击。第一路和第二路进攻部队均巧妙地穿过联军的外围防线，兵分两路直插藩切市中心。

第一路：担任主攻的第 840 步兵营从东面顺利突入市中心，一连攻克了平顺小区和平顺省法院、藩切市警察局、藩切市邮局、藩切市总仓库区、市政府和市区中心广场。2 月 18 日凌晨 2:00，越军第 840 步兵营 3 连夺取了藩切市中心监狱，解救了 700 名被拘押的越军干部和革命群众，这些被解救的人中有 150 人拿起武器，补充到第 840 步兵营里，充实了该营的战斗力。和第一次进攻一样，联军很快从错愕中惊醒，地上用坦克冲，天上用飞机炸，炮艇还溯江而上，对越军第 840 步兵营实施立体火力打击，掩护南越国军第 23 师团集结兵力，准备反扑。

第二路：第 482 步兵营和特工第 481 营 2 个连从北面突入市区，一连进攻了平兰特区、藩切市警备司令部、市电话局。经过 2 个小时的激烈战斗，越军拿下了富贞（Phú Trinh）村、藩切市电话局、市劳务局和藩切市台湾援建医院，但不到 12 个小时就遭到南越国军第 23 师团 44 步兵团的反扑，第 23 师团副师团长张广安上校直接率部在市中心机降，一连夺回电话局、劳务局和台湾援建医院，继而在平顺小区和越军第 482 步兵营大战。

第三路进攻部队直接被美军堵在藩切市女中，也就谈不上完成任务了。

从 2 月 19 日开始，为了配合南越国军第 44 步兵团的反击，美军第 506 伞兵团 3 营从埃斯佩克兵营往平雄村出击，包抄正在平顺小区苦战的越军第 482

步兵营右翼。好在战役指挥长、第 6 军区副司令范珂及时判明了美军的意图，把第一路进攻的第 840 步兵营紧急调到平雄村打阻击，掩护第 482 步兵营后方。不过，美军火力猛，装备好，第 840 步兵营没有地道战壕可供依托，一天战斗打下来就损失了 200 多名指战员，其中差不多有 100 名伤兵没法后送。征得范珂同意后，第 840 步兵营前往藩切市郊的金玉县（Kim Ngọc），等待第二路进攻部队的结果。

与此同时，第二路进攻部队的第 482 步兵营也被南越国军第 44 步兵团挤出了平顺小区，退到第 30 号联勤仓库区和渚鹅路坚持打敌反扑。为了修筑工事，第 482 步兵营副营长阿茶中尉沿街敲门，动员群众拆下家里的床板甚至门板，做街垒工事或战壕盖顶。在群众的支持下，第 482 步兵营顽强抗击南越国军第 44 步兵团反扑达 4 天之久，直到 2 月 21 日才奉战役指挥长范珂的命令，撤离了藩切市。

除了藩切市，第 6 军区还对大叻市展开了总攻击。第 6 军区的打法很有特点，大叻市总攻击和藩切市总攻击一样，都是三路进攻。由于大叻市有号称南越国军将官摇篮的越南共和国陆军学院，因此第 6 军区十分重视对大叻市的进攻，第 6 军区司令员阮明洲大校的意图是通过拿下大叻市，打击南越国军的军心和士气。1968 年 1 月 31 日凌晨 1:00，第 6 军区林同省军事指挥部从 3 个方向同时对大叻市发起总攻击：

第一路为主攻方向，由第 145 步兵营 1 个连、第 899 连和第 852 别动连从西南方向直插市区，攻下林同小区、大叻市新开发区和杜生区，继而向林同省高级法院和市中心发展进攻。

第二路为次要进攻方向，由林同省第 810 连、特工 820 连和林同省第 860 别动连以及 30 名政工干部从西北方向实施进攻，任务是打下大叻市集广场、市区中心、和平广场、市警察局、海鲜市场，引导民众总奋起，推翻南越大叻市政权，建立革命政府，同时保持市区中心和外围联系畅通，便于后续部队增援。虽然西北进攻方向是次要方向，但林同省委和林同省军事指挥部还是很重视这个方向的进攻，专门由省委副书记和省副队长亲临指挥。

第三路，由莱阳县 870 连和同阳县 855 连从东面攻入市区，向南越国军大叻陆军学院和原子研究中心发展进攻。

在主攻方向上，越军第 145 步兵营 1 个连、第 899 连和第 852 别动连一开始就拿下了帕斯路尔研究中心和大呦市科牛公司，乘胜前出到南天大街，不幸被南越国军给挡住了，只得依托街垒顽强抗击。第二天，越军第 145 步兵营 3 个连、第 809 步兵连和第 186 步兵营一部兵力，作为第二梯队增援主攻方向的 3 个连。在主力的增援下，越军拿下了林同小区的 2/3。2 月 4 日，越军第 186 步兵营全部到位，他们和第 145 步兵营一起，在第 852 别动连和第 809 步兵连配合下，继续对林同小区剩下的 1/3 区域展开攻击。虽然南越国军拼死抵抗，但越军还是拿下了小区指挥大楼，一度控制了小区的 3/4。眼看越军就要攻克林同小区，南越国军一个 M113 装甲运兵车中队却突然杀了过来，从背后猛攻越军第 186 步兵营，迫使越军停止进攻，依托小区指挥大楼转入到打敌反扑的战斗中。为了把越军赶出林同小区，南越国军在 2 月 5 日从锦丽机场和大呦市 1 郡、3 郡兵分三路向越军第 186 步兵营扑了过来，美军也提供了强大的火力支援。为了把越军从小区指挥大楼里赶出来，美军连续出动武装直升机，对着小区指挥大楼进行火力压制，只要越军机枪手一露头，就泼洒密集的机枪弹雨。美军的火力压制给 186 营造成了很大的损失，24 挺轻重机枪全部被打坏，再战下去只有全军覆灭一途。2 月 5 日 16:00，林同省军事指挥部挥泪下令 186 营放弃打下了大半的林同小区，撤到大呦市郊外。

在次要进攻方向上，林同省第 810 连、特工第 820 连和林同省第 860 别动连兵分三路袭击了大呦市中心：第 810 步兵连进攻了省政府大楼，击毙了在省政府大楼内的卫兵；特工 820 连袭击了林同省保安团驻地，但天亮抵达和平广场时，遭到南越国军反扑，激烈的防御战斗持续了一天；第 860 别动连袭击大呦市警察局未果，只得转攻广播电台和大呦陆军学院，可他们的兵力实在太少了，根本打不过陆军学院临时拼凑起来的学员队，天明后也被迫转入防御。这一路进攻部队一直奋战到 2 月 3 日夜才被迫离开大呦。

打得最差的莫过于第三路进攻的莱阳县 870 连和同阳县 855 连，他们连自己的目标——陆军学院和原子研究中心都没打到，就被美军堵在大呦市宪兵司令部附近，只得提早撤离战场。

第二次打大呦的情况也和第一次差不多，越军兵力太少，虽然杀伤了联军不少有生力量，可就是没法拿下指定目标，奋战 3 天后只得撤退。

虽然两打大叻和藩切市都没有获胜，但对越军名将、曾于 1954 年 6 月指挥第 96 团在安溪会战中吃掉法军第 100 机动团的阮明洲来说，1968 年新春绝对不是个苦涩的回忆。第 6 军区在新春总攻击第一阶段两打大叻和藩切市的总损失不过 624 名指战员牺牲，700 多人负伤，总损失不超过 1400 人。相对的，联军在这 4 次战斗中的损失也不低于此数。两打大叻和藩切市两军伤亡的交换比几乎接近 1:1，不管从哪个角度来说，这都是 1968 年新春总攻击中越军打得最好的城市战斗，当然也是阮明洲巧妙用兵，以歼击敌有生力量为主的战法的胜利。

第8军区和第9军区的总攻击

作为南部平原（B2）战场三大军区之一的第 9 军区，地处南部平原西面，在 1955—1960 年期间称为南部西区联省，后改称南部西区，即第 9 军区。在1968 年新春总攻击期间，南方中央局、越南南方解放军司令部赋予第 9 军区的任务是主攻南越国军第 4 军区司令部所在地——芹宜市（芹宜是防定省的省会）和南越国军第 4 军的后勤总基地所在城市——永隆市。对芹宜市，越军第 9 军区倾注了很大的心血，以第 9 军区党委书记陈文隆、副政委杨古心，第9 军区司令员董文宫、副司令员范玉雄，以及芹宜市市委书记武定连组成芹宜战役指挥部，参战部队是第 9 军区所属的第 303 步兵营、第 309 步兵营、西都营、第 307 步兵营和第 2311 炮兵营（欠第 2001 炮兵连），他们要负责攻克芹宜市内的南越国军第 4 军区司令部、防定小区、芹宜市警备司令部、第 4 军区保安军指挥中心、广播电台、美国顾问生活区、美国领事馆、洛特机场、茶诺机场、南越国军 2 个装甲团基地、别动军第 42 和第 44 联团基地以及市警察局。从目标清单上不难发现，第 9 军区的计划无疑是天方夜谭，虽然他们的决心很大，可有限的兵力却要铺开攻击这么多目标，无形中分散了兵力，给总攻的失败埋下了伏笔。

1968 年 1 月 31 日凌晨 3:00，越军第 2311 炮兵营首先对南越国军第 4 军区司令部进行炮火急袭，宣告芹宜总攻击正式打响。在隆隆的炮声中，芹宜市别动队和越军西都营从南面冲进芹宜市：别动队冲进了头宿区，击毙部分执夜勤的南越野战警察；西都营袭击了美国领事馆和雄王路的美国顾问生活区；第

307步兵营打下了芹宜市广播电台，并以一部兵力冲进了南越国军第4军战术指挥中心。

在市区北面，越军第303步兵营在特工配合下攻打了洛特机场。其中，第303步兵营3连一度冲到机场的指挥控制中心附近地区，但不幸遭到及时赶来的美军M113装甲运兵车反突击，3连和营主力被分割。孤军奋战的3连在美军四面围攻下，损失大半，余部寻隙突围。激战一夜，第303步兵营损失惨重，被迫停止进攻，撤出战场。

就在各营相继对芹宜市指定目标展开攻击的时候，越军第309步兵营却因命令传达延误，直到1968年1月31日夜才赶到芹宜市，参加总攻击。他们从西面冲进市区，很快拿下了市文化市场。可联军反应之快超乎了他们的想象，拿下文化市场不到1个小时，他们就遭到联军的冲击。至此，一天战斗下来，参加对芹宜市总攻击的越军各个步兵营遭到联军多路反扑，自身损失巨大，没有办法固守任何一个已夺取的重要目标。血战持续到2月2日，第9军区党委书记陈文隆和司令员董文宫忍痛下令部队撤离芹宜市，这次总攻击虎头蛇尾地结束了。

相对芹宜总攻击的惨败，第9军对永隆市的进攻却取得了一定的胜利。虽然永隆市是越军第9军区的次要进攻目标，但第9军区还是把剩下的主力——第306步兵营、第308步兵营、永隆省第857营、茶荣省2营、1个特工连、第2001炮兵连和1个别动队投入对永隆市的总攻击。按照计划，对永隆市区的进攻由越军第306、第308步兵营和别动队实施，永隆省第857营和茶荣省2营、1个特工连和第2001炮兵连负责打永隆机场、南越国军第9师团指挥所和第2补给营驻地。

1968年1月31日凌晨1:30，第306步兵营在营长阮德大尉率领下，从南面冲进永隆市区。当时，永隆市守军不多，且疏于防范，给越军钻了空子，306营连下化旅广播电台和阮仲实医院，包围并控制了永隆市政府大楼和市警察局，吃掉南越国军保安军第46营一部。

不过，306营的成功不代表北面进攻也能得手。负责从北面进攻的是越军第308步兵营，他们遇到了南越国军别动军第43营的拦击，只有50名指战员趁隙冲进市区，拿下了福协中学教学区。但营主力没法跟进，在福协中学内的

50 名指战员孤军奋战，在南越野战警察团团围攻下，全部战死。

在机场方向，特工连使用塑胶炸药和 DH-10 定向雷炸开了永隆机场大门，但还没扑到停机坪就被机场周围的警戒哨射击所阻。为了支援特工连作战，越军第 2001 炮兵连拼命开炮，但效果甚微。永隆省 857 营和茶荣省 2 营也分别对南越国军的第 2 补给营和第 9 师团指挥所展开攻击，也没有得手。不过，这一夜的激战，阮德大尉的第 306 步兵营从南面的进攻还是十分成功的，至少他们占领了部分市区，实现了上级的要求。

天明后，联军从永隆周围基地调来了 M48 坦克和 M113 装甲运兵车，沿着公路冲进市区猛攻第 306 步兵营。阮德大尉指挥有方，带领部队击退南越国军别动军第 43 营反扑。到 2 月 1 日凌晨，连续击退动军 43 营冲击后，阮德大尉决定反守为攻，继续往市区穿插渗透，又拿下了永隆市法院。先前进攻失败的 308 步兵营也改变方向，出其不意地从永隆市附近的美国海军基地绕过去，渡过隆惠江，钻进永隆市区，直插嘉隆路，攻下了永隆省厅大楼一角。

2 月 2 日拂晓开始，联军出动大批直升机对永隆市法院、市政府大楼、市警察局和省厅实施绵密火力突击。接着，南越国军第 15 步兵团 2 营搭乘巡逻艇沿着古战江（Cổ Chiên）增援永隆市。他们和别动军第 43 营会合，连续对越军第 306、第 308 步兵营猛烈反扑。激烈战斗过后，越军损失也很大，不过第 9 军区及时往市区送来了 500 名补充兵，大部分是游击战经验丰富的茶荣省地方部队和乡村游击队战士。得到兵力补充的第 306 步兵营很快恢复战斗力，坚决打击南越国军的反扑。至 2 月 3 日，第 306 步兵营和第 308 步兵营边守边攻，竟然几乎完全控制了整个永隆市。在越军猛烈攻击下，被越南共和国总统阮文绍斥为"被吓破胆子"的永隆省省长徐玉捷竟然擅离职守，坐上一艘巡逻艇，逃出永隆市。事后被阮文绍革职。

徐玉捷这种人毕竟是少数，南越国军第 15 步兵团 2 营和别动军第 43 营还在奋战。不过，联军兵力和越军兵力相等，急需增援。刚刚打完美获市救援战斗的美国陆军第 9 步兵师 2 旅紧急出兵 2 个营机降救援永隆。美军第 9 步兵师自 1965 年开赴越南以来，战斗力始终名列前茅，与越军对战胜率不下 80%，仅次于大红一师，和"热带闪电"——美军第 25 步兵师齐名。该师的到来，立即给在永隆战斗的联军带来转机，美军仅用不到一天时间就相继夺回了永隆市法院、市政府大楼、市警察局和省厅，重创越军第306步兵营和第308步兵营，迫使统一指挥2个营的阮德大尉趁夜从永隆南面的歌治居民区撕开一个口子，冲出了市区，先转移到城南5千米外的福厚县，继而撤回了乌明森林。

尽管永隆之战是越军第9军区在1968年新春总攻击中打得最出色的战例，可第306步兵营、第308步兵营等军区主力营也付出了惨重的代价，计牺牲228名指战员，负伤382名指战员，被捕10人，失踪16人，相当于损失了差不多2个营的战斗兵力。

第8军区的情况和第9军区大同小异。在该军区，最典型的城市战斗就是槟知之战。

和平定省一样，槟知省也是越南南方革命老区之一，早在抗法时期越军就在这里开辟了许多根据地，在这里拥有雄厚的基础。自1960年全民总奋起开始，越军重新捡回了这里的抗法老根据地，并不断发展壮大3种武装力量——主力部队、地方部队和乡村游击队。至1967年底，越南劳动党槟知省委为了适应新的斗争形势，决定扩大省主力部队的规模，从1个营发展到4个营。根据省委的决定，全省各县大队和特工排集中起来，组建主力步兵营。在各个县大队撤离时，留下20名指战员为骨干，重建各县大队，保障省主力部队扩编的同时，地方部队依然维持编制和战斗力。

扩军措施采取得很及时，槟知省主力部队很快扩编成4个步兵营（第8军区主力——第516步兵营，槟知省第2、第3和第4营）、1个特工和工兵混编营、3个火力连（各装备12.7毫米高射机枪、75毫米无后坐力炮、82毫米迫击炮），以及通信连、侦察连、约合7个营的乡村游击队。主力部队扩编的同时，地方部队建设也没有落下：县地方部队兵力为1个连到1个营，省会槟知市也有1个步兵连又1个别动排。

在扩建主力部队的同时，槟知省委还十分重视充实部队的装备编制。得到长山部队的运输支持，槟知省地方部队平均每个连装备1具B40火箭筒、1挺轻机枪和1具M79，主力部队每个排装备1具B40火箭筒和1挺轻机枪，就连乡村游击队也都装备了56半自动步枪和缴获的AR14自动步枪。在扩军备战和充实武器装备编制的同时，槟知省委还把加强训练提上了日程，部队训练时强调在市区内进行步兵营级别的机枪、火箭筒、无后坐力炮、迫击炮的巷战攻坚战术训练。

在槟知省委决心总攻击实现越南中央军委意图的同时，联军也没有放松警惕。当时，槟知省共有南越国军各种武装力量 13118 人，主要由南越国军第 7 师团 10 团、保安军 30 个连、5502 个民卫队员以及野战警察构成。南越国军依仗强大的兵力，对槟知省周城县、清富县进行反复扫荡。1967 年底，美国陆军第 9 步兵师也沿着九龙江对周城县周围进行了多次扫荡，防范越军偷袭平德基地。

在不断出兵扫荡的同时，南越国军还十分重视对槟知市的防务。

槟知省会槟知市是九龙江（即湄公河）平原的一座中等城市，面积约 20 平方千米，它南邻槟知河（河宽约 150 米），北交山东（Sơn Đông）乡和新乡，东接友定乡。地形上，槟知市东面、西面和北面均为平坦的九龙江平原，各种种植园（主要是橡胶和咖啡）环绕城市周围。市区共分为 5 个区，每个区的面积均为 4 平方千米。在郊区周围，6 个乡——美盛安（Mỹ Thạnh An）、美和（Mỹ Hóa）、平原（Bình Nguyên）、平富、富康和富雄紧紧环绕槟知市。槟知河支流——建黄河、歌禄河、鹅登河流入市区。在市区西北偏北面，是著名的槟城（Tân Thành）机场。由于市区面积较小，市民主要聚居于东城区。在临近郊区的贫民区，南越国军布设了多层带刺蛇腹形铁丝网，纳入"新生村"系统。

在槟知市区，南越国军集中了全省 1/4 的兵力——合计 3723 人防卫，主要编制为南越国军第 7 师团 10 团 3 个步兵营又 1 个侦察连部署在富康乡和塔三岔路口，别动军 1 个营、保安军 9 个连部署在鹅登门、日南市场、内禄门等，南越国军第 72 炮兵营（装备 105 毫米、155 毫米榴弹炮和 106.6 毫米无后坐力炮）驻槟城机场和槟知市体育馆。槟知市汽车总站、槟知小区也是南越国军重兵防范地区。此外，南越国军还在槟知市内所有重要的三岔路口和十字路口各放 1 个排的兵力，配以轻重机枪、60 毫米迫击炮、M79 火箭筒部署在各个重要三岔路口和十字路口周围的重要建筑物高层，槟知市法院顶楼更是密布轻重机枪火力点，居高临下封锁各条街道，防范越军进攻。

根据南越国军在槟知市的防卫部署情况，越军决定从南面对槟知市发起总攻，理由是在这个方向上南越国军疏于防范，相对便于越军进攻，唯一不利的条件是越军必须要隐蔽渡过槟知河。1968 年 1 月 10 日，槟知省委决定成立槟知战役指挥部，由槟知省党委书记阮文刚、副书记阮文仲分别担任战役指挥部党委正副书记，省队长黎明岛担任战役指挥长，阮文清任战役指挥部政委，阮文博任参谋长，参战部队是第8军区主力部队——第516步兵营，槟知省第2、第3、第4营，以及7个营的民兵和乡村游击队，加上庞大的服战勤民工，兵民合计有上万人。

1968年1月27日，越南人民军总参谋部通过越南南方解放军司令部转告第8军区，新春总攻击的发起时间是1月31日凌晨0:00—2:00。第二天，槟知战役指挥部在槟潮乡召开作战会议，传达越军总部指示，下令各参战部队一定要在1月31日凌晨按时对槟知市发起总攻击。

1968年1月28日夜—29日凌晨，参战部队奉命向战役集结地开进。担任主要方向进攻任务的第8军区主力第516步兵营、1个特工连、2个水上特工排，在1门120毫米重迫击炮、2门82毫米迫击炮、2门75毫米无后坐力炮和3门92步兵炮加强下，在槟知市南面7千米的梁富县隐蔽完成兵力集结。

负责第一次要方向进攻的槟知省第3、第4步兵营和1个特工连在槟知市东面5千米的周城县友定乡完成兵力集结，第二次要进攻方向的槟知省第2步兵营和1个特工连在槟知市西北8千米的周城县新福乡完成集结。1968年1月30日夜—1月31日凌晨，槟知战役指挥部各主要干部抵达离槟知市中心大约1800米的仁盛乡的基本指挥所。

1月31日22:00，参战的4个步兵营相继报告完成一切战斗准备，等待总攻信号到来。1968年2月1日凌晨1:00，槟知战役指挥部下令发起总攻击。开战伊始，激烈的枪声就在南越国军第10步兵团指挥所和槟知省保安团驻地响起。与此同时，黄林指挥的1个水上特工排沿槟知河隐蔽溯航，沿江干掉南越国军的6个水上游动哨所，牢牢控制了一个渡口，保障担任主要方向进攻的越军第516步兵营隐蔽跨过槟知河，从南面扑进市区。

负责占领槟知省厅的越军第516步兵营兵分两路，乘70艘木船开始横渡槟知河。但第一路部队刚刚开出百米，在航道中心就碰上了南越国军的巡逻艇。双方激烈交火，第一路部队的船队被打散，只得分散登陆，然后沿着雄王路朝槟知省厅冲击。可是，这次遭遇战已经给南越国军提了醒，市区守军已经做好了战斗准备。失去奇袭因素的第一路部队队形分散，加之雄王路沿街南越国军组织各种火力封锁，进攻一开始就失败了。与此同时，第二路部队却一帆风顺地横渡槟知河，登陆后沿着阮惠路冲击，先打掉南越国军一个公安屯和一些据点，重创南越国军保安军第289连和歌禄门警戒的南越国军1个民卫排。接着，他们冲到潘清简路时，被布置在十字路口周围高楼大厦里的南越国军机枪火力点封锁，被迫停止冲击。第516步兵营夺取槟知省厅的计划泡汤了。

在第一次要进攻方向上，槟知省第3步兵营和2个特工排兵分两路，一路打南越国军第10步兵团1营，摧毁了南越国军第10步兵团的迫击炮阵地；另一路直扑南越国军第10步兵团指挥中心，炸毁了10团的通信指挥中心。与此同时，槟知省第4步兵营隐蔽冲进市区，以敏捷的动作，在博穆桥重创南越国军第10步兵团3营1个排。

在第二次要进攻方向上，女兵部队（一个排）从平富县冲进槟知市区，企图支援第516步兵营。可她们还没进入城区就受到南越国军1个连的火力拦截，全部牺牲。女兵部队覆灭的同时，负责该方向冲击的槟知省2营却因为迷路，完全错过了总攻击。

虽说第516步兵营进攻失利，但该方向的战斗并没有停歇。1968年2月1日凌晨5:00，在主攻方向的1个特工连扑进南越国军第10步兵团指挥所，袭击炸毁了里面的3台军车。2月1日太阳初升时，越军第516步兵营缓过劲来，逐步突进到槟知省厅附近，和槟知省第3、第4步兵营会合，围攻省厅。为了给槟知市解围，南越国军第10步兵团4营从美和仓促赶来，却在街歌桥遭越军2个水上特工排阻击。双方兵力悬殊，越军2个水上特工排战斗到最后一个人，黄林也战死沙场。4营得手后，南越国军第10步兵团继续反扑，给市区内奋战的越军第516步兵营与槟知省第3、第4步兵营造成了很大的压力。为了加大进攻力度，美军也开始往槟知市投入兵力。2月3日16:00，美军从美获省平德基地出动21架直升机试图在槟知市体育馆机降投送兵力，遭到越军高射机枪火力拦阻，1架直升机被打坏，只得把步兵机降到槟城机场。

得知美军投入战斗的消息，槟知战役指挥部马上召开会议，认为在目前第516步兵营及槟知省第3、第4步兵营围攻槟知省厅未果，而南越国军第10步兵团反扑十分猛烈的情况下，美军入城，对越军参战部队来说绝对是不能承受的重压，因此，抢在美军进入前迅速撤离是战役指挥部的当务之急。于是，战役指挥长黎明岛忍痛命令越军第516步兵营和槟知省第3、第4步兵营离开槟知市区，避免和美军纠缠。他的决定无疑是明智的，3个参战的主力营于2月3日晚上利用夜幕的掩护悄悄离开了槟知市，避免了陷入联军夹击的态势，保留了继续斗争的火种。

总的来说，第8军区和第9军区的总攻击虽有永隆和槟知这样打得比较理想的战例，可还是没能实现越南中央军委要求的首先解放一两个省份建立政权，并决定性击溃"伪政权"的战略意图。应该说，越南劳动党中央政治局和越南中央军委高估了自己的实力，低估了对手的反应和战斗力，导致自己的绝大部分战略意图没有实现，唯一实现的意图就是大量杀伤了联军有生力量。

按照越南人民军总参谋部的统计，1968年1月30日—8月25日，越军在整个南方（不包括乡村游击队和地方干部）损失是牺牲44824人，负伤61267人，失踪4511人，被捕912人，失去联络1265人，逃亡10899人，投降416人，扣除逃亡的指战员，总损失是113295人，其中有34%的损失发生在1968年1月30日—2月25日。

据越南共和国联合参谋本部的统计，联军在1968年1月30日—2月28日击毙越军指战员、地方干部、乡村游击队共41180人，俘9461人，缴获17439件各类自动、半自动步枪。越南共和国国军战死4950人，失踪926人，负伤15097人；盟军（美军、韩国国军、泰国皇家陆军、澳大利亚陆军和新西兰陆军）战死4120人，负伤19265人，失踪600人。武器装备方面，越南共和国国军损失2000多支自动步枪，63架飞机被击落或摧毁，154架受到重创，99架轻伤；盟军有60架飞机被击落或摧毁，60架受到重创，116架轻伤。民众死亡14300人，负伤24000人，无家可归者627000人。根据联军的统计，越军新春总攻击第一阶段在大量杀伤联军有生力量的指标上，无疑是合格的。

正是看到第一阶段总攻击至少还有一个要求达到，越南中央政治局看到了1968年新春总攻击和总奋起"胜利"的希望，遂不顾自己在越南南方的主力部队损失较大的现实，严令部队准备在5月初发动新春总攻击第二阶段攻势，这次攻势的唯一重点目标将是越南共和国首都西贡市。休息还不到3个月的西贡市将迎来另一场血雨腥风，这将是越南人民军在整个越战中最惨的失败和联军最骄傲的胜利。

岘港基地全景。

针对越军对岘港的攻击，美军保持着十足的警惕，决定先发制人对赖诺岛实施打击。

美国海军陆战队第3两栖汽车营的一辆两栖登陆车搭载着韩国海兵第2旅团部分将士和1门106.6毫米无后坐力炮，前往岘港附近的会安清剿越军。

▲ 不仅岘港基地挨炸，朱莱基地也没有幸免。

◀ 越军火箭弹群在夜空中划出大大的弧线，直扑岘港空军基地。

▲ 越军的火箭炮轰击给岘港机场造成了一定的打击，图为陆战队航空兵一个全天候攻击机中队的 2 架格鲁曼 A-6 "入侵者" 攻击机中弹起火，机场人员正组织灭火。

▲ 半定省委所在地吉山山脉（位于芙吉）。

▲ 越南中部沿海良港、平顺省会藩切市。

▲ 1968 年藩切市街景一角。

▲ 今日的永隆市安静而祥和，完全没有了昔日的硝烟。

◀ 1968 年打槟知市前的战斗布置。

◀ 越军第516步兵营指挥员合影。

【第七章】
惨败

1968 年新春总攻击和总奋起第一阶段的战事，双方的评价截然不同。对越南中央政治局来说，他们在 4 月召开会议后，认为第一阶段战事自己获得了战场上的"巨大胜利"，歼灭了联军大量有生力量，在战略意义上"粉碎了美帝国主义继续侵略的意志"，迫使美国选择战争降级，开始进行巴黎谈判。

对美国来说，1968 年春季确实糟糕透了。虽然北越发动的新春总攻击并没有拿走南越任何一个城市，但让联军遭受不小的损失，而且这次攻势表明美军往越南出兵 50 万的结果是根本没有压住对手，反而被对手打了一个总攻击。这样一来，美国总统约翰逊除了降级战争，和北越举行谈判外，越南战争已经没有别的出路。

受此鼓舞，越南中央政治局在 4 月的会议上决定 1968 年夏季发动新春总攻击第二阶段攻势，继续对越南南方各大城市实施打击，重点放在越南共和国首都——西贡。

不过，越军在 1968 年 1 月 31 日—2 月 25 日的第一阶段总攻击已经引起了联军方面的警觉。美国远征军总司令威斯特摩兰判断，越军很可能要再打总攻击。为了防患于未然，特别是防止越军再打西贡，美军和南越国军联合起来，从 3 月开始对西贡周围各个省份发动了一系列大规模清剿作战，目的是摧毁越军进攻西贡的跳板。3 月中旬，南越国军又以第 7 师团、第 25 师团、1 个伞兵旅团、别动军第 5 联团和野战警察部队，在美国陆军第 1 步兵师、第 9 步兵师、第 25 步兵师部分兵力以及第 11 装甲骑兵团配合下，发起代号为"全胜 1 号"的行动，这次作战宣称击毙越军 2600 人（实际上效果并不大）。

1968 年 4 月上旬，越南人民军第 4 军区副政委陈文德大校叛变投敌。他在接受美军审讯时声称，自己内心并不相信 1968 年新春总攻击和总奋起能够获得胜利，更不相信所谓的群众暴动风潮能推翻南越政权，他认为这种总攻击除了耗费兵力，造成交战双方巨大损失和平民灾难外，没有任何胜利的可能。因此，他在接到上级传达的要实施第二阶段总攻击的命令时，就决定背叛北越投奔南越。他供认，越军第二阶段总攻击将在 1968 年 4 月 22 日打响，但由于准备仓促，估计会拖延 2 个星期实施。针对该阶段的进攻目标，他准确供述，越军投入兵力大约是 2 个师，其中第 9 步兵师负责主要方向突击，目标是打下新山一机场（这个情报有误），策应南面和西面的各个尖刀营朝西贡市中心的突击。

对陈文德的供词，联军方面将信将疑。不过，他们很快又获得了一个新的情报来源——对第二阶段总攻击充满悲观情绪的越军西贡—嘉定—堤岸军区第 1 分区政委投敌供出了更详细的作战计划。两相对证，表明越军确实要发动第二阶段总攻击，而且目标直指西贡。

为了粉碎越军对西贡的第二阶段总攻击，5 月初，联军拟实施第二次联合扫荡作战。美国陆军第 9 步兵师 3 旅对从南面进攻西贡的跳板隆安省实施扫荡。与此同时，美国陆军第 25 步兵师一部也在美国空中骑兵部分单位支援下，对西贡西面的万古东河周围地带实施扫荡，美国陆军第 5 特种作战集群也对西贡西面实施扫荡。在西贡北面，美国陆军第 199 轻步兵旅继续在同奈河南面和边和北面实施扫荡作战，阻止越军从 D 战区方向逼近。同时，美国陆军第 1 步兵师还奉命堵截越军从西贡西北的渗透，澳大利亚第 1 特别空勤团任务是封堵越军从东面朝隆平、边和与西贡的公路的进击。南越国军的任务是与盟军密切协同，确保西贡市区的安全。

在联军枕戈待旦的同时，越军也在紧张地做着第二阶段对西贡的进攻准备。为了执行越南中央政治局决议和中央军委的命令，越南南方解放军决定以越军第9步兵师第1步兵团（平也团）和第2步兵团（同帅团）以及各个尖刀营一起，对西贡市区展开第二次总攻击，目的是通过强攻打下各个重要军政目标，发动群众奋起捣毁市区内外各级南越政权，在西贡建立革命政权；在第一次对西贡总攻击战斗中损失颇大的各个别动队，以第6、第7、第9别动队为核心，组建一个新的别动群，负责袭击西贡市警察总署和市区周围各县乡警察局、派出所，牵制南越方面的野战警察和公安力量，给主力部队和5个分区的尖刀团营进攻创造有利战机；疑兵任务由"黎氏贞"别动队负责，在黎氏白洁（六春）和黎氏红军的指挥下，"黎氏贞"别动队兵分多路渗透进西贡市区，扰乱南越国军的判断，同时尽可能给主力部队、分区尖刀团营带路。总攻击发起日定为1968年5月5日凌晨0:00—2:00，攻击信号仍是DKB火箭炮射击新山一机场的爆炸声。

决心已下，时间紧，任务急。刚刚打完第一阶段总攻击和应付联军"全胜1号"行动的越军各个主力部队和5个分区的各尖刀团营损失很大，而且没有收到从北方行军而来的补充兵。为了让各个主力部队和尖刀团营尽可能恢复战斗力，越南南方解放军司令部下达动员令，要求西贡—嘉定—堤岸军区的各县地方部队（非尖刀营）和乡村游击队抽调部分人员，补充给各个主力部队和尖刀团营。

1968年4月下旬，第二阶段总攻击准备基本完成。可这个时候却发生了西贡第1分区政委投敌，泄露了第二阶段总攻击计划的重大事件。这意味着越军对西贡的第二阶段总攻击已经无密可保。越南中央军委得知情况后召开紧急会议，认为箭在弦上，不得不发，在给越南南方解放军军委和司令部的电报中，越南中央军委坚决要求按照原定时间发动第二阶段总攻击，主要目标维持不变——拿下西贡！

在越南中央军委坚定的决心下，担任对西贡市区进攻任务的各团营于4月26日—5月1日从根据地出发，行军开赴西贡周围的进攻出发阵地，结果正好碰上联军的围剿。隆安省2营、富利5营、同奈团2个营都和美军爆发了激烈战斗，虽然他们最终甩掉了对手，按时赶到攻击前出发阵地，可出师前这几个营平均兵力约300人，到位时每营只剩150~200人。

接到各营报告，陈文茶、阮文灵和武文杰都感到对方已经加强了戒备，目前已不具备像第一阶段总攻击打西贡那样的战役突然性。可是，上级有命，下级从命，覆水难收，必须坚决打到底。于是，全体参战部队"以决战决胜的意志，贯彻执行了越南中央政治局和中央军委的总攻击和总奋起的命令"。

和第一阶段总攻击不同的是，进攻主力不再是别动队，而是越南南方解放军的铁拳——第9步兵师1团和2团，他们将上演1968年5月最悲壮的一幕。

平也团血洒街巷

1968年4月底，在西宁省阳明珠根据地，刚刚经历了反击美军"全胜1号"行动的越军第9步兵师1团疲惫不堪，团长武明哲和团政委林文镇突然接到命令，向师指报到。两人丈二和尚摸不着头脑，难道又有新任务？他们忐忑不安地走进了师指，师长谢明钦和政委阮文通正趴在桌上对作战地图指指点点，副师长阮实冰和师政治部主任邓文商在一旁观看，眉头紧锁。师指的紧张气氛让人有些喘不过气来。武明哲和林文镇都有心理准备，肯定有新任务了。他们大声报告："第1步兵团团长武明哲、政委林文镇前来报到。"谢明钦略微抬起头，望了望他们，淡淡地说："你们过来一下。"两人走到桌边，看到地图不禁倒吸一口冷气，50000:1的西贡市作战地图，难道这一次1团要打西贡？武明哲想起了1月的总攻击，那一次第9步兵师负责外围钳制作战，1团打了光中训练中心，团副政委阮文楚牺牲了。这次怕是上级又决定要打西贡，不过第9步兵师的任务可能也改变了……谢明钦似乎看出了武明哲的心思，说："在想什么呢？"武明哲本来就性格耿直，他也直言不讳地问道："师长，我们是不是要再打西贡？"谢明钦点点头，以严肃的口吻说："根据南方军委和司令部的命令，我们要二打西贡，我师的任务是拿下伪首都特区，支援西贡的政治运动，促进城市居民发动总奋起进行政治进攻，推翻伪政权。"他顿了顿，又继续说："根据目前的情况，师指决定让你们团担任主攻，接受西贡市第2分区的领导，从永禄方向突入西贡市，拿下首都特区，2团4营归你们指挥。你们团准备情况怎么样？能不能完成任务？"武明哲如实回答："一打西贡和最近的连续战斗，1团损失很大。虽然补充了很多新兵和武器装备，目前人员和武器都接近满编，可是新兵太多，我们没有足够的时间训练，而且奇袭因素也没有了，我怕……"还没等武明哲说下去，师政委阮文通打断了他："这是中央政治局和中央军委下的决心，你们必须拿出决战决胜的气势，克服一切困难坚决完成任务！"看到师政委发话，团政委林文镇赶紧表决心："我们回去会做好部队政治思想工作，动员各单位坚定'为祖国牺牲自己'的信念和决心，一定能克服困难完成这个艰巨的任务！"这还差不多，谢明钦心里的一块石头终于落了下来，对两人说："你们回去好好准备，一定要完成这个光荣的任务。拿出打光中训练中心的气势来，狠狠揍敌人！"

出了师指，武明哲一脸不高兴。他并不害怕战争，可二打西贡是否正确，他心里直犯嘀咕。一路上，政委林文镇说话，他也不搭理，武明哲的心思已经完全飞到了西贡。回到团指，武明哲对着地图和笔记本里记录的敌情动态进行比对，越看地图他越觉得这次任务凶多吉少。在他看来，不利因素有四：

第一，敌强我弱，在西贡周围联军至少有50个营的兵力，已经构成了3道封锁线，正张着血盆大口等待越军。

第二，越军已经不具备战役突然性，1团的进攻不可能是奇袭，必须做好大伤亡的强攻准备。至于能否打到北越首都特区，武明哲在心里基本已经给了否定的答案。

第三，从根据地进入西贡西面的进攻出发阵地过程中，第1步兵团要分成5个阶段行军，5个阶段包括开阔地、沼泽湖泊、1号公路、8号省道和大汉公路，这条路线密布村庄，是人口稠密区，很多都是双方争夺区，越军并没有绝对控制权，民众也并非完全信赖越军。为了保守行军秘密，减少和联军遭遇的可能，武明哲规定部队在行军中一律不得在途经村庄驻军歇脚，要歇息必须野外宿营。

第四，进攻时间紧迫，第1步兵团已经来不及派出侦察员对敌情和地形做周密侦察，更不可能了解通往首都特区的各条主要公路以及沿途主要桥梁状况，只能以师指提供的情报——师指的情报也是越南南方解放军司令部情报部提供的，这些都是1968年3月的侦察报告，是否过时武明哲没法把握——勉强拟定作战计划。

这些不利因素，武明哲在召集1、第2、第3营指挥干部开会的时候都和盘托出，并明确表示，第1步兵团对市区内街巷战斗可以说是一点准备都没有。除了上述4个不利因素，还有部队新兵充斥、训练水平低、武器装备和通信器材根本不适应在大城市战斗，以及西贡市区各区委人手有限、市区内战斗后勤保障压力大、烈士遗体和重伤员无法后送、弹药补给接济会遇到很大困难等问题。

尽管困难重重，但武明哲、林文镇和手下各位营指挥干部还是决定勉力为之，拼死战斗到底，至于能否完成任务，大家心里都有一本账，4个字——凶多吉少。

5月1日夜，越军第9步兵师1团从阳明珠根据地的博贡出发。正如武明哲预料的那样，第1步兵团采取野外宿营、连续行军的方式越过了1号公路、8号省道。5月3日夜，第1步兵团越过古芝县安富乡，还没踏上大汉公路，部队行踪就暴露了。5月4日清晨，他们和美军第25步兵师一部狭路相逢。第1步兵团很快就遭到美军绵密的空炮火力打击，美军还以1个营的兵力发起连续冲击。激烈的战斗持续到深夜，第1步兵团虽然击退了美军的进攻，可自己也损失了300多人。夜幕降临，武明哲和林文镇觉得形势很严峻，一天战斗就伤亡这么多，这对兵力只有1500人的第1步兵团来说实在是太大了，平也团还从来没有过这么大的单日损失。更糟糕的是，这次战斗说明美军早有准备，已经封锁了西贡西面的接近路线。今天的战斗美军虽说是退了下去，可明天肯定还会扑上来，继续留在原地战斗，既没法完成师指交付的任务，也有被美军一口气吃掉的危险。

怎么办？就在武明哲和林文镇犯难的时候，团侦察连连长黎文雄给他们带来了一个意外的惊喜，那就是傍晚的侦察任务中，侦察兵们发现往东南大约4千米是美军防线的空隙，宽约5千米，没有美军把守，只有一些警察屯和民卫屯，夜间对方疏于防范，可以穿插过去。真是踏破铁鞋无觅处，得来全不费功夫。武明哲与林文镇一合计，决定利用这个空隙，全团连夜行动穿过美军封锁线，及时赶到西贡参加总攻击。

在第1步兵团各营穿插过去的同时，副团长带着一部分兵力暂时留下来，发动永禄乡人民协助部队后送伤员和烈士遗体，同时组织乡村游击队伪装成平也团，继续留在阵地上吸引美军的注意力。完成这些任务后，副团长也带着这部分兵力离开了永禄乡，很快追上了大部队。

计甩美军成功后，越军第1步兵团加快了行军速度。5月5日夜—5月6

日凌晨，越军第1步兵团走过许多乡间小道及永禄乡周围的沼泽湖泊、西贡周围运河，他们已经错过了总攻击的时间，现在必须加速赶路。期间，联军炮兵集中火力进行了预防性的炮火封锁，但第1步兵团还是顺利扑到了西贡市郊。

连续行军确实很疲惫，可平也团全体指战员还是精神抖擞，军容齐整。5月6日，当第1步兵团抵达平治东—新平（Bình Trị Đông-Tân Bình）时，天色已亮。武明哲意识到大战在即，对西贡的强攻要开始了。他命令全团展开战斗队形，一路搜索前进。这时，在新平县布置的南越国军1个伞兵排发现了他们的行动，从400~500米距离朝平也团开火。第1步兵团对西贡的第二阶段进攻战斗就此打响。

平也团攻击动作很快，一下子就吃掉了这个伞兵排。接着，平也团乘胜前进，拿下了新平县周围的2个警察屯（对方全部逃散）。新平县本来就是群众基础较好的西贡外围县份，听到枪声，当地人民一开始还是比较害怕，但很快就认出来是越军来了。许多群众打开家门，给部队端茶送水，通报敌情，并派人给平也团带路。通过群众提供的信息，武明哲得知这个方向的守敌兵力薄弱。遂在第2步兵团4营加强下，开始对西贡市展开攻击。

按照武明哲的部署，越军第1步兵团分成2个梯队：第一梯队由第1步兵团1营、2营和第2步兵团4营组成，第2梯队由第1步兵团3营组成。主要进攻方向由越军第1步兵团1营和2营负责：1营沿着陈国全路（现在的2郡3街）进攻，2营沿着胡贤成路进攻，4营担任次要方向进攻。沿着黎文决路进攻。各营进攻前，武明哲叮嘱，一定要协同战斗，目标是攻克首都特区。

由于各营进攻方向不同。笔者按时间和部队番号顺序逐次描述各营的苦战。1968年5月6日：

大约9:00，越军第1步兵团1营向欧古—乐隆观方向发展进攻，他们首先攻下了阮文古检查站，抓了7名俘虏（含1位中士）。南越国军组织兵力连续对阮文古检查站进行了3次反扑，但均被击退。粉碎对方反突击后，1营一边积极发动市民用私家车协助伤员后送，一边组织兵力冲到富寿赛马场附近，朝黎代兴路发展进攻。入夜后，1营冲过陈国全路，逼近了西贡集市中心。

在2营方向上，大约9:00，各营沿着平实公路展开攻击，但遭到南越国军一个伞兵营反突击。各连被迫展开队形，就地组织防御，连续打击反扑之敌。

战至大约 15:00，对方以一部分兵力攻破了 8 连阵地，双方展开激烈战斗，2营及时组织兵力实施反突击，把对方给打了下去。击退对手反扑后，2 营调整部署，继续组织兵力趁夜发展进攻，朝富寿赛马场前进。

第 2 步兵团 4 营方向上，大约 8:00，4 营打下七贤十字路口，还未及喘息，美军的直升机就扑了下来，朝 4 营战斗队形发射火箭弹。营长郭清光和营政委陈隆马上命令指战员奔上周围房屋楼顶，架起重机枪打直升机。可是，4 营面对的并不仅仅是美军直升机，还有兵分两路扑过来的南越野战警察 7 营和野战警察 3 营。在七贤十字路口，2 营 1 连遭到南越野战警察 3 营连续反扑；在义地路，4 营 2、3 连的战斗队形也受到南越野战警察第 7 营多次冲击，战至18:00，第 2 步兵团 4 营守住了阵地，宣称击落 1 架武装直升机，歼敌几十人，打死了南越野战警察 7 营营长刘金贡上校。可是，4 营却付出了超过对方几倍的代价——60 位指战员牺牲，112 人负伤。城市战斗的巨大伤亡是营长郭清光和陈隆始料未及的，他们只得紧急发动附近广南生活区的民众，献出私家车和担架，在 4 营干部指导和组织下，抬着伤员和遗体后送永禄乡，同时组织兵力继续向东侦察各条街道敌情和地形。

在第 1 步兵团指挥所，大约 14:00，南越一个伞兵连突然扑了过来，接着1 辆 M41 坦克也冲了过来，企图猛虎掏心，干掉平也团指挥所。眼看对方坦克就要冲进团指，团部警卫班班长临危不惧，扛起一具 B41 火箭筒对着坦克射击，将 M41 打退，保护了团指的安全。为了避免过于靠前被端掉，武明哲和林文镇决定把团指转移到新平县的圆利乡。

不出武明哲所料，联军早有准备，第 1 步兵团的进攻不仅遭到对方顽强抵抗，而且还遇到连续反扑，对方的炮弹更是如同长了眼睛似的不断命中第 1步兵团 2 营和第 2 步兵团 4 营的战斗队形。一天打下来，平也团伤亡很大，但部队士气尚在，顽强战斗，坚决打击了反扑之敌守住阵地。不过，照这个情况继续打下去，平也团确实凶多吉少。

1968 年 5 月 7 日：

南越野战警察 3 营转移兵力，对越军第 1 步兵团 1 营展开猛烈反扑，1营被迫在西贡集市中心附近打敌反扑。与此同时，越军第 2 步兵团 4 营也从七贤十字路口附近撤出来，穿过安古转移到陈国全路，准备配合 1 营朝首都特区展开攻击。2营也陷入了苦战，他们在平实和南越国军第7伞兵营打得难解难分。

一整天的战斗中，各单位虽然顽强守住了阵地，伤员和烈士遗体都转移到团指附近。可各营都反映，联军的炮火强度和密度虽然不如以前，但现在是一炸一个准，精度很高。看样子，联军已经做好了在市区战斗的准备，提前进行了炮兵射击诸元的计算，给各营造成了重大伤亡。最糟糕的莫过于第2步兵团4营，他们在2天战斗中损失了大半兵力，已经丧失了战斗力。为了保存实力，第1步兵团团长武明哲和政委林文镇决定把4营撤下来，转移到永禄乡地区集结，同时调上3营做最后一搏。另外，连续2天战斗打下来，伤员及烈士遗体众多，必须从各营抽调部分指战员来抬担架后送，这无形中又削弱了平也团的进攻力量。武明哲的心在滴血，他很清楚自己战前的担心变成了可怕的现实。往后会怎么样，他不敢往下想。

1968年5月8日：

这天一开始就很不顺。第1步兵团1营和团指失去联系，随团作战的团参谋长当机立断，决定朝西贡集市中心区发展进攻，可刚刚拿下十字路口，就遭到激烈反扑，打到黄昏，1营不得不缩回西贡市中心。这时，第1步兵团第二梯队——3营和2营7连1排（和营主力失去联系）转移过来，和第1步兵团会合，在团参谋长统一指挥下，组织兵力在剩余的控制区继续展开积极防御，2营主力转移到桥知地区（14号公路方向），继续打敌反扑，可歼敌数字不多，自己伤亡却数倍于敌。退到永禄乡的第2步兵团4营情况更糟，还没歇息喘口气，对方又扑了上来。打了一天，虽然守住阵地，可第2步兵团4营基本全灭。根据事后统计，第2步兵团4营出发时500名指战员，损失466人，撤离点名时只剩34人。

1968年5月9日：

越军第1步兵团1营和3营 以及与2营主力失散的7连1排统一在西贡集市中心展开兵力组织防御，2营主力则在桥知区域连续进行了2天打敌反扑。

1968年5月10日：

白天，南越伞兵第11营组织"猛虎掏心"行动，直插平也团指挥所。这一次，南越伞兵打得十分巧妙，他们先是用伞兵缠住了平也团指挥所周围的掩护部队，然后用 1 辆 M41 坦克冲击，一下子突入平也团指挥中心区。危难时刻，又是平也团警卫班班长挺身而出，扛起 B41 火箭筒，对准坦克炮塔开火，将其击毁。20:00，武明哲下令全团撤离西贡市区，转移到永禄乡，展开剩下的兵力，准备继续战斗。

1968 年 5 月 11 日：

大约 6:00，美军用 1 个连的兵力对退守永禄乡的越军第 1 步兵团实施追击，受到 3 营顽强阻击，永禄幸得保下。3 营的奋战对平也团来说有着巨大的意义。正是他们的抵抗，保障了平也团能够收拢队形。当夜，越军第 1 步兵团撤离永禄乡，转移到边古—德和。不幸的是，这次转移又被对方发现了。一天激战下来，平也团又损失了不少兵力，所幸维持住了战斗队形，并顺利甩掉追敌，撤回根据地。至此，平也团 1968 年的奋战结束了。

从 5 月 1 日开始，持续了 12 个昼夜的行军和战斗过程中，平也团的指战员们在极为不利的情况下，始终顽强奋战。战斗中，涌现出了许多英雄，比如第 1 步兵团 1 营 1 连副连长阿杜，他在单臂负伤的情况下，只进行了简单包扎又重返火线继续战斗。4 营 2 连政委操作 1 挺 RPD 轻机枪，踩在石头上和直升机对射；1 排长阿治用 B41 火箭筒打坏了对手 2 辆装甲车。

总的来说，平也团在这次总攻击中遇到了巨大的困难，忠实执行了上级的命令。平也团史记载道："经过 5 昼夜和敌人激烈战斗，消灭近 200 名美伪军，打燃 3 辆坦克，击落 2 架敌飞机，但还是没能实现拿下伪军'首都特区'的目标，也就是没有完成交付的任务。这是一个十分艰巨的任务，许多单位在战斗过程中蒙受了很大的损失：出发时总数 2000 人就有 1166 名干部战士牺牲和负伤。仅 4 营，在配属 1 团突入西贡时有近 500 名指战员，撤离出时只剩 34 位同志。"[1]

按照平也团的记载，双方战斗伤亡交换比（这还只是按平也团的歼敌统计，联军对平也团战斗详细损失无法考证）达到了惊人的 1:5。对平也团来说，这是整个抗美战争中最大的一次战斗损失，当然也是勇气的体现。

对于和平也团的战斗，联军方面的记载有些含糊不清，难以辨别。目前，笔者只知道联军方面参战的有南越国军第 11 伞兵营、第 5 伞兵营部分兵力，别动军第 30 营和第 33 营，以及美军第 4 装甲骑兵团 1 中队。联军方面战斗记载摘录如下：

1968 年 5 月 5 日，南越国军伞兵战团在新山一机场北面以所属的伞兵 11 营和越军大约 1 个加强连展开战斗。联军航空兵为其提供了卓有成效的空中支援。5 月 6 日 7:15，越南共和国空军 1 架 O-1 观测机以 1500 英尺高度，在西贡西郊的安和村附近执行任务时机翼连续 2 次被命中。接着，美军第 4 装甲骑兵团 3 中队前出到安和乡搜索时，又遭到越军抵抗，蒙受了相当的损失。为了肃清安和村的敌人，南越国军和美军都呼叫航空火力攻击安和村。在航空火力突击前，美军飞机先飞过安和村上空撒下传单，通知安和村居民转移，警告他们联军就要对村庄实施航空火力打击了。通知后，联军一连 4 天 3 夜出动了 40 架次战机，连续对安和村实施火力打击，有力支援了南越国军第 4 装甲骑兵团 3 中队的突击。5 月 10 日，南越国军拿下了安和村，一共清点到 130 具越共尸体。

5 月 6 日，南越国军别动军第 30 营和美军一个装甲骑兵小队一起对富寿赛马场附近一个村庄实施突击，据信这里是越军兵力集结地。当联军冲进村庄时，他们遭到了猛烈的迫击炮和火箭筒火力阻击，被迫退却。进攻受挫的联军马上呼叫航空火力和炮兵火力对村子轰了一整夜。5 月 7 日，美军装甲骑兵小队冲进小村时，基本没有遇到抵抗，清点到 200 具越共尸体。

同是在 5 月 6 日，南越国军别动军第 33 营奉命前往增援进攻受挫的别动军第 30 营的时候，也遭到了越军极为顽强的抵抗。该营 2 次试图前进，可每一次都被越军自动步枪火力和迫击炮火力给打了回来。随队的美军顾问呼叫美军航空兵出动 3 个批次的战机实施空中打击，将 500 磅炸弹和凝固汽油弹扔到越军的头上。虽然联军进行了不间断的空中支援，可还是没能完全清除越军的抵抗，别动军第 33 营的冲击依旧受挫。

同一天，美军第 4 装甲骑兵团 3 中队一部兵力奉命肃清堤岸区西面的一个村庄。南越国军别动军司令部通知美军第 4 装甲骑兵团 3 中队中队长，告诉他先不要贸然进攻，等航空火力摧毁了村内抵抗最猛烈的 3 座房屋再前进。随同美军一起前进的南越军官在夜幕降临前向逃出村子的难民询问了村子的情况，了解了村内越军的部署情况。据此美军第 4 装甲骑兵团 3 中队召唤航空兵对村子实施突击，美军航空兵对小村投下了凝固汽油弹，完全炸毁了其中一座越军盘踞的房屋，大火烧了整整两天。

5月10日，南越国军别动军第33营也前出到富寿赛马场附近。在当天的清剿战斗中，别动军第33营缴获3支AK-47冲锋枪、1挺M60机枪、1支M16自动步枪、1具B40火箭筒、1具B41火箭筒、100枚手榴弹、1具美式防毒面具、几幅作战地图，发现9具越军尸体。根据随同别动军第33营的美军顾问报告，这些都是5月6日航空火力打击的结果。

5月11日，美军第4装甲骑兵团3中队撤了下去，南越国军别动军全面接管反击作战。5月11日夜，联军判断越军对西贡的第二阶段进攻浪潮已经退去，他们的主力部队也在逐步撤离西贡市区，不过南越国军在5月12日的清剿作战中还是不时遇到零星的狙击火力。5月12日，南越国军别动军第33营扫荡富寿赛马场北部的一个村庄时又遇到了猛烈抵抗，只得再呼叫航空兵和炮兵轰击，事后清点到100具尸体。

对南越国军战斗动作缓慢，配属给他们的美军顾问在作战报告中也大倒苦水：

……得到空中支援后，别动军还要等上好长一段时间才重新组织攻击。这一延迟给越共迅速从空袭中恢复过来，组织阵地防御迎战地面进攻提供了绝好的机会。此外，炮兵火力的效果实在太差了，我更喜欢空中支援。

相对南越国军别动军的动作迟缓，美军顾问对南越国军的两大支柱之一的伞兵的评价却颇高。他们认为南越国军伞兵行动果断，丝毫不拖泥带水，在航空火力和炮兵火力打击过后，伞兵们迅速扑上去，解决掉了对手。

5月攻势不单单只有平也团惨败，平也团的惨败只是越军对西贡5月攻势失败的一角，5个分区其他各营的战斗也全部以失败告终。

五月血

在平也团血战的同时，西贡5个分区的各个尖刀团营再次集结起来，对西贡市发动了第二次总攻击。5月4日，别动战士阮壹效和阿日开着满载炸弹的小卡车，在边车摩托车的掩护下，进攻了西贡大型电视发射塔。与此同时，别动战士黄世词也在阮金光协助下袭击了西贡广播电台。这两声爆炸是越军对西贡发动第二次总攻击的信号。

伴随着爆炸声，越军各参战部队相继进入了攻击位置，做好战斗准备。

1968 年 5 月 5 日 0:30，越军第 96 炮兵团、第 208 炮兵团以及特工 10 团的 63 式 107 毫米多管火箭炮和 DKB122 毫米单管火箭炮齐声怒吼，一枚枚火箭弹划着大大的弧线，直扑新山一机场、南越国军联合参某本部、美国远征军总部、独立宫、西贡新港、南越国军海军总部和警察总署。在一阵阵爆炸声中，越军对西贡的第二阶段总攻击正式打响。

在西面和西南方向上，第 2 分区有 2 个团的兵力，分别是越军第 9 步兵师 1 团（得到第 2 步兵团 4 营加强），以及 2 分区 2 团。在平也团迟到的情况下，第 2 分区以新平县 6 营从富林县首先发动进攻，他们先是拿下了桥知区域，接着往富寿赛马场、陈国全路和后江路发展进攻，最终冲到西贡集市。

5 月 6 日起，越军第 9 步兵师 1 团也冲进了西贡市区，其中 1 团 1 营和新平县 6 营取得联系，在西贡集市共同打击南越国军的反击。为了粉碎越军的进攻，南越国军别动军第 30、第 33 营，野战警察第 3、第 7 营和伞兵第 5、第 11 营先后上阵，实施猛烈反扑。

在平也团的帮助下，新平县 6 营把西贡集市的守备任务移交给 1 团 1 营，然后从南越国军防线空当隐蔽穿插过去，拿下了阮玉洲警察局，控制了明丰区、46 号街、乐隆观以及核鹅桥。

明丰区的丢失，震惊了联军高层。这里是控制西贡—堤岸到 4 号高速公路之间 2 条主干线的交通枢纽，对联军机械化部队的运动极为不利。根据南越国军的观察，对方（联军错把新平县 6 营识别为第 267 步兵营）装备了 75 毫米无后坐力炮和高射炮，显然是决心要打击联军的坦克装甲车反扑和直升机攻击。根据从明丰区逃出的市民报告，越军在相邻的各座房屋之间凿穿墙壁，以便各屋内机动兵力，避免暴露在街道开阔地遭到空炮火力杀伤。

为了把新平县 6 营给赶出去，南越国军以别动军第 35 营打头阵，对明丰区和 46 号大街实施反扑。双方的记载都浸透着鲜血。别动军第 35 营称，他们一路上遭到 B40 火箭筒发射的急风暴雨般的火箭弹的拦阻，该营的美军顾问在报告中也把越军火箭弹群描述成"暴风骤雨"。在越军密集的火力打击下，猛冲猛打并非明智之举，别动军第 35 营决定先后退 500 米，和对方拉开距离，然后呼叫航空火力和炮兵火力打击。新平县 6 营没有胆怯，勇敢地端起冲锋枪和高射机枪，对空实施密集拦阻射击，不过效果甚微。美军战机投下的一枚凝固汽油弹准确炸毁了越军的火力点。

第一次得手后，别动军第35营开始谨慎往前推进。可刚走一段距离又遭到越军的抵抗。美军顾问再次请求空中支援。这一次，美国空军拒绝了他们的请求，因为这里是人口密集的市区，非紧急情况不能随便扔炸弹。无奈的别动军第35营只好在没有航空火力支援的情况下，自行组织冲击，他们很快遭到新平县6营的反突击，无法前进一步。夜间，别动军第35营组织侦察，发现一座大楼里不断有越军伤员被抬进抬出，遂判断这很可能是越军的一个野战医院或伤员收容点，于是，他们经美军顾问向美国空军请求空中支援，但美军空军再次拒绝了他们的请求。

5月8日，南越国军别动军第38营换下第35营（第35营转移到第8郡，去打隆安省1、2营），继续对新平县6营组织反击。可他们的运气也不比别动军第35营好到哪里去，越军的顽强抵抗让别动军第38营一筹莫展，直到美军一支装甲骑兵部队赶来支援，才迫使越军后退。5月9日早上，别动军38营刚刚和美军坦克群分开，继续前进，还没走出300码就又遭到越军更为猛烈的抵抗，他们判断当面越军兵力大约为1个营。17:00，美国空军终于回应了别动军第38营的请求，对目标区实施了猛烈的航空火力打击。轰炸结束后，别动军第38营达成了突破，并从越军阵地上清点到45具尸体。5月9日，南越国军别动军38营在富寿赛马场地区持续和越军大约1个加强连激战一整天，再度获得进展。

应该说，联军方面对明丰地区和46号大街战斗的记载基本是正确的。新平县6营在极为不利的情况下，拼死抵抗南越国军别动军第35营和第38营的车轮战。在没有任何重武器的情况下，仅靠高射机枪、火箭弹和75毫米无后坐力炮拼死战斗，为每一座房屋和对方展开激烈争夺。战斗中，新平县6营牺牲了50多名指战员。随同他们一起进城的越军摄影员、越南人民军报记者和随军作家也牺牲了不少，著名的随军作家阮世和阮玉新、摄影师中正和国勇、诗人黎英春、《越南人民军报》记者玉洲等都倒在了明丰区。新平县6营指战员们用生命保护好了中正和国勇的摄影机和胶卷。这些珍贵摄影录像后来都安全送回根据地，再经胡志明小道送至河内留存，成为记录1968年西贡之战的宝贵影像资料。

虽然第2分区的进攻战斗取得了不小的胜利，但他们自身的损失太大了。5月10日夜，随着平也团的撤退，新平县6营也离开了明丰区和46号大街，往平仙县转移。退却过程中，新平县6营受到了别动军第38营的追杀。新平县6营2连为了掩护营指撤退，进行了一整天的抵抗。配属南越国军别动军第38营的美军顾问在报告中记载了这次战斗：

白天，别动军官兵在敌人的顽强抵抗下没法前进一步。夜间，他们召唤航空兵对地图坐标XS79S905处（富寿赛马场以西大约1千米）实施火力打击。空袭出动了4架次战机，对越共阵地投下大量杀伤炸弹和凝固汽油弹。第二天早上对该地区扫荡时，发现了100个精心修筑的掩体。这些掩体伪装良好，从阵地布置来看这显然是敌人的一个团指。由于空袭发生在黄昏时刻，这使越军有足够的时间从倒下的战友手上撤走武器。因此，我们只缴获了极少的武器。被俘的敌人也指出，我们的炮兵火力对这些精心修筑的掩体毁伤效果很低，可凝固汽油弹却极其有效。

这次战斗也宣告了越军第2分区5月攻势的终结。尽管如此，这个方向的战斗还是给联军留下了深刻的印象。不仅南越国军打得吃力，就是美军第199轻步兵旅在这个方向上的反击也遭到了极为顽强的抵抗。美国空军一份报告中讲述了199轻步兵旅和第2分区某部的一个战例：

在西贡西面，美军第199轻步兵旅也于5月6日对越军占领的一个村庄发起攻击，战斗打了3天。起初，美军第199轻步兵旅1个连从南面靠近村庄侦察时，被越军的火箭筒、轻重机枪和AK-47冲锋枪火力给压住了。接着，美军又投入1个连，从东面展开攻击，他们在未遇任何抵抗的情况下悄悄穿过了小村东部。可事后证明这是越军故意设下的陷阱，他们很快就陷入了密集的火力网中。为了呼叫航空火力攻击，美军事先对平民进行了疏散，接着美军航空兵一连实施了4次突击。不久，越军火力渐渐减弱。美军判断这是空袭奏效的表现，于是再度前进。可是，他们刚刚前出一小段距离，越军火力点就相继"复活"，打得美军根本抬不起头。尽管美军一再呼叫航空火力支援，越军的激烈抵抗还是持续了一整夜。第二天清早，美军试图继续从南面展开攻击时，又受到密集的RPG火箭弹攻击。一气之下，美军连长连续呼叫了6个批次的战机实施对地攻击，可还是没有压住对手。5月7日的战斗不过是6日激战的重演而已。只要美军一冲击，越军就组织猛烈火力迎击，只要美军暂停进攻呼叫航空火力或炮兵火力打击，越军就转移隐蔽。如此一来，5月7日夜幕降临，美军进攻依然没有得手，越军的抵抗力度和还击火力丝毫没有减弱的迹象。

5月8日，美军航空兵重新实施新一轮攻击。这一次，美军出动了10架战机，投下了大量750磅延时炸弹轰击越军阵地。如此给力的支援，终于铸就了美军的胜利，第199轻步兵旅拿下了小村。战斗结束后，美军对小村进行了仔细的检查，这才发现越军阵地在反复轰炸下屹立不倒的"奥秘"——原来他们把掩体建在房屋的水泥地板下，依托房顶、周围墙壁和地面水泥板，相当于有2层以上的保障，在美军的航空火力打击下有效保存了有生力量。不仅如此，各座屋内的掩体还通过地道相连，越军可以利用坑道调动兵力和火力，组织机动灵活的抗击，不断随机转移阵地位置。

血战西贡市区的并不只有第2分区的2个团。第3、第4、第5分区也进行了英勇的战斗。

在第3分区，参加战斗的各个部队都迟到了。富利4营直到5月8日才跨过西贡河，进攻第8郡，可战斗不到一天就退了出去。

第二天，也就是5月9日，隆安省1营和2营抵达核库，对第8郡的Y字桥、二天路桥、欧阳兰路和范世贤路展开攻击。但他们还没冲多远，就和美国陆军第9步兵师3旅1个营狭路相逢。美军第9步兵师战斗力十分了得，一出手就夺回了范世贤路（Y字桥南）。接着，美军又在5月10日5:30—23:50连续攻击，把隆安省1、2营给赶出了Y字桥周围。战斗中，隆安省1、2营损失约200人，他们进城前各只有150人。

与此同时，原本也奉命打Y字桥的雅贝县5营还没过西贡河就被联军给截住了。从5月11日开始，隆安省1、2营残部和雅贝5营、富利4营被迫退回根据地。上级赋予第3分区的占领警察总署，并向第1、第2郡发展进攻的任务还没开始就结束了。

在西南和西北方向，越军第1分区的第16步兵团和决胜团负责进攻新山一机场。可是，他们还没过鹅邑就遭到赶来的南越国军伞兵5营主力的反击。5月6—8日，第16步兵团、决胜团与南越国军伞兵5营大战3天，虽然宣称歼敌200多，却始终连新山一机场的边都没碰着。

在第 4 分区，这里没有主力部队，只有越军部分工兵和 C90 特工队。上级给第 4 分区的任务是炸毁 1 号公路高速桥，切断西贡东部的交通运输干线。可是，工兵只用了 20 千克炸药，没能彻底炸坏大桥。

在东北方向的第 5 分区，2 个营进攻了平绍桥和平利桥。1968 年 5 月 5 日凌晨 3:00，也就是新春总攻击第二阶段打响后不久，越军第 5 分区一个连乘车往第 1 郡行军，到潘清简大桥时，用 B40 火箭筒打掉了南越的一个检查站，然后迅速冲过大桥，拿下了思德周围的制高点。不过，南越反应很快，海军陆战 2 营马上扑了过来，野战警察也赶来增援。战斗打得十分激烈，西贡警察总署署长阮玉銮准将亲临一线，指挥部队反击。

5 月 6 日，南越国军海军陆战 2 营继续反扑。他们一边组织攻击，一边在装甲车上架起大喇叭进行宣传攻势。但效果不大。在阮平坚胡同，越军用 B40 火箭筒击毁了 2 辆装甲车，打退了南越国军海军陆战 2 营的反扑。在世谊桥西面，越军连续打击南越国军海军陆战 5 营反扑，顽强进行了几天的街巷战。在该地区战斗中，西贡警察总署署长阮玉銮准将大腿中弹，被迫送医院急救。但第 5 分区的部队孤立无援，在强敌的反扑下，最终还是撤出了西贡市区。

第二阶段第一期对西贡的总攻击至此结束。对越军来说，第二阶段第一期对西贡的总攻击是一个苦涩的回忆。一方有失，必然意味着另一方有得。联军靠着准确的情报和周密的准备，轻松粉碎了越军的进攻。在这阶段的战斗中，联军空中部队的表现可圈可点，可以说他们的表现对胜利起到了决定性的作用。根据统计，美国空军在 5 月 5—31 日总共出动了 500 架次战术飞机，对西贡市中心周围 8 千米地区实施了空中打击。越南共和国空军也出动了 185 架次 A-1H "天袭者" 和 F-5 战斗机。在空中支援作战行动中，美国空军的 F-100 "超级佩刀" 战斗攻击机扮演了重要角色，一共出动 241 架次，A-37、F-4 各出动 50 和 24 架次，共毙敌 119 人，摧毁建筑物 756 座、掩体 360 座，引发殉爆 19 次。武装直升机和炮兵火力也在 5 月 4—13 日的作战中起了不小的作用。下面是 5 月 4—13 日联军的战术航空兵、武装直升机和炮兵在西贡市区周围战斗中的火力投射统计。

战术航空兵火力投射：250 磅炸弹 2 枚、500 磅炸弹 117 枚、750 磅炸弹 14 枚、凝固汽油弹 80 枚；

武装直升机火力投射：7.62 毫米子弹 173084 发、2.75 英寸火箭弹 1447 发、40 毫米航炮弹 761 发；

炮兵火力投射（联军）：105 毫米榴弹 4403 发、155 毫米榴弹 83 发、8 英寸榴弹 37 发。

此外，AC–47"幽灵"空中炮艇和"同温层堡垒"B52 战略轰炸机也在西贡战役中立了不少功勋。5 月 1—31 日，AC–47"幽灵"空中炮艇就投下了 574 枚照明弹，发射 75300 发 7.62 毫米机枪弹，在夜间有力配合了联军部队的

1968 年 5 月 4—13 日联军在西贡地区的损失和战绩统计表

单位	南越国军别动军第 5 联团	南越国军野战部队各营	美军	保安军	民卫队	总计
战死	23	59	76	5	3	166
负伤	132	190	338	37	27	724
失踪	3	8	1	0	5	17
武器损耗	3	11	1	0	0	15
确认毙敌	510	530	1941	56	16	3058
可能毙敌	35	0	0	16	2	53
俘虏	74	86	51	4	6	221
逃亡之敌	8	137	6	23	0	174
缴获枪支	78	152	224	8	8	470
缴获的支援武器	56	45	7	3	1	112
缴获弹药	605	18188	24500	1504	3	44800
缴获地雷	3	0	0	0	0	3
缴获的手榴弹	113	108	119	66	0	406
摧毁的掩体	0	0	5	6	0	11
摧毁的舢板	0	0	10	1	2	13
缴获大米（以磅为单位计）	0	0	800	800	0	1600

作战行动。B52 也不甘示弱,积极地对西贡市中心 8~40 千米内的越军可能的集结地、补给点、指挥中枢、通信站进行猛烈轰击,共出动 997 架次。

战场统计也足以说明联军的胜利。只不过,如果说联军认为自己就此遏制住了对方进攻的话,那就大错特错了。正是利用联军这个疏忽,5 月蒙受血灾的越军重整旗鼓,杀了联军一个回马枪,掀起了 6 月大战狂涛。

六月泪

第二阶段第一期总攻击的失败,并没有让越军气馁。虽说越南南方解放军的拳头部队——第 9 步兵师 1 团和 2 团 4 营在战斗中蒙受了巨大的损失,丧失了战斗力,可第 9 步兵师 3 团实力还在,此外新平县 6 营也保持着战斗力。更重要的是,同奈团和决胜团也隐蔽调到了西贡北面。虽说可用兵力比第二阶段第一期要少得多,但可以利用突然性因素,打联军一个措手不及。正是在这种情况下,越南南方解放军军委和司令部决定发动第二阶段第二期攻击,目标还是西贡市。

在西贡西南方向上,越军第 9 步兵师 3 团和新平县 6 营、茶永省 308 营展开攻击。由于第二阶段第一期的进攻中,越军以富定县为跳板展开攻击,因此联军在此方向上重点封锁富定县。但越军改变了打法,用新平县 6 营和茶永省 308 营从安乐向 4 号公路以南发动进攻。5 月 26 日夜,越军第 9 步兵师 3 团 8 营也从富林县开始攻击,突破南越国军外层防御后直接朝后江路发展进攻,俘虏 18 人。

当时,南越国军在富林县的守军是别动军 1 个营、2 个陆战连和 1 个野战警察连,但兵力分散,没法阻挡越军第 9 步兵师 3 团 8 营的进攻。结果,越军第 9 步兵师 3 团 8 营基本没有遇到有力抵抗,就冲到富定桥东面。回过神来的南越国军别动军 1 个营马上组织反击,双方都蒙受了较大的损失。越军 3 团 8 营退了下来,和 3 团 7 营换防。接着,3 团 7 营和新平县 6 营、茶永省 308 营会合,从 6 月 1 日开始利用南越国军的防线空当穿插到富定桥东面,往后江路发展进攻。

为了挡住越军 3 个营的进攻,南越国军不断把海军陆战队、别动军、野战警察调上来反扑。在这个方向上,南越国军犯下了一个巨大错误,那就是没能在第5、第6郡形成一条连贯的封锁线，仅仅布置了一条稀疏的警戒线，导致越军在夜幕掩护下逐次渗透进来。结果，堤岸区的整个街道都被越军第9步兵师3团7营、新平县6营和茶永省308营控制。虽然越军第9步兵师3团7营（后9营也投入战斗）、新平县6营和茶永省308营兵力只有350~400人，可他们娴熟地把部队化整为零，以排班为单位，抢占堤岸区所有高楼大厦，依托高楼里的各个窗口和重要居民点组织巷战防御。为了打好这次巷战，越南南方解放军给上述部队超额配备了B40火箭筒，达5人一具，相当于一个营拥有70~80具火箭筒，还增配了大量轻机枪和足额的子弹。

为了夺回堤岸区，南越国军别动军第35、第36和第38营以及海军陆战2营、2个野战警察连连番上阵，在战术空军和AC-47"幽灵"空中炮艇支援下，逐个打掉高楼内的越军火力点。同时，南越国军还使用M79火箭筒和57毫米无后坐力炮摧毁低层楼房内的越军火力点，接着双方在各座大楼的房间里和楼梯间进行激战。由于越军兵力分散，在连续不断的战斗中被对方各个击破，第3步兵团7、9营和新平县6营、茶永省308营损失很大，却没有得到补充，战斗力逐步丧失。尽管如此，西贡第2分区在这次进攻战斗中还是可圈可点，他们以比第2阶段第一期少得多的兵力取得了更大的胜利。

对南越国军来说，堤岸区的战斗也是痛苦的回忆。除了要付出很大的伤亡才能逐屋逐楼把越军撵出去外，他们还发生了重大的误击事件。6月2日17:00，美军1架武装直升机飞到福德路实施近距离火力支援时，南越国军第3军区司令黎元康中将（1972年广治战役前期，他是南越海军陆战师团师团长）正和包括西贡市市长阮文古上校在内的一群高官商讨夺回第5、第6郡的作战方案，该直升机发射的一枚火箭弹正好在他们中间爆炸，西贡市警察局局长阮文澜上校、别动军第5联团联团长陶百福中校、西贡港口巡逻主任黎玉柱中校、西贡市警察局行政长官阮玉星及阮宝水被炸死。阮玉銮准将、阮文古上校以及南越警察总署次长阮文奋负伤。

这次攻击引起了南越方面的轩然大波。根据美军事后公布的调查结果，这次误击是因为射击角度太小，目标和这群军官视察点相隔仅200米。不过，军方可不相信这次行动是单纯的误击，因为死亡的军官全部都是前政府总理阮高其的亲信和死党，美军这么做有协助总统阮文绍巩固地位、铲除异己党派的嫌疑。

由于这次误击，导致南越国军的夺回作战推迟了 2 天之久，直到新任指挥官到位，才恢复进攻。利用这两天的喘息期，越军加强和巩固了防御。为了早点夺回堤岸区，南越方面指挥官决定请求坦克支援，并使用催泪弹和烟幕弹将越军从各座楼房中赶出。这种战法很快奏效，参加反击的别动军 3 个营全部戴上防毒面具，用催泪弹和 CS 化学弹先扔进每座大楼，将越军熏倒，然后再冲进去打。缺乏防毒面具的越军根本没法防范催泪弹和 CS 化学弹，因而控制区逐步丢失。战至 6 月 7 日清晨，越军新平县 6 营和茶永省 308 营的协同被分割，第 9 步兵师 3 团 7、9 营损失大半兵力，只剩 1/3 逃出重围。最惨的是新平县 6 营和茶永省 308 营，他们损失了差不多 80% 的兵力，其中茶永省 308 营营指全部牺牲，负责指挥这两个营战斗的西贡第 2 分区 2 团团长二黄是 1963 年 1 月 2 日北村战斗中第 514 营营长，他为了掩护一位女联络员脱身，不幸在战乱中牺牲。群龙无首的越军 2 个营残部除了投降，没有别的选择。

在西贡北面，第 1 分区的决胜团和第 5 分区的同奈团也进行了一次悲壮的进攻战斗。他们负责对兴中西区和西贡市总医院方向实施突击，这里既是人口稠密区，又是交通枢纽区，往东是西贡—边和高速公路，往南是嘉定小区。2 个团的作战分界线是 1 号公路到鹏基桥，同奈团朝东北突击，决胜团向西北进攻。对越军 2 个主力团的进攻方向选择，南越方面分析认为，越军之所以选择人口稠密区作为突击方向，为的就是最大限度利用舆论优势削弱联军的空炮优势发挥，特别是他们进攻路线上有大量佛塔。显然，越军打算利用越南人尊重佛塔的传统，形成双方用轻步兵武器决斗的模式。他们认为，如果南越方面用空炮火力攻击佛塔，一定会引起民愤，给他们攻击南越政权不尊重宗教以绝好的借口。遗憾的是，越军打错了算盘，让同奈团和决胜团付出了巨大的代价。

5 月 24 日夜，越军决胜团突破西贡外围封锁线，朝和平、巴沼展开攻击，却遭到南越国军海军陆战 1 营的顽强抵抗。不过，决胜团最初的进攻气势如虹，从安富东到向光，连续把南越国军海军陆战 1 营给打了下去，冲到平利桥。接着，南越国军调上 2 个伞兵营实施反击。伞兵们忠实执行了南越总理陈文香的指示，采取防暴警用催泪弹和烟幕弹，打算把决胜团逐个从民屋里逐出。

可是，这种战法收效不大，因为催泪弹和烟幕弹很容易招来美国空军和越南共和国空军的战机攻击，而且烟幕的飘向随风而定，经常是伞兵们刚刚释放完烟幕弹，风一吹又飘回己方战线，因此，南越伞兵只得改变打法，利用夜幕掩护，强袭决胜团阵地。这招反而能够出奇制胜。5 月 25 日—6 月 3 日，南越伞兵逐步把决胜团往回压。决胜团只得往鹏基桥撤退。但他们还没到鹏基桥就受到南越国军海军陆战 1、6 营的夹击。为了冲破南越海军陆战队 2 个营的封锁，决胜团团长冲锋在前，负伤牺牲，团政委紧握军旗，立于阵前高呼："是共产党员的跟我冲……"话还没说完也被一发子弹夺去了生命。副团长范文圹没有办法，在南越国军铜墙铁壁包围下，熬了 2 个星期，最终还是在 6 月 17 日举手投降。根据他的供词，决胜团只剩 230 人（战前编制是 1500 人），其中 110 人带伤。

南越国军心理战单位充分利用了范文圹的投降，让他签署劝降书，通过飞机撒遍决胜团残部控制区。在强大的心理宣传攻势下，决胜团幸存的指战员相继投降。至 6 月 18 日，决胜团共有 152 名干部战士放下武器投降，这是截至当时越军对联军最大规模的单次投降行为。对于拒不投降的决胜团残部，南越国军展开了坚决的清剿，于 6 月 19—20 日将其全歼。光荣的决胜团就此覆灭。

同奈团的进攻也没有取得成功。5 月 30 日夜，同奈团对鹏基桥展开了坚决攻击，一路往吴德继路、灵山佛塔、竹兰佛塔、西贡集市中心、陈平仲路和吴松洲展开攻击。为了挡住越军冲击，南越国军联合参谋本部把第 5、第 9 伞兵营和伞降别动第 81 联团调来反扑。为了把越军撵出佛塔，南越国军毫不吝啬地使用空炮火力轰击圣地。不过，大量使用空炮火力还是带来了很大的负面效应，一是轰击佛塔引起佛教徒不满，二是这一时期使用的空炮火力规模超过了 5 月 4—13 日，民怨沸腾。为了安抚民心，越南共和国总理陈文香发出指示，限制联军在西贡市内人口稠密区使用空炮火力打击。

这个指示的确有效减少了平民的伤亡，但大大延迟了反击战斗的进展。直到 1968 年 6 月 30 日，南越方面才把同奈团给赶出了西贡。同奈团的损失并不比决胜团小，第 1、第 2 营撤离市区时只剩 70 人，团长牺牲，团指只有 5 人突围出来。最终清点兵力时，同奈团只剩 300 人。

至此，第二阶段第二期对西贡的总攻击还是以失败告终。对越军来说，5月的血、6月的泪给他们留下了永远难忘的耻辱。在第二阶段对西贡市和南部东区各地的战斗中，越军的损失继续高居各战场之首——按照越南中央军委给中央政治局的报告，南部东区在第二阶段共牺牲 4236 人，负伤 5325 人，失踪 572 人，计损失 10133 人。

可是，以上数字严重缩水。越南人民军第 9 步兵师战史的记载：

在第二阶段总攻击的日子里，第 9 步兵师 3 个团在西贡市内许多条街道英勇战斗。由于我军在第一阶段总攻击后改变方向和打法，第二阶段总攻击前敌人增强了兵力，并在各个方向组织起了强有力的封锁线。我部队没法实施隐蔽，也就是说完全失去了第一阶段的进攻突然性要素。结果，第 9 步兵师虽然顽强奋战，却始终没能实现拿下伪军首都特区的目标，各单位也在战斗中蒙受了巨大的损失，许多干部战士在战斗中表现出了大无畏的英勇气概。全师共有 5000 多名干部战士英勇倒在了西贡市内各条街巷，他们永远活在了西贡市民的心里。第 9 步兵师的各位战士的形象，实际上就是 1968 年总攻击和总奋起全军的缩影。[2]

经过 1968 年春夏季 2 个阶段的进攻，由于兵力损失很大，我军进攻之势受到很大削弱。各主力师比如第 9 步兵师被迫撤回各个根据地巩固。西贡周围只剩一些地方部队继续坚守进攻跳板地盘。西贡市内外的许多政治基础和兵运基础受到破坏。解放区被收窄，美伪军增加许多兵力固守西贡，对农村根据地进行激烈扫荡。

按照南部东区的统计，第二阶段收容第 5、第 7、第 9 步兵师伤员数字是 5565 人，再加上几乎全军覆灭的同奈团、决胜团，以及新平县 6 营、第 308 步兵营等的伤员，可以说越南中央军委汇报的数字再次大大缩小了实际损失。这种缩水瞒报带来的恶果是显而易见的，越南中央政治局不顾实际情况，下令全军在 8 月 17 日又实施第三阶段总攻击。失血过重的南部东区各个主力师只能拖着疲惫的身躯，对西宁市发动进攻。这次战斗可以说是虎头蛇尾，尽管一度解放了半个西宁市，但终究不敌美军强大攻势。第 5 步兵师、第 7 步兵师和第 9 步兵师共伤亡 4462 人（死 1539 伤 2923）。[3] 西宁战斗的结束也宣告惨烈的 1968 年成为历史，西贡周围的越军即将迎来整个抗美战争中最艰苦、最难熬的岁月。

艰苦的岁月

在波澜壮阔的 1968 年新春总攻击中，越南人民军和南方人民一起，对美军和南越国军发动了整整三个阶段的总攻击，持续时间是 1968 年 1 月 30 日—9 月 5 日，虽然取得了巨大的胜利——根据美军统计，1968 年美军在越南战场伤亡 10.2 万，其中战死 1.8 万，超过太平洋战争的年均伤亡，也是冷战期间美国所参与的诸多战争中伤亡最大的年份——但这一胜利的背后，越南人民军也付出了巨大的牺牲。按照越南中央军委在 1969 年 4 月上报的缩水数字，仅 1968 年 1 月 30 日—7 月初（第一阶段到第二阶段），越军就牺牲了 44824 人、负伤 61267 人，失踪 4511 人，被捕 912 人，失去联络 1265 人，逃伍 10899 人，投降 416 人，总计损失 124094 人，这其中还不包括县地方部队和乡村游击队，也不包括地方政治干部。许多先前立下了赫赫战功的部队，比如越军第 9 步兵师、第 7 步兵师、第 5 步兵师、第 1 步兵师都蒙受了极为惨重的损失，特别是越军第 9 步兵师在整个 1968 年几乎被打光。当然，也并不是每个军区和省都蒙受同样惨烈的损失，也有在 1968 年打得十分出色的军区和省，比如阮明洲领导的第 6 军区在 1968 年结束时依然保持着较为强悍的战斗力。革命老区——平定省更是 1968 年奋战的楷模。全年打下来，平定省主力部队（3 个营）和地方部队（各县中队）共牺牲 681 名指战员，负伤 409 人，99 人被捕，乡村游击队牺牲 200 人，负伤 66 人，被捕 41 人，全省仅损失枪支 574 支。难能可贵的是，平定省的乡村游击队到 1968 年底发展到 14000 人（占全省根据地人口的 6.57%），含 2370 名女游击战士。正是依托乡村游击队的壮大，地方部队和主力部队游刃有余，才在 1969—1970 年最艰苦的岁月支撑下来，损失甚至比 1968 年还少得多，这是整个越南南方各军区、各省都没法做到的。不过，总的来说，1968 年新春总攻击和总奋起还是让南方的越军战斗力受到了很大的削弱，特别是西贡—嘉定—堤岸军区和越南南方解放军直辖的几个主力师。这种损失造成的恶果也是很明显的。

1968 年 8 月开始，美国远征军第三任总司令、陆军名将艾布拉姆斯上将挥军反攻，立即给南方的越军造成了巨大的压力。各根据地相继蒙受重大损失，第 9 军区仅半年之内就损失了 16000 多名乡村游击队员，第 5 军区也丢失了差不多一半的地盘，治天军区陷入苦战局面。南部东区也没有幸免，在美军的 1968—1969 年旱季战略反攻中，第 7 军区和西贡—嘉定—堤岸军区的越军，上至主力师下到乡村游击队都蒙受了极为惨重的损失。

1968 年 12 月，美军以 1 个营的兵力突然包围了在古芝县福清乡休整的古芝县 7 营，接着又机降 2 个营构成外层包围圈，3 个营合击重创了古芝 7 营，该营损失大半兵力后丧失战斗力达 1 年之久。

在乃萨特区，美军第 199 轻步兵旅不断出击，重点打越军特工 10 团。在持续不断的打击下，特工 10 团蒙受了巨大的损失。该团 5 连在 1968 年下半年组织的多次用 DKB 对雅贝港和加榄县仓库区的游动炮击战斗中仅 1 名炮兵战士牺牲。可 1969 年 1—6 月，仅仅半年时间，5 连就只剩下 9 名炮兵战士，其他各连炮兵战士也下降到 12~36 人。除了经验丰富的炮兵战士蒙受巨大牺牲外，该团装备的 75 毫米无后坐力炮、DKB 122 毫米单管火箭炮和 B40 火箭筒、B41 火箭筒根本没法获得稳定的补充，导致 1969—1970 年游动炮击力度比 1968 年有大幅下滑的趋势。更为糟糕的是，粮食供应也出现了问题，1969—1970 年度已不再像前几年那样稳定，部队常常饿着肚子战斗。为了生存，特工 10 团命令 2 连改编成生产连，在翁桥河沿岸的根据地组织生产自救，种植红薯代替大米。特工 10 团政委七药（Bảy Ước）和团长高成滔以身作则，亲自下地耕种，带领全团特工战士度过了艰苦的 1969—1970 年。据特工 10 团统计，在 1969—1971 年这 3 年时间里，他们一共牺牲了 324 名指战员，占 1966—1975 年总牺牲人数的一半，代价之大，可想而知。

乡村游击队也没有幸免。联军的绥靖计划和军事打击发挥了巨大的效果，越军承认在这一时期乡村游击队损失率惊人。著名的越南南部平原游击战胜地——古芝同样在 1969—1970 年出现严重灾情。根据越军统计，1969 年 10 月古芝县北部各乡游击队人数是 530 人，1969 年 12 月底下降到 210 人，1970 年第二季度下滑到 182 人；1969 年 10 月，古芝县南面各乡的游击队人数是 2000 人，到 1969 年底急剧下降到 112 人，1970 年第二季度只剩 106 人。平政县的永禄乡各村游击队只剩几个人还在坚持。中安乡、新安会、福协、平美、永禄等各乡党支部全部被拔除。在乃萨特区，除了特工 10 团还在坚持外，同和、隆城、隆山等许多地方的乡村游击队和县地方部队被联军消灭殆尽。为了恢复乡村游击队和地方部队，越南南方解放军司令部不得不解散许多主力部队，把他们派下去工作，然而，这些部队也蒙受了惨重的损失。比如主力部队第320步兵团，两下隆安省，虽然牵制了联军部分兵力和绥靖力量，但不仅没能恢复当地的地方部队和乡村游击队，且自己还蒙受了两次全灭的打击，最终没有完成任务。

对越军来说，艰苦岁月的困难还不止于此。美国中情局发动的"凤凰"行动更是给越军的地方基层和党组织造成了雪崩似的打击，损失了许多宝贵的干部。根据越军方面统计，仅在"伪首都特区"（西贡—嘉定—堤岸），"敌人的'凤凰'行动就杀害、俘虏了602名越方基层干部"。西贡市内各郡更是损失惨重，仅西贡市第7郡，郡党委领导班子就牺牲和被捕11人，基层核心干部牺牲20多人。第8郡牺牲和被捕12人，含郡党委书记苏安。整个西贡—嘉定—堤岸特区的各个党组织，在1969—1970年"凤凰"行动中受到毁灭性打击，不得不暂时撤离国统区，转移到根据地。

主力部队更是灾情严重。1969年2月22日—4月30日，越南中央军委头脑发昏，强令越南南方全线发起新的总攻击，企图重演1968年。然而，失血过多的越军各个主力师已经完全打不出1968年的效果。根据越南南方解放军卫生勤务部门统计，在这个阶段，第1、第5、第7、第9等4个主力师在西宁、平隆、隆庆、福绥（巴地）与边和各地参战兵力24000人，蒙受了6802人的伤亡（占参战兵力的28.3%），伤兵4174人（重伤14.4%，中等伤势42%，轻伤43.6%，占参战兵力的17.4%），战死2628人。

如此不负责任地强令进攻造成了恶果，越军第5、第7、第9步兵师失去了战斗力。特别是第9步兵师3团，他们本身就是在1969年春季攻势中损失最大的部队，又在夏季被调到平隆省参加战斗。1969年6月6日，他们作为第9步兵师一员，在平隆省地方部队第386营配合下，于真城—汉馆打了最后一仗，宣称歼敌403人，可自己也牺牲和负伤了109名指战员。[4]

鉴于禄宁团损失太大，没法在南部东区获得有效补充，越南南方解放军司令部决定让该团返回它的老根据地——第9军区的乌明森林重新整顿，改番号为第9军区1团，由第9军区新任司令员黎德英大校和新任军区政委武文杰领导。该团在 1969 年 9—12 月的保卫乌明森林根据地战斗中打得十分出色，挫败了南越国军第 9 师团和第 21 师团的进攻，己方损失是 40 名指战员牺牲，297 名指战员负伤，这次胜利是 1969 年越军在整个南方战场唯一一次大捷，也直接确保了第 9 军区在联军疯狂围剿下还有最后一块可以站稳的根据地。事后，黎德英在提到这次战役时还不忘表扬禄宁团的出色表现。这个战功卓著的步兵团，最终于 1975 年在第 9 军区的建制内把胜利的红旗插上了永隆市。

为了接替离去的禄宁团，越南南方解放军司令部在 1969 年 10 月把溪山战役中表现出色的越军第 325C 步兵师主力——第 95C 步兵团给调过来，改番号为越军第 9 步兵师 3 团，保住了越军第 9 步兵师的战斗力。不过，在艰苦的 1969 年，仍维持 3 个步兵团建制的越军第 9 步兵师过得并不容易。由于联军的地面围剿、"凤凰"行动初见成效和美国空军对长山公路的猛烈轰炸，越军没法有效运行，这给第 9 步兵师的供应和补充，甚至是作战活动都带来了极大的困难。实际上，继续留在越南南方已经没法站稳脚跟。更为危险的是，由于朗诺政变，导致越军在柬埔寨境内的后勤基地和补给线都受到了严重威胁。为求发展和坚持战斗，南方中央局和越南南方解放军军委、司令部决定把主力部队——第 5、第 7、第 9 步兵师全部移师柬埔寨境内，南方中央局、越南南方解放军司令部也同时转移，在越南南部平原只留下各个被解散的主力团和地方部队继续战斗，牵制联军注意力，土力部队全部在柬埔寨东北展开，以求打击朗诺的高棉政府军，帮助民柬发展武装力量和扩大根据地，静待美军基本撤完作战部队，再打回南部平原。

但美军入侵柬埔寨，让越军避战的想法落空。越军第 9 步兵师又一次被迫和美军交手，不过战场由越南南部平原变成了柬埔寨。1970 年 3 月 24 日，越军第 9 步兵师 3 团（原 95C 步兵团）在柬埔寨巴宜庄攻击了美军一个集群。第 3 步兵团在柬埔寨战场的初战打得很一般，宣称仅歼敌 200 人（实际美军伤亡仅 50 人不到），自己却牺牲了 28 名指战员，负伤 79 人。最初在柬埔寨战场上对美军的一系列战斗中，包括越军第 9 步兵师在内的越军各个主力师都没能占得便宜。显然，在平原上和美军硬碰硬不是个办法。好在尼克松政府在世界舆论强大的压力下，很快命令美军退出了柬埔寨战场。为了填补美军的空当，南越国军第 3 军和第 4 军进入柬埔寨战场，在美国空军的支援下，配合朗诺的高棉政府军一起对越军展开攻击。

美军不好打，此时的南越国军也不好对付。1970 年 4—6 月，越军第 9 步兵师连续组织了多次对南越国军第 318 特遣队和第 333 特遣队的攻击，可都未得手。幸运的是，1970 年 6 月 3 日，南越国军鉴于柬埔寨战场打掉越军部分仓库区的任务基本完成，遂将大部分主力部队撤回国内。不过，第 318 特遣队留了下来。1970 年 6 月 21—29 日，南越国军第 318 特遣队和越军第 9 步兵师第 1 步兵团在磅湛大战一番。这一次，平也团终于扬眉吐气了。经历了 1968 年两打西贡的失意，平也团在南越国军身上找回了自信，宣称歼敌 800 多人。按照南越装甲兵上校何梅约的说法，这次战斗国军战死 34 人，204 人负伤，24 人失踪，可谓代价颇高。

待南越国军第 318 特遣队撤退后，越军抓住有利时机，最大限度扩张自己在柬埔寨东北的根据地，谋求新的发展。1970 年冬，越军第 9 步兵师协助民柬装备和训练了 3 个主力营，计 2082 人；还协助民柬成立了许多武装队，培训了 1049 位柬埔寨民军游击队员，这些武装部队有效配合了第 9 步兵师的作战。

如果说 1970 年是抓住避战时机发展扩大柬埔寨根据地，熬过 1969—1970 年这一艰苦岁月的话，那么 1971 年对越军第 9 步兵师来说就是个恢复之年。这一年，南越国军和高棉政府军为了铲平柬埔寨东北根据地，打掉越军主力，发起了"全胜 1-71"行动，和"兰山 719"行动交相呼应。然而，这次作战却因为南越国军第 4 军区司令杜智高中将乘坐直升机坠机身亡，出现巨大的转折。接手指挥的南越国军第 3 军区司令阮文明中将既没有视察过战场，也没有深入了解就对着地图胡乱拟定了撤退计划，导致南越国军别动军第 5 联团、第 333 特遣队和第 3 军突击部队在斯努战场遭到越军第 9 步兵师和第 5、第 7 步兵师的截杀，损失了 1000 多人，其中第 25 师团 1 个营几乎全军覆灭。斯努会战的胜利，意味越军完全粉碎了南越国军的"全胜 1-71"行动。不过，胜利的代价也不菲，越军第 5、第 7、第 9 等 3 个主力师从 1971 年 4 月 2 日—6 月 20 日在越柬边界的诸次战役中共负伤 4372 人，其中重伤 15.9%，中等伤势 27.5%，轻伤 56.6%。[5] 这次战役和南寮—9 号公路反攻战役的胜利一样，宣告越军熬过了 1969—1970 年的艰苦岁月。

1972 年，美国远征军把 80% 的兵力撤出越南南方，剩下的 10 万大军只有守备和支援南越国军作战的能力。趁着这个时机，越军掀起了战略总攻击，目标直指南越全境。在这一轮总攻浪潮中，越军第 5、第 7、第 9 步兵师再次承担了类似 1968 年进攻西贡的主攻任务，这次战役被命名为"阮惠战役"，越南南方解放军副司令员陈文茶中将任战役指挥长，黎玉贤大校任参谋长。经过周密的侦察和计划，陈文茶把战役突破口选在了 13 号公路沿线重镇——禄宁县，意图先拿下禄宁，切断真城和安禄市的联系，然后再集中兵力打安禄。

　　禄宁之战，越军第 9 步兵师 3 团（原 95C 步兵团）在团长范金和团政委徐文强指挥下，对和路出援禄宁的南越国军第 1 装甲骑兵旅团 2 个支团、别动军第 74 营和第 9 步兵团 2 营展开运动伏击，以 15 人牺牲 41 人负伤的代价，重创援敌，协助越军第 5 步兵师攻克了禄宁县。

　　首战告捷，让越南南方解放军士气大振，陈文茶遂决定直接对安禄市发起攻击。

　　4 月 9—12 日，越军第 9 步兵师在师长阮实冰和师政委范春松指挥下，得到第 5 步兵师 4 团、1 个炮兵团和 1 个坦克营加强，展开战斗队形包围了平隆省安禄市。13 日，越军第 9 步兵师第 2 步兵团和第 3 步兵团在坦克部队配合下，从西北方向朝安禄市实施主要突击；第 1 步兵团和第 5 步兵师 4 团从西面和东面实施次要方向突击。从 15:00 起，越军战役炮兵进行了 15 分钟的压制射击。接着，担任主攻的越军第 2 步兵团 5 营在坦克 6 连（9 辆 T54 坦克）、2 门 57 毫米高射炮、2 门 120 毫米迫击炮、2 个 12.8 毫米高射机枪连（10 挺）加强下开始进攻，首先拿下了安禄机场。第 3 步兵团 9 营在 1 门 120 毫米重迫击炮、2 门 75 毫米无后坐力炮、1 个 12.8 毫米高射机枪连的支援下，攻克了安禄郊外的 128 高地。拿下机场后，第 2 步兵团 5 营和配合作战的坦克 6 连乘胜前进，插到雄王路时遭到美国空军的猛烈轰击，坦克 6 连被打坏 6 辆坦克，5 营损失很大，无法继续冲击，只得撤退。

　　首战安禄的失败，并没有让第 9 步兵师气馁。4 月 15 日，第 9 步兵师二打安禄。这次还是越军第 2 步兵团 5 营在团长陈玉英指挥下冲至陈兴道路北面，第 3 步兵团 9 营沿西北方向杀进陶风花园，第 1 步兵团部分兵力往安禄市监狱附近发展进攻。关键时刻，又是美国空军出手攻击救了守城的南越国军。美军空中打击精度极高，不仅切断了越军第9步兵师师指和各团、营之间的联系，还和炮兵协同大量杀伤了越军步兵，打坏一些坦克装甲车，又让越军第9步兵师惨败而归。

连续2次进攻安禄的失败，让越军内部出现分歧。越南南方解放军司令员黄文泰中将主张放弃继续攻打安禄，转入包围锁敌、孤立安禄市，组织兵力运动进攻13号公路脱离工事的守敌，争取打运动战，消灭对方的有生力量，创造战役继续发展之势（目前战役僵持在安禄市对越军十分不利）；同时根据越南劳动党中央政治局的决定，他想把一部分包围安禄市的主力部队转移到湄公河平原活动。

黄文泰中将的主张遭到了阮惠战役指挥部指挥长、越南南方解放军司令员陈文茶中将的反对。陈文茶认为，安禄市已经被越军包围、孤立将近1个月，南越国军第5师团和各增援部队在兵力和技术装备上都蒙受了很大的损失，13号公路依旧被越军牢固封锁。对于4月13日和15日的进攻失败，陈文茶很武断地认为这不是对方实力有多强，而是自己计划不够周密、步兵和坦克协同不密切所致。根据这个判断，陈文茶力主继续打安禄。

看到战役指挥长决心坚定，黄文泰中将无话可说。

可事实证明，黄文泰是对的，陈文茶错了。

第三次进攻安禄前，越军第9步兵师按照陈文茶中将的意见，让第2步兵团4营和第3步兵团9营与新投入战斗的坦克29营合练一天，了解步坦协同的动作和战术要领。同时，阮惠战役指挥部还把战役炮兵36门加农炮和重迫击炮、第5步兵师5团加强给第9步兵师。陈文茶对这次进攻抱有十足的信心。

1972年5月11日3:00，越军第9步兵师师长阮实冰下令部队展开攻击。在主要方向上，越军第9步兵师2团4营，以3辆T-54坦克为先导，冲进市区，沿着潘兑洲路发展进攻；第3步兵团7、9营冲过突破口时被联军火力封锁，蒙受重大损失才冲了过去，一路拿下了安禄市监狱，解救了被关押的36名越军士兵。在次要方向上，越军第1步兵团撕开了一个突破口，步兵很快冲进了安禄市区，可还是遭到联军火力拦阻，步坦协同被分割，损失大，没法继续前进一步。更糟糕的是，第1步兵团团指受到美军B52战略轰炸机的攻击，团长郭迈和政委陈文实双双牺牲，这是整个越战中平也团第一次也是唯一一次团军政首长双亡的战例。战至 5 月 11 日 10:00，战线僵持在安禄市劳动局、仓库区和陈兴道路一线。美国空军和炮兵发挥了巨大的作用，他们既给了越军巨大杀伤，又分割了越军步坦战斗队形。越军第 9 步兵师已经无法前进，可陈文茶对胜利的渴望人皆尽知，谁也不敢擅自撤退。

僵持战熬到 5 月 12 日凌晨，越军第 9 步兵师副师长武文丹进入安禄市区了解情况，调整部署重新组织攻击，可还是没有取得任何突破，相反各单位都失去了战斗力：坦克 29 营投入 25 辆坦克，有 18 辆被打坏或起火燃烧；第 3 步兵团 7 营 3 个连参加战斗兵力是 105 人，伤亡 82 人。接到第 9 步兵师师长阮实冰的报告，陈文茶脸色铁青，忍痛下令部队撤退。三打安禄还是以越军第 9 步兵师失败告终。

1975 年的全胜

巴黎协定签署了，但和平并没有降临到越南。这场从 1959 年持续到 1973 年的战争仍在继续，续战和先前唯一不同的是，美国人走了，南越方面的火力支援和综合作战能力都大幅下降。

南北越双方的厮杀呈现出和对美作战截然不同的特点。虽然越军受到的空炮火力打击幅度有所下降，但南越国军在 1973—1974 年依靠美军留下的庞大库存和精良的武器装备，在和越军的大型会战中还是能够一较高下，并给对方有力的打击。号称"南方铁拳"的越军第 9 步兵师在这一阶段作战依然打得很吃力。

1974 年 5 月 15 日夜—5 月 16 日凌晨，接替阮实冰担任师长的武文丹上校率越军第 9 步兵师，在 1 个坦克连（9 辆 T-54 坦克）、1 个特工连、3 个炮兵营（辖 6 门 85 毫米加农炮、6 门 122 毫米榴弹炮、3 门 120 毫米重迫击炮和 2 门 82 毫米无后坐力炮）、2 个防空营（辖 9 门 37 毫米高射炮和 8 挺 12.8 毫米高射机枪）、2 具 B72 反坦克导弹（辖 AT-3 萨格尔）和 1 个工兵营的加强下，对 7 号公路的边葛—惹巴段展开攻击。是役被称为"7 号公路战役"。

一夜激战下来，越军第 9 步兵师 2 团（团长：黎新琴少校）和 3 团（团长：陈文守）连续攻下了 7 号公路沿线的惹巴、几耐、乾田等 3 个保安屯，初战告捷。越军第 9 步兵师宣称歼敌 481 人，活捉 66 人，缴获 187 件各类武器装备和军需品，完全控制了 7 号公路的边葛—惹巴段,从西北方向威胁西贡。

南越国军第 3 军区反应很快,先后把第 18 师团和第 5 师团调上来反扑。由于越军第 7 步兵师牵制作战不力,导致越军第 9 步兵师承受了巨大的压力。在西贡西北进行的 135 天打敌反扑的战斗中,第 9 步兵师蒙受了越战中第三大战役损失—牺牲 623 名指战员,负伤 2602 人,6 第 9 步兵师又一次失去了战斗力,这也是南越国军在整个越战中最后一次战役胜利。不过,南越国军为此付出的代价也不菲,仅第 18 师团就有 275 人战死,1000 人负伤。

7 号公路战役失败对越军来说只不过是战术失败而已,全局来看南越国军日薄西山、奄奄一息,脱离美国的支持,失败只是时间问题。1975 年 1 月 6 日结束的福隆战役表明,越南共和国已经开始了覆灭的倒计时。河内果断做出了 1975 年春季发动总攻击和总奋起的决定。

首战邦美蜀,越军西原军区大战告捷,全歼南越国军第 2 军区,拦腰斩断了南越国土。接着,治天军区和第 5 军区联合发起顺化—岘港战役,把老对手—南越国军第 1 军团聚歼在岘港市,再度告捷。二战连胜的越军迅速席卷整个西原南部和中部沿海各省,吞没了南越 1/2 的国土,胜利在望。

在总攻击的浪潮中,越军第 9 步兵师也立了不少功劳。他们攻头声,克真城,解放了平隆省,协助友军彻底拿下了安禄市—第 9 步兵师 1972 年的伤心之地。1975 年 4 月 29 日,第 9 步兵师从隆安省德和县美幸乡出动,参加胡志明战役。第 232 兵团司令员黎德英中将交给第 9 步兵师的任务是从西贡西南方向冲进内城,解放首都特区(这正是 1968 年 5 月第 9 步兵师参加第二阶段总攻击所要解放的目标)和警察总署,最后各单位朝独立宫实施向心突击,和各路进攻大军会师,彻底解放西贡。

第二次走上这条路的越军第 9 步兵师没有让遗憾再现。他们先在永禄乡消灭了顽抗的守敌,然后以完整的战斗队形冲进西贡内城,行军至七贤十字路口时,平也团受到南越国军空军的轰炸,部分干部战士伤亡,1 辆坦克也被炸坏。4 月 30 日 10:30,越军第 9 步兵师 2 团攻下黎文决路的中协兵营,缴了南越国军 1 个伞兵营的械;第 1 步兵团打下了首都特区指挥部;第 3 步兵团拿下警察总署,完成了黎德英中将交给他们的光荣任务。与此同时,越军第 304 步兵师也冲进了独立宫,越南共和国代总统杨文明宣布无条件投降,蓝红相间的金星旗帜插满了西贡市的大街小巷。

经过 15 年的不懈奋斗，越南终于获得了统一。为了这一刻，西贡市和周围各县武装力量和地方干部付出了巨大的牺牲，1945—1975 年在西贡市共牺牲 38581 人，其中 14160 人是地方干部，武装力量是 24421 人，绝大部分是倒在 1959—1975 年，特别是 1968 年的西贡大血战。至此，从 1965—1975 年南北两越围绕越南南部平原的决战，以北越的最终统一而落下帷幕。

注释

1. Qua 5 ngày đêm chiến đấu ác liệt trong vòng vây của địch, đơn vị đã tiêu diệt gần 200 tên Mỹ ngụy, bắn cháy 03 xe tăng, bắn rơi 02 máy bay địch. Song không thực hiện được mục tiêu đánh chiếm "Biệt khu thủ đô" ngụy như nhiệm vụ được giao. Đây là nhiệm vụ quá khó khăn, hơn nữa đơn vị nhiều tổn thất trong quá trình chiến đấu: 1.166 cán bộ chiến sĩ hy sinh và bị thương trong tổng số trên 2.000 quân khi xuất phát. Riêng Tiểu đoàn 4, đơn vị phối thuộc Trung đoàn 1 khi tiến vào Sài Gòn quân số gần 500 cán bộ chiến sĩ, nhưng khi rút ra chỉ còn 34 đồng chí.

2. Trong đợt hai này, cả ba trung đoàn của Sư đoàn cùng chiến đấu trên nhiều đường phố Sài Gòn. Do ta chậm chuyển hướng và cách đánh sau đợt một, đợt tiến công thứ hai diễn ra khi địch đã tăng cường lực lượng và tổ chức ngăn chặn trên tất cả các hướng. Bộ đội ta không còn phát huy được yếu tố bí mật, bất ngờ như đợt một. Sư đoàn không thực hiện được mục tiêu đánh chiếm Biệt khu thủ đô ngụy, các đơn vị đều bị tổn thất lớn, nhưng tất cả cán bộ, chiến sĩ đã chiến đấu cực kỳ anh dũng. Trên 5.000 cán bộ, chiến sĩ của Sư đoàn đã anh dũng ngã xuống trên đường phố, để lại tình cảm nhớ thương trong lòng mỗi người dân Sài Gòn. Hình ảnh các chiến sĩ của Sư đoàn 9 Quân giải phóng miền Nam trong những ngày Tổng tiến công và nổi dậy đồng loạt Tết Mậu Thân năm 1968 còn sống mãi trong lòng người dân đô thị.

3. Riêng đợt 3 số thương vong của 3 sư đoàn chủ lực 5, 7, 9 là 4.462, trong đó bị thương là 2.923 và tử vong là 1.539.

4. Trong tác chiến xuân hè 1969 từ ngày 22 tháng 2 đến ngày 30 tháng 4 năm 1969 với 4 sư đoàn 1, 5, 7, 9 đánh địch trên các địa bàn Tây Ninh, Bình Long, Long Khánh,Phước Tuy (Bà Rịa) và Biên Hòa với quân số tham gia 24.000 người đã có 6.802 thương vong (28,3% quân số tham chiến) với 4.174 thương binh (17,4% quân số tham chiến) và 2.628 tử vong, tỷ lệ vong hóa tuyến so với thương vong là 38,6%, có 14,4% thương binh nặng, 42% thương binh vừa và 43,6% thương binh nhẹ.

5. Trong tác chiến xuân hè 1971 từ ngày 4 tháng 2 đến ngày 20 tháng 6 năm 1971 với 3 sư đoàn bộ binh 5, 7, 9 và một bộ phận lực lượng pháo binh, đặc công đánh địch tiến công ra biên giới Việt Nam – CamPu-chia lần thứ 2 của quân đội Sài Gòn ở Suông,Đầm Be, lộ 22 đã có 4.372 thương binh, với 15,9% nặng, 27,5% vừa và 56,6% nhẹ.

6. Sau 135 ngày đêm chiến đấu chống địch phản kích trên vùng trung tuyến bắc Sài Gòn, 623 cán bộ, chiến sĩ Sư đoàn đã anh dũng hy sinh, 2.602 lượt đồng chí bị thương.

越军DKB
122毫米单管
火箭炮。

在西贡街头
架起机枪，准备
和越军激战的
美军机枪组。

今日的七贤
十字路口，当年
越军第2步兵
团4营在这里
蒙受了极为惨
重的损失。

英勇的平也团是越南人民军在南方战场成立的第一个步兵团。他们战功卓著，却在西贡栽了个大跟头，蒙受了根本不成比例的损失。这是该团团史上最黑暗的一页。

M113 装甲运兵车在西贡巷战中同样发挥了很大的威力。

越军和联军在西贡堤岸区打得难解难分。

▲ 南越国军 1 名陆战队中尉正呼叫炮火支援。

▲ 顽强战斗在西贡市区内的新平县 6 营的指战员们。

▲ 1968年5月在Ｙ字桥打越军的美军第60步兵团5营。

▲ 在坦克的掩护下，南越国军海军陆战队在西贡巷战表现出色。

▲ 强大的炮兵是联军制胜的法宝。

▲ 南越国军海军陆战队在西贡俘虏了 1 名越军战士。

◀ 图为顽强往西贡市区
内渗透的越军部队。

◀ 西贡激战的焦点——
富寿赛马场。

▲ 在法国远征军纪念碑附近战斗的南越国军士兵。

▲ 南越方面抓获的大批越军俘虏。

▲ 美国陆军在越战中的头号名将——格雷夫顿·艾布拉姆斯将军。在他的领导下，联军打出了漂亮的反击作战，成功掐住了越军的脖子。

▲ 1970年5月，美军入侵柬埔寨。图为美军第11装甲骑兵团所属的第20中队。美军进入柬埔寨，一度沉重打击了越军的后勤系统。

◀ 安禄之战，对越南人民军来说，是一场不折不扣的惨败。他们在这里损失了29辆坦克，陈文茶中将为自己的"果断"决策和轻敌付出了沉重代价。图为美军上校埃德·斯坦因拍摄的被击毁的T-54坦克。

◀ 越军一辆59式坦克冲进独立宫，宣告了奋斗了20年的北越最终统一了国家，越战终于落下了帷幕。

附录:安禄大会战

首战禄宁

平隆省是南部东区的一个山区省份,紧靠柬埔寨,和外界联系全靠 13 号公路及 17 号联省公路,易攻难守。南越国军布置在平隆和福隆两省的主力是第 5 师团(师团长:黎文雄准将),下辖第 7、第 8、第 9 步兵团,以及第 1 装甲骑兵支团、3 个 105 毫米榴弹炮营、1 个 155 毫米榴弹炮营、1 个战斗工兵营、1 个通信营、1 个后勤保障营、1 个侦察连、1 个情报连和 1 个运输连。越军参加阮惠战役的主力部队是第 5、第 7、第 9 步兵师,在主力部队对比上,越军占着 3:1 的优势,地形更是利越军而不利南越国军。尽管兵力对比十分有利,但陈文茶中将还是决定采取佯攻欺敌战法,先对西宁省一系列目标进行攻击,引诱南越国军联合参谋本部和第 3 军区误判越军要打西宁省,然后神不知鬼不觉地往平隆省禄宁县展开兵力,再突然发起攻击。

陈文茶会算计,南越国军第 3 军区司令阮文明也不傻。1972 年 3 月底,西宁省边界的各个哨所都报告说当面越军活动频繁,似乎越军主要进攻方向选在了西宁省。但阮文明中将不为所动,他下意识认为越军在西宁的动作可能是佯动,主攻目标很可能是平隆省或福隆省。为了确保平隆省会安禄市,他的目光投向安禄市西北 10 千米、17 号联省公路和 13 号公路交叉口西面的雄治场。根据他的命令,第 18 师团所属的第 52 和第 48 步兵团各抽调 1 个营,在 1 个 105 毫米榴弹炮连和 1 个 155 毫米榴弹炮排加强下,由阮伯清中校指挥,组成第 52 特遣队。阮文明计划在雄治组织火力基地群,以 17 号联省公路为界,形成南北两个火力基地。3 月 28 日,第 52 特遣队上路,作战上归第 5 师团长黎文雄少将节制。阮文明少将的小算盘打得很精妙,他想让第 52 特遣队在雄治展开火力,封堵越军往平隆省禄宁和安禄的进攻,同时保卫西宁省右翼。

相对阮文明的警惕,越南共和国总统阮文绍却对形势表示很乐观。在他看来，在美国持续不断的经济和军事援助下，南越国军已经由1968年时的三四十万人迅速膨胀到110万人，如此强大的武装力量在东南亚诸国中是首屈一指的。他认为，北越发动任何进攻，南越都能轻松取胜，最终越南战争不是通过武力而是通过谈判来结束。不止阮文绍如此乐观，西贡的美国远征军总部也丝毫不担心当前的形势。艾布拉姆斯上将的"扫和守"（clear and hold）确实在这几年取得了丰硕的战果，越军在南部平原的主力被迫转移到柬埔寨境内扎根就是明证。正是这个因素，联军方面在越军发起阮惠战役前有些忘乎所以，忽视了即将到来的危险。

利用联军的麻痹，1972年3月30日，越南人民军突然在治天方向发动战略进攻，迅速突破了麦克纳马拉电子防卫墙，南越国军第3师团仅仅2天工夫就丢光了非军事区的所有据点。利用治天方向的战略进攻，阮惠战役也紧张完成了战前准备。

1972年4月2日，越军独立第24步兵团突然进攻西宁市西北35千米的乐隆火力基地。这个基地由南越国军第25师团所属的第49步兵团1个营把守。这是南越国军在第3军区辖地内首次遭到越军步兵在坦克支援下的地面进攻。战至中午，越军攻破了乐隆火力基地，守军遭受中等程度损失。在回忆录中，陈文茶写道："为了配合广治和整个南方的总攻击与总奋起，1972年4月1日，在广治战役打响一天后，东部战场的主力部队也在次要方向打响了阮惠战役，在佯动方向上我们要把敌人吸引到西宁省的22号公路。使用敌人的旧坦克（1辆能开但主炮不能用，1辆能动却被缠在铁丝网地带）以及炮声和坦克轰鸣声强烈震撼敌人的士气，积极支援步兵，强有力地突击，重创了敌人2个特遣队，摧毁了西宁—柬埔寨边界22号公路沿线的敌人防御体系。与此同时，西贡伪军联合参谋本部急调2个总预备队到西宁战场。4月5日，我军主力部队隐蔽转移到新开辟的战场，奇袭禄宁，这是一个拥有500多名敌人，大部分是敌主力部队和装甲兵部队的防御基地。"

越军拔掉了乐隆火力基地和其他边界哨所的消息警醒了阮文明，促使他把第3军区北部的所有孤立小据点守军撤回，集中到较为坚固的守备区域，避免成为越军优势兵力沿边界攻击的牺牲品，同时力保重要的人口聚居区。不过，撤退可没那么简单。西宁市北面大约30千米的善玉据点守军撤退时，受到越军第5步兵师第4团的伏击，损失了几乎全部火炮和车辆。第25师团一支救援单位在第二天抵达伏击点，震惊地发现损失的装备包括105毫米榴弹炮和155毫米榴弹炮竟然没被越军拖走。更为吃惊的是，越军离开了伏击点并没有做叠伏吃掉救援部队。驻防安禄西南15千米的钟黎产的边防别动第92营营长黎文约少校决定留在他的哨所继续战斗，因为他相信，如果他的部队撤退，必然会被越军伏击干掉。虽然越军决心拔掉这个前哨——因为该点卡在通往C战区的生命线以及通往柬埔寨鱼钩地区的越军秘密根据地一线上——但黎文约少校还是带部队击退了敌人多次冲击，甚至到巴黎协定签署时依然固守着哨所。

不过，越军最初的战役活动并不仅限于西宁省。时任平隆省省长的陈文壹上校在回忆录中就写道，从4月2日开始，平隆省保安军在13号公路重要的琴黎桥北面、13号公路的新凯南面都和越军发生了零星的遭遇战。4月3、4日两夜，平隆省保安军和民卫队在巡逻过程中开始频繁和越军战斗。他们惊讶地发现被击毙的越军身着正规军服，这根本就不是游击队！更可疑的是，禄宁县郊外的希克斯橡胶园主、法国人加德尔报告说，越军在禄宁西北拉了很多条野战电话线，可负责守卫禄宁县的南越国军第5师团第9团却不愿派兵对西北郊外进行巡逻。

这个消息可把陈文壹急坏了，他刚刚从西贡回来，平隆省形势就变化那么快，这还得了，现在应该赶紧回省会安禄！4月5日下午16:00，陈文壹一行乘车抵达莱溪，被阮仲清和罗伯特·E·科利尔给拦了下来。阮仲清对他说，目前越军正炮击安禄市，平隆小区已被越军发射的122毫米火箭弹命中，一座楼房起火，回安禄可以，但不能坐车。除了安禄市遭到炮击外，陈文壹还震惊得知禄宁县已经被越军团团包围，越军还在13号公路的新凯建立据点阵地，封锁公路。情急之下，陈文壹把自己的吉普车丢在莱溪，带着副手和美军顾问乘坐直升机前往真城，当地支区司令范光美中校向陈文壹介绍了支区的情况。接着，3人一起回到安禄，讨论了平隆省的敌情。会后，陈文壹和科利尔中校又打算前往禄宁会见禄宁支区司令阮文清。直升机起飞时，他们突然遭到安禄北面的越军防空火力打击，由于越军火力太猛，美军飞行员只得放弃任务，返回安禄。在短暂的升空过程中，陈文壹看到禄宁县已被浓烟吞没，越军正无遮无拦地炮击禄宁支区司令部和南越国军第9步兵团指挥部。

1972年的禄宁县只不过是一个尘土飞扬、人口约4000的平隆省小县城，坐落于13号公路的一个小山谷边缘，居民主要是蒙塔格纳德人。在镇子西面半英里有一个小型全天候机场。支区司令部由200多名保安军和民卫队把守，在机场西面和北梢有一个很深的混凝土碉堡。这个碉堡是日本人所建，目的是为县守备队进行防空和保障省队通信联络不受干扰。南越国军第5师团所属的第9步兵团驻扎在机场南梢的前美国特种部队兵营，炮兵阵地位于支区司令部和团部操场之间。火力基地（炮兵阵地）往南的地形相对平坦，往西是一片橡胶林和果园。

早在1972年4月4日，南越国军第9步兵团团长阮公永上校就意识到越军要打禄宁，赶紧命令禄宁北面10千米的A火力基地(和禄)驻军司令——第1—5特遣队①队长阮友阳中校派1个由M41轻型坦克和M113装甲运兵车组成的装甲混成支队开赴禄宁，加强守备力量。4月2日，第5师团长黎文雄少将命令阮友阳上校和特遣队往北攻击前进，协助柬埔寨边界的各个前哨守军撤下来。遗憾的是，由黎文雄中尉率领的这支装甲支队遭到越军第9步兵师的伏击，在禄宁以北5千米全军覆灭。得知情况的阮友阳中校赶紧联系第9步兵团，报告他和黎文雄中尉失去联系，可就在这时，第9步兵团的通信中心却被越军炮火打坏。直到第二天清晨，双方才恢复无线电联络。阮公永上校赶紧命令阮友阳把第1—5特遣队全部兵力拉到禄宁，加强支区防御。结果，第1—5特遣队在黎文雄覆灭点再遭伏击。阮友阳带着2辆M113装甲运兵车侥幸突围，却还是在4月7日成了俘虏。

对于这次成功的伏击战斗，越南人民军第9步兵师师史记载道："在禄宁之战中，我第9步兵师第3团（原95C步兵团）在团长范金和团政委徐文强指挥下，对和路出援禄宁的南越国军第1装甲骑兵支团2个小队、别动军第74营和第9步兵团第2营展开运动伏击，以15人牺牲、41人负伤为代价，

---

① 第1—5特遣队由第1装甲骑兵支团、第9步兵团2营2个连、边防别动第74营和1个炮兵连组成。

重创援敌，有力支援了我第 5 步兵师对禄宁的进攻。"

在越军第 9 步兵师运动伏击战胜利的鼓舞下，1972 年 4 月 5 日 3:00，越南人民军第 5 步兵师以第 4、第 5 两个团的兵力，在 1 个 T–54 坦克连（9 辆坦克）和 24 门 85 毫米及 122 毫米加农炮的支援下，突然对禄宁县发起攻击。越军第 5 步兵师采取"猛虎掏心"战法，直指南越国军第 9 步兵团指挥部。

面对越军猛烈而持续的炮火准备，守军最初吓到了，他们躲在掩体里瑟瑟发抖。不过，他们很快从错愕中惊醒，在美军顾问引导的战术航空兵支援下，守军击退了越军第 5 步兵师的第一次冲击，击毁 1 辆坦克。接着，第 9 步兵团指挥部附近的炮兵也压低 M101 105 毫米榴弹炮，用直瞄火力轰击越军。中午，越军调整部署，重新组织对南越国军第 9 步兵团指挥部的冲击，但被 1 架及时赶到的 AC–130 空中炮艇击退。除了攻打第 9 步兵团指挥部外，越军组织的对禄宁机场的攻击也被美军投掷的 CBU–87 集束炸弹击退。越军还在第 9 步兵团环形防线东部组织渗透，试图突破铁丝网地带，但被美军的 AH–1 眼镜蛇武装直升机所阻。不过，1 架武装直升机也被防空火力击中，坠地爆炸，美军 2 名机组成员丧命。

虽然越军第 5 步兵师对禄宁县的第一天进攻被击退了，但他们并没有放弃，他们还是集中加农炮、榴弹炮和火箭炮猛烈轰击禄宁县。此外，守军也被致命的无后坐力炮火轰击（56 式 75 毫米无后坐力炮）。一发无后坐力炮弹直接命中了第 9 步兵团团部掩体，炸伤了美军顾问理查德·S·舒特中校和马克·A·史密斯上尉。

这些就是禄宁战斗第一天的情况。对平隆省省长陈文壹上校来说，如何守住禄宁县已经成为当务之急。他最担心的是禄宁守军兵力不足——南越国军第 5 师团第 9 团第 3 营当时归福隆小区节制，被调到福平县；第 9 步兵团 1 营在禄宁西面巡逻时遇到越军伏击，几乎全军覆灭，营长阿山少校只带着大约 100 号弟兄撤回团部；第 2 营 2 个连已经和第 1—5 特遣队一起被越南人民军第 9 步兵师第 3 团运动伏击全歼，另外 2 个连在 2 门 155 毫米榴弹炮和 4 门 105 毫米榴弹炮支援下守卫禄宁以南 13 号公路上的琴黎桥。因此，禄宁守军实际只有第 9 步兵团团部连、1 营幸存的百余人、第 9 侦察连和 2 个炮兵连，以及禄宁支区的保安军 2 个连。为了守住禄宁，陈文壹命令以第

9步兵团团部为核心，由阮公永上校统一指挥。

在禄宁激战的同时，南越国军第5师团师团长黎文雄准将和美军顾问米勒上校也从莱溪的师团指挥部转移到安禄市的前指。前往安禄途中，黎文雄准将在头声停下来，和第5师团第8团团长梅文长上校会晤。他告诉梅文长，越军也开始逐步围拢安禄，省会很可能是继禄宁后越军下一个攻击的目标，他要去安禄亲自指挥战斗。虽然安禄很重要，但黎文雄没有忽视西贡的安全，他认为西贡河依然是越军威胁首都的主要进攻路线，他决定让梅文长带第8步兵团暂时待在头声，等待进一步指示。不过，他很清楚自己一旦抵达安禄，省会和外界的联系就会被越军切断，师团无法有效指挥第8步兵团，因此他请求让第3军区司令阮文明中将直接指挥第8步兵团。

一到安禄，黎文雄就视察了第5师团的战斗工兵营在安禄火车站附近用钢铁和沙包修建的师团前指。当他下令要进驻的时候，米勒顿感不悦。他先是给黎文雄指出这个前指扛不住130毫米榴弹和122毫米火箭弹的轰击，然后表示如果他们非要选择该处做师团司令部，那么师团的美军顾问组将离开安禄，返回莱溪。为了留住米勒，黎文雄准将赶紧打消了在该处建师团司令部的念头，转而邀请米勒检查安禄市中心的地下防空洞。这个混凝土结构的防空洞是日本陆军在二战时期为了防范美军轰炸，在安禄市中心修建的，位置在平隆省医院附近。米勒对这个防空洞甚感满意，也就一口答应留在安禄，协助黎文雄指挥作战。应该说，米勒是很大度的，他和黎文雄在战前曾有一段"恩怨"。

早在1972年4月初，当美军情报部门预计越军要打禄宁的时候，米勒上校就强烈建议黎文雄准将赶紧加强禄宁防务。米勒认为，如果第5师团能够在禄宁集中兵力（哪怕1个团），南越国军完全可以击败越军的进攻，并阻止对方打安禄。遗憾的是，黎文雄不仅拒绝了米勒的意见，还公开批评美国顾问"干涉了南越的事务"。米勒上校说，当黎文雄得知越军要打的是平隆省而不是西宁省时，自己几乎"瘫倒了"，根本做不出任何决定。幸好米勒不计前嫌的帮助，才让黎文雄渡过难关。

在禄宁，双方仍未分出胜负。在新一轮炮火轰击后，越军于4月5日傍晚用2辆坦克进行渗透，试图突破南越国军第9步兵团周围的铁丝网地带，但被南越国军用 106 毫米无后坐力炮和 AC–130 空中炮艇还击打退，1 辆坦克被毁（对此，越军没有任何记载）。夜间，越军停止一切进攻和渗透，继续组织对禄宁的零星炮击。联军也召唤 AC–130 空中炮艇对第 9 团团部周围可疑的越军阵地实施火力打击。

为了加强安禄的防御，黎文雄准将命令第 7 步兵团返回安禄，和平隆省保安军一起加强防卫。第 7 步兵团（欠 1 个营），在 2 门 155 毫米榴弹炮和 4 门 105 毫米榴弹炮支援下，在安禄西面 6 千米的 1 号火力基地展开。第 7 步兵团 1 营在 1 个 105 毫米和 155 毫米混编炮兵连支援下，在安禄东面的观利机场展开（观利机场也是第 9 步兵团的后指）。遗憾的是，第 7 步兵团刚刚抵达，就被越军第 9 步兵团逐出了 1 号火力基地，只得退入安禄市内。

4 月 6 日，禄宁形势继续恶化，黎文雄准将命令驻雄治的第 52 特遣队派 1 个营到禄宁，加强第 9 步兵团。阮伯清随即命令 52 团 2 营朝禄宁方向打，力求和禄宁守军取得联系。然而，该营却在 13 号公路和 17 号联省公路枢纽附近落入越军伏击圈。因附近所有的空中支援全部指向禄宁，第 52 步兵团 2 营只能靠自己的炮火支援顽强战斗。由于无法突破越军伏击圈，第 52 步兵团 2 营被迫撤回雄治基地。

与此同时，雄治的南北两个火力基地也开始受到越军猛烈的炮兵火力和火箭炮群攻击。第二天，炮弹继续如雨点般砸下，越军也逼了上来，团团包围了雄治基地。4 月 7 日清晨，黎文雄准将无奈下令第 52 特遣队放弃雄治基地，撤回安禄。与此同时，黎文雄还把驻琴黎桥的第 9 步兵团 2 营 2 个连给撤了下来。没想到，这两个连在转移路上又被越军伏击，被迫毁炮逃跑。在撤退的同时，第 9 团 2 营也炸毁了琴黎桥，迟滞越军坦克的前进速度。

4 月 7 日 8:00，第 52 特遣队开始撤离雄治基地。第 48 步兵团 1 营先走，第 52 步兵团 2 营断后，继续留在雄治基地一段时间，防止越军追杀。第 52 特遣队沿着 17 号联省公路才离开雄治基地几百米就碰到伏击。第 48 步兵团 1 营在 17 号联省公路和 13 号公路枢纽附近击退了越军的进攻。与此同时，第 52 步兵团 2 营也在雄治东面遭到攻击，尽管如此，该营还是杀开一条血路，和特遣队主力会合。

在这些伏击战斗中，越军缴获了 3 门 105 毫米榴弹炮。得知这个情况的黎文雄赶紧命令阮伯清销毁所有装备，带领部队徒步往南转移。由于该特遣队无法销毁所有装备，配属南越国军第3军区的美军顾问霍林思沃斯将军只得召唤战术航空兵，用空中打击的方式摧毁了这些装备。13:00，特遣队抵达琴黎桥北面的13号公路段。突围的路是艰险的，第52特遣队兵力约1000人，实际到安禄的只有半数而已。不过，他们的到来给安禄守军吃了一颗定心丸。

与此同时，禄宁的形势继续恶化。4月6日，越军步坦协同开始频繁冲击守军阵地。在某个方向上，越军1个连冲进了第9团团部，但很快就被美国空军战斗机和AC-130空中炮艇火力击退。到了中午，禄宁的形势绝望了。第9步兵团已经奄奄一息。为了准备应付新一次冲击，筋疲力尽且备受重压的第9步兵团甚至把伤员（除重伤员外）都拉上一线，参加团部保卫战。就在这时，第1—5特遣队2个连的幸存者和边防别动第74营幸存者意外抵达第9团团部，缓解了人手不足的窘境。

6日夜，越军炮兵和火箭炮兵打中了第9团的医疗掩体，炸死了许多伤员。炮兵阵地也被越军炮火击中：一些炮手死伤，一些火炮被打坏，弹药库也被炸毁。越军还以一部兵力进攻了机场，守军虽然击退了越军的冲击，却把106毫米无后坐力炮弹给耗光了。

4月7日7:00，越军又在炮兵火力、无后坐力炮、火箭炮和坦克支援下，展开新一轮冲击。1辆坦克冲到第9团防线周围铁丝网地带时被击毁。形势已经到了极端危急的境地，第9团防线开始崩溃。残酷的战斗一直打到9:30，越军一再的冲击终于打垮了第9团。不过，团部掩体和周围几个碉堡依然在AC-130空中炮艇和美军战术航空兵支援下，坚持抵抗。

下午，越军往第9团步兵团部大门投掷炸药包。最终，南越国军第9步兵团被越军第5步兵师吞没，阮公永投降，禄宁陷落。这次战斗，南越国军蒙受了巨大的损失，包括禄宁到安禄周围的一系列据点、基地、火力基地和边界哨所在内，南越国军从4月1—7日共战死600人，被俘2400人，38辆M41轻型坦克和M113Z装甲运兵车被击毁或缴获，8门榴弹炮被炸坏。

首战告捷的越军士气大振，下一个目标直指安禄。

战前准备

平隆省及全国各地突然爆发战火，终于让阮文绍抛弃了先前乐观的态度，开始认真对待。4月7日，禄宁即将沦陷之际，阮文绍就在独立宫召开特别军事会议，总理陈善谦、联合参谋本部总参谋长高文园、邓文光，以及4个军区司令全部列席。到了这个时候，阮文绍和联合参谋本部终于相信越军主要进攻压在第1军区，第3师团在越军多路进攻下，已经被迫撤过甘露河。第57步兵团和第2步兵团被压倒性优势的越军打垮，退守东河到9号公路的新防线。第56步兵团已经在卡罗尔火力基地投降，第147海军陆战旅团在凤凰基地苦战。第56步兵团的投降，沉重打击了南越国军的军心士气。第2军区，3月底越军突破德都—新景的势头已经被遏制，第23师团已经赶到昆嵩，阻止了越军往波莱古的进攻。第1军区和第2军区陷入苦战，第3军区的形势却开始恶化。大家都很清楚，禄宁是守不住的，越军的下一个目标必是安禄无疑。

阮文绍和联合参谋本部也都意识到，安禄离西贡太近，一旦这个省会陷落，将会给越军3个师打首都绝好的机会。然而，第1军区猛烈的战斗，越军大量使用炮兵火力和导弹，给第3师团造成了惨重的伤亡，广治省有全部丢失的危险。权衡利弊，阮文绍还是决定把全军总预备队——海军陆战师团拉出来，投入到治天战场，稳住形势。听到总统准备让战略总预备队——海军陆战师团全部北上投入战斗，阮文明急了，说第3军区战况直接关系到首都西贡的安危，虽说第3军区拥有第5、第18、第25等3个师团，但根本不够。他指出，尽管第3军区决心死守安禄，可也要留后手，做好万一安禄丢失重新在西贡周围组织防线的准备。另外，如果守得住安禄的话，也需要兵力重新打通通往安禄的陆路交通，第3军区已经没有机动部队了，阮文明请求阮文绍从别的军区调1个师团过来应付危局。

阮文明回忆说他当时想要第4军区1个师团，以及负责警戒独立宫的南越国军第1伞兵旅团和别动伞降第81联团，以加强安禄守备。对阮文明的顾虑，邓文光深表赞同。他提醒阮文绍注意，安禄不同于广治，它离西贡比较近，如果它丢失的话，会给全国军心士气带来巨大影响。阮文绍答应了阮文明的要求。不过，在选调部队问题上，阮文绍有些犯难了。起初，他考虑从第4军区调第9师团给第3军区，可即将出任第1军区司令的吴光长中将却提出了不同的看法，他认为第21师团更合适，理由是该师团刚刚在乌明森林的围剿作战中取得胜利，而且之前还是阮文明的老部队，可以说阮文明对它知根知底，派这个部队过去最合适。对爱将吴光长的建议，阮文绍照单全收，不仅批准把第21师团从第4军区调给第3军区，还下令将作为联合参谋本部总预备队之一的别动伞降第81联团和第1伞兵旅团拨给阮文明。

援军的问题解决了，接卜来就看安禄的防务了。

当越军第5步兵师正和阮公永苦斗禄宁的时候，越军第9步兵师也隐蔽往安禄集结。不过，不管行动再隐蔽，越军的行踪也没有逃过守军的法眼。在平隆小区指挥部日夜守候的陈文壹不断接到安禄周围橡胶园伐木工和村民报告，说越军步兵和坦克已经在安禄市周围集结，夜晚能清楚听到坦克马达的轰鸣声。显然，越军集结兵力就是要打安禄。兵来将挡水来土掩，不管怎么说应该首先加强城外制高点防务。陈文壹把目光投向了安禄北面1千米同隆机场北梢的同隆山（海拔128米），这个山是安禄北郊的锁钥之地，站在同隆山，郊外越军一举一动可一览无余。不过，如果越军拿下同隆山，安禄北部城区也将完全处于越军的俯瞰之下。当时，同隆山由保安军1个排把守，兵力太弱。经过商量，黎文雄准将答应派第5侦察连加强同隆山。除了同隆山，安禄东南4千米的169高地的战术价值也很高，站在高地上全城西面和东面的一举一动尽收眼底。为此，陈文壹还把保安军第254连（在安禄东南12千米的云贤村作战）派往169高地。可陈文壹"贪得无厌"，总觉得兵力不足，又问黎文雄要兵。黎文雄这次就没好气了，城内守军都不够，我去哪里给你兵？他很不客气地驳回了陈文壹的要求。

也罢，陈文壹相信黎文雄的军事能力，作为省长他只有管辖平隆省保安军和民卫队的权利，既然如此，他干脆对军事指挥放手，集中全力进行城防物资准备。为此，他先是唤来了副省长武新永，让他和安禄市长一起，在社会各界和政府各部门协助下，把大米和其他生活基本品准备足，向难民分发食品和帐篷，通过广播系统指导市民挖战壕和掩体应对越军炮击。一位美国记者报道称"安禄正地下化"。同时加固房屋以防范越军迫击炮轰击。另一方面，陈文壹也指示阮仲清中校没收一切防御作战的军用物资，包括联勤中心的沙袋和铁丝网，甚至连省政府部门有关的作战物资也被没收，全部配发给省保安军和第5师团7团。为了应对越军坦克冲击，陈文壹还下令给第5师团和保安军的反坦克手们配发M72反坦克火箭筒。

守军兵力不足，但自有人心系。4月5日，阮文明中将下令别动军第3联团增兵安禄。当时，别动军第3联团正在西宁省对面的柬埔寨鱼钩地区搜索越军第5、第7、第9步兵师的确切位置。在突入越军后方根据地的作战中，别动军发现了许多武器囤积点，缴获众多82毫米迫击炮和75毫米无后坐力炮。但每当他们和越军遭遇时，对方并没有做什么抵抗就撤走了，这表明留在该地区的仅仅是越军的后勤部队而已，越军的3个主力师——第5、第7、第9步兵师已经全部进入了平隆省。

接到阮文明的命令，别动军第3联团联团长阮文别中校打算带部队于4月7日在西宁省的朗庄机场乘坐CH-46支奴干直升机前往安禄。可由于禄宁形势的急剧恶化和安禄北面防务被削弱，黎文雄要别动军第3联团赶紧派1个营乘直升机，占领安禄北面高地，并在北郊组织防御。阮文别中校应允，于4月6日派别动军第31营抵达了安禄。

4月7日清晨，阮文别和手下参谋也飞往安禄。着陆时，他们受到越军猛烈炮击。阮文别手腕受轻伤，作战参谋洪可臣也挂了彩。伤势最重的是情报参谋泰中尉和阿寿上尉：泰中尉的眼睛被一块弹片打瞎；阿寿的脚踝被弹片击中，被迫截肢，伤愈复出后被迫退役。

在阮文别抵达后，别动军第3联团所属的别动军第36营和第52营也相继到位。当别动军官兵抬腿往北部指定阵地走去时，平隆省广播中心呼吁市民保持冷静、援军正在赶来的声音震撼了他们。政府在广播中还要求市民提高警惕，防范越军的渗透，一旦发现任何可疑情况，要立即报告当地政府。

在部队开赴指定阵地的同时，阮文别、作战参谋及2名通信兵也向第5师团部报到，受到黎文雄准将及第5师团副师团长阿维上校的欢迎。黎文雄对他们说："你们来得真及时。"简短会议后，第5师团副师团长阿维上校向阮文别介绍了禄宁和安禄周围的态势。阮文别离开前，阿维指示他派别动军第31营接应从禄宁逃出的步兵和装甲兵残部，并仔细甄别这些逃兵，防止混入越军，一旦有情况立即向第5师团司令部报告。

回到别动军第 3 联团司令部（第 5 师团司令部附近的一座小山顶），阮文别马上把手下营长都召集起来开会，告诉他们安禄周围的情况，并询问各营的部署情况。别动军第 31 营营长张庆少校报告说他已经派 2 个连确保安禄北面地区：张福中尉的别动连已经控制住了同隆山和琴黎桥南面贝新村之间的 13 号公路段，孙度中尉的别动连负责守住同隆山及机场北面 13 号公路东面的各座小山头。别动军第 36 营营长钟越乐少校报告说部队已经在环形防线东北展开兵力。最后，别动军第 52 营营长黎桂头少校报告说他的部队和第 3 侦察连在紧靠别动军第 31 连东面的指定地区占领防御阵地。由于别动军第 3 联团的到位，黎文雄感到手头有些"宽裕"了，遂让别动军第 52 营抽 1 个连和保安军第 254 连一起协防 169 高地。

在南越国军调兵遣将，忙着加强安禄守备的同时，越军也开始了进攻安禄前的"热身"动作。4 月 7 日下午，越军炮打真城县，县长范光美中校负伤，副县长被炸死。陈文壹只得派平隆省作战副参谋阮文国去真城，出任县长。真城位置很重要，如果救援安禄的话，真城和莱溪将是攻击基地，绝不能丢。

随着安禄被围，在其西北 25 千米的哨所和村镇守备的保安军第 3 联团 25 营营长武文西少校带着保安军第 987 连和第 989 连以及他管辖区域内所有的野战警察撤往真城西面 20 千米的明城据点。抵达明城，武文西清点手下兵力，共 170 人，他们决心不惜一切代价与明城据点共存亡。第二天，在强大的炮轰后，越军对明城据点发动了猛烈进攻。由于明城据点是美军一个旧的火力基地，据点周围由绵密的铁丝网和雷场保护，依托这些守军轻易击退了越军的冲击。由于补给困难和伤亡不断增加，10 月 14 日，守军在打了 6 个月的防御战后，放弃了明城据点。突围转移过程中遭到越军截杀，武文西只带着 50% 的人撤回真城。

4 月 7 日傍晚，越军开始对安禄城郊要地实施拔点作战，意在扫除进攻安禄的障碍。当晚，越军第 9 步兵师猛攻安禄东面观利机场的南越国军第 7 步兵团阵地。眼看力战不敌，守军一个营奉命炸毁全部武器装备（含榴弹炮），撤回安禄市。战斗中，营长阵亡，只有 2 个连安全跑回。随着观利机场丢失，守军被越军彻底关在安禄。观利机场得手的意义对越军来说还不止于此，他们还缴获了美国陆军骑兵 1 师留下的许多 2.75 毫米火箭筒。这些火箭筒是美军骑兵 1 师航空火箭炮兵对付越军坦克的主要且有效的武器。这些缴获的火箭筒在未来越军攻打时山的战斗中起到了很大的作用。

令人奇怪的是，越军拿下观利机场后，除了继续炮打安禄市外，再也没有组织进攻。越军第 9 步兵师没有乘胜进攻安禄，给了守军一个绝好的喘息机会。利用这个时机，南越国军迅速调整部署，别动军第 3 联团和第 7 步兵团都重新组织了防线。

4 月 8 日，第 52 特遣队残部（500 人）也陆续抵达安禄。虽然损失半数兵力和几乎所有的坦克装甲车及重炮，但黎文雄还是对第 52 特遣队的到来倍感欣慰。他给第 52 特遣队的任务是集中防御市中心，和第 51 炮兵营及 1 个 155 毫米炮兵连协同战斗。

经过一天休整，越军于 4 月 9 日早上对安禄西面、东面和北面连续进行多次渗透，意在实施火力侦察，搞清安禄守军的布防情况。零星战斗持续了 4 个小时才消停。4 月 10 日 5:30，越军突然展开试探性冲击，可打了不到 2 个小时就撤了回去。

正当安禄守军严阵以待准备迎接越军步坦协同进攻的时候，却收到一个好消息。4 月 9 日，广治西面防御战斗中，陆战 9 营在仅使用 M72 反坦克火箭筒的情况下就击毁了一打越军坦克。这个胜利极大鼓舞了南越国军的士气，西贡广播电台反复播放，使安禄守军坚信可以依靠手里的 M72 反坦克火箭筒，粉碎越军坦克的威胁。由于对 M72 反坦克火箭筒充满信心，安禄守军的反坦克火箭筒手临阵磨枪，加强战前训练。

好消息还不止于此。4 月 8 日，阮文明中将把南越国军第 5 师团 8 团团长梅文长上校召到边和机场的第 3 军区司令部。在那里，阮文明告诉梅文长，越军很快就要打安禄了，目前黎文雄准将只有别动军第 3 联团、第 5 师团 7 团以及第 52 特遣队残部，联合参谋本部答应派来的战略总预备队——第 1 伞兵旅团和别动伞降第 81 联团还没有到位，他决定让第 5 师团第 8 团立即乘坐直升机开赴安禄，归黎文雄节制。

临别时，阮文明和梅文长道别："形势十分严峻、紧迫，尽力带着部队安全飞往安禄吧，阿雄正等着你。" 4 月 11 日清晨，当第 8 步兵团在头声机场等待直升机接运时，该团美军顾问艾布拉马维思中校告诉梅文长，他收到命令不能和他们同行。挥手道别后，艾布拉马维思一行返回莱溪驻地。

和阮文别他们一样，梅文长的安禄之旅也是心跳的考验。当他的团部和第一梯队乘坐的直升机群飞临安禄上空时，越军炮火和高射炮火力从四面八方打过来，不仅张开对空拦阻火力网，还封锁了安禄市区内的机场、足球场和所有可以容纳直升机着陆的空地。幸运的是，梅文长看到安禄南面大约3千米的森林中间有一小片空地，他决定带部队在这里着陆，避开越军的炮击。他的决定十分明智，第8步兵团2个营就以这片林中空地为着陆点，相继着陆。第三个营于第二天也抵达安禄。

进安禄，梅文长的第一件事就是向师团长报到。黎文雄见他进来，也顾不得寒暄，就问他带了多少兵来。梅文长自信满满地答道，因为第9步兵团团部和2个营在禄宁覆灭，7团困于安禄，因此全师团所有补充兵都汇聚到第8团，目前第8团各营兵力都超过600人。武器装备方面，梅文长报告说，部队的无后坐力炮是满编的，但没有火箭筒。不过，他透露说自己带上了从头声美军基地发现的2000多具M72火箭筒。这个消息对黎文雄来说真是意外的惊喜。他让副师团长阿维上校转告安禄城内所有部队，如果需要M72火箭筒就找第8步兵团，随时来取。

接着，黎文雄准将把梅文长领进师团作战室，对着作战地图介绍情况，并向他布置任务："第8步兵团是生力军，齐装满员，他们负起北部地区防务，第7步兵团守城西，别动军第3联团转移到东面，平隆省保安军要守住南面。"对这个部署，梅文长没什么意见，不过他提了一个好建议：沿通往市区的13号公路段布设反坦克地雷，阻止越军坦克的突击。这个意见应该说是正确的。不过，这么大的事情，第5师团不敢擅自做主，副师团长阿维上校赶紧到平隆小区，找省长陈文壹商量，却被陈文壹一口拒绝，理由是妨碍交通。

既然不给布雷，要挡住越军坦克冲击，就只能靠重武器了。一想到这，黎文雄和阿维心里直打鼓——越军拥有坦克装甲车，守军没有；炮兵方面，越军拥有战役炮兵，大口径火炮约36门，守军只有第51炮兵营（18门105毫米榴弹炮）和1个155毫米炮兵连。不仅如此，越军持续不断炮打安禄的这几天时间里，第51炮兵营和155毫米榴弹炮连是对方炮兵重点"关照"对象，损失了几门宝贵的榴弹炮。炮不够，那只能先用它们给守军提供一般支援，优先支援防御战斗中受到进攻压力最大的部队。

不管炮够不够，安禄必须要守住。黎文雄是这么想的，梅文长也没动摇。领受任务后，梅文长就带着部队开赴北部城区，开始组织防御。当晚，南越国军第8步兵团开始在新的防御地带挖散兵坑和掩体，加盖顶防范越军炮击。不过，浅表坚硬的岩石地质让步兵的挖掘行动十分艰难。第二天清晨，梅文长上校命令第8步兵团第三个到位的营占领北部市区内13号公路两侧的高楼。该营的任务是增加团防御纵深，并做团预备队。根据第5师团的请求，第8侦察连在同隆山建立了一个前哨，协助别动军第31营1个连组织防御。

得知南越国军第8步兵团的进驻，越军第9步兵师也在师长阮实冰和师政委范春宋指挥下，在第5步兵师4团、1个炮兵团和1个坦克营加强下，展开战斗队形彻底包围了安禄市。4月11日中午，越军第9步兵师以一部兵力，在坦克支援下，突然对安禄市东面大约1千米的别动军第36营阵地展开攻击。他们从东、西、北三面扑了上来。由于越军攻势凶猛，别动军在某些地段不得不召唤炮兵打15米外、被别动军机枪火力压得抬不起头的越军。炮兵应允开火，一阵短促射击就把越军步兵给打了下去。别动军第36营4连连长童金光中尉看到大约10辆坦克从东面朝他的阵地冲了过来，他马上命令手下官兵扛起M72反坦克轻型火箭筒朝扑过来的坦克射击。1辆T-54坦克被击毁，剩下的T-54坦克群赶紧掉头，消失得无影无踪。

连续两次试探进攻都被打回，越军又恢复了对安禄的炮击。4月12日中午，越军炮兵炸毁了安禄机场附近的一个仓库站。为了周围的仓库区不毁于越军之手，黎文雄下令各单位赶紧去取弹药，不限量，能拿多少就拿多少，这个措施保障了各部队在越军两打安禄期间的弹药供应没有出现断档的情况。

越军炮击的目标自然不仅限于仓库。4月12日，别动军第3联团的司令部周围也被1发122毫米火箭弹击中，引爆一处弹药堆放点，发生一阵大爆炸，四散飞溅的弹片落入司令部，站在大幅作战地图前研究敌情的阮文别中校和陈少校手臂被弹片划伤，作战副参谋阿能上尉胸部重伤，还有几名通信兵也挂了彩。

炮击虽然造成严重的威胁，但并没有动摇守军的意志。由于别动军第3

联团和第 5 师团 8 团的加入，安禄防御态势逐步成型：别动军第 3 联团（1300人）在阮文别中校带领下，负责城区东北防务，由于防御地带比较宽大，别动军必须进行机动防御。第 8 步兵团（2100 人）在梅文长上校指挥下，负责安禄东北地区防御；第 7 步兵团 2 个营（850 人）及第 9 步兵团残部约200 人在李德关上校指挥下，负责西南城区战斗；第 52 特遣队残部（500 人）担任预备队，在第 8 步兵团和别动军第 3 联团防御地带之间的市中心驻防。平隆省保安军在 2 门 105 毫米榴弹炮支援下，以 8 个保安连、民卫队和民事防卫队共 2000 人负责南部城区防御。在重武器方面，除了平隆省保安军的2 门 105 毫米榴弹炮外，安禄守军还得到第 51 炮兵营和 1 个 155 毫米榴弹炮连支援，炮兵人数约 300 人。如果算上第 5 师团司令部和第 5 侦察连在内，守军总兵力是 7500 人。

从双方兵力对比来看，越军是步兵 1 个师又 1 个团、炮兵 1 个团、坦克1 个营，在兵力上拥有大约 1.7 倍优势，其中炮兵有 2 倍以上优势，坦克更是 36:0。但是，在空中支援方面，越军是零，而安禄守军能得到美国空军和越南共和国空军强有力的支援（相对越军是无限大）。在联军绝对空优的保障下，第 5 师团士气很高，决心不惜一切代价拼到底，一定要守住安禄。阮文绍也对安禄守军寄予厚望，他希望第 5 师团把安禄变为巴斯托尼，通过死守保城，粉碎越军的阮惠战役。

希望归希望，能否实现，一切还要看战场的搏杀。

一打安禄

在现代战争中，对城市或集团据点群的围攻作战必然伴随着布置环城防空火力网，目的是封锁城市的空路补给。奠边府如此，安禄也不例外。

4 月 9—12 日，越军第 9 步兵师在展开战斗队形，完成对安禄包围的同时，他们也在环城周围加强防空火力，意在切断安禄的空桥。根据联军的情报，越军在安禄周围一共布置了 9 个防空营，在安禄上空编织了一道绵密的火力网，给往安禄运送补给和撤走伤员的联军直升机带来了巨大的威胁。4月 12 日，南越国军空军第 237 直升机中队的 1 架支奴干直升机（飞行员是副中队长阮友仁少校）在安禄上空执行补给任务时被越军防空火力打中，直接在投落物资区上空炸成一团火球，5 名机组成员全部罹难。对南越国军空军第 237 直升机中队来说，安禄上空无疑是龙潭虎穴，2 个月的飞行期间一共损失了 10 架支奴干，11 名军官和 18 名士官战死，4 名军官和 3 名士官负伤。

大战前，整个安禄气氛紧张到极点。为了破坏越军进攻准备，美国空军和越南共和国空军应第 3 军区请求，于 4 月 11 日和 4 月 12 日对安禄市周围可疑目标实施战术航空打击和 B52 弧光打击。在作战支援中，美军飞行员报告许多目标区发生殉爆，特别是 4 月 12 日 17:00，安禄市富路门以西 5 千米的目标中弹后引发一系列殉爆，一直持续到 22:00。第 5 师团情报官认为，这次打击很可能击中了越军一个前置储备的弹药库，因而造成了连环爆炸。

不管美军航空火力打击有多么猛烈，越军第 9 步兵师依然完成了战斗准备。4 月 12 日夜，越军继续用各种口径的火炮和火箭炮轰击安禄，一发炮弹直接命中平隆省电信大楼，造成 7 死 7 伤，安禄和外界的民用电话通信网完全断绝。

4 月 13 日清早，越军突然加大炮击力度。陈文壹在回忆录中写道："安禄市区内没有哪怕一平方米能逃脱 82 毫米迫击炮、122 毫米火箭炮、130 毫米加农炮和敌人在禄宁及雄治基地缴获的 105 毫米、155 毫米榴弹炮的轰击。"第 5 师团在安禄市东面的前指也在炮击中被毁。幸运的是，黎文雄早早决定把自己的指挥部转移到日本人修建的防空洞里，才逃过一劫。大约 4:00，南越国军第 7 步兵团 1 个侦察巡逻队报告说听到坦克群从橡胶园往西行进的轰鸣声。当越军开始试探性冲击时，南越国军埋在环形防线外的照明绊发雷和克莱默尔定向雷相继爆炸。守军赶紧召唤 1 架 AC-130 空中炮艇过来支援。这架飞机马上朝橡胶林周围识别出来的卡车开火。

5:15，越军步兵在坦克支援下对安禄发起攻击。进攻前，越军先集中炮火猛轰同隆机场和安禄市。机场的航空油库和弹药库中弹爆炸。守卫同隆机场的 1 个保安营遭到越军步坦协同冲击，很快败下阵来，被迫撤到南部城区和平隆省保安军会合。与此同时，北部城区的守军也报告说一大群坦克和卡车沿着 13 号公路朝安禄扑了过来。正在安禄上空盘旋的 1 架 AC-130 空中炮艇赶紧投入战斗，宣称击毁 1 辆坦克与 4 辆卡车。在同隆山（128 高地），南越国军第 8 侦察连和保安军部队宣称 3 次击退越军冲击，击毁 2 辆 T-54

坦克和 1 辆 PT-76 水陆两用坦克。大约 6:00，第 8 侦察连报告说阵地被越军坦克攻破，梅文长无奈下令部队下撤。

第 8 步兵团团长梅文长上校命令第 8 侦察连后退，担任团预备队。同隆机场和同隆山的丢失，使越军拥有通观整个安禄北部城区的地利优势。对这次战斗，越南人民军第 9 步兵师师史记载道："13 日，我第 9 步兵师以第 2 步兵团和第 3 步兵团在坦克部队配合下，从西北方向朝安禄市实施主要突击；第 1 步兵团和第 5 步兵师 4 团从西面和东面实施次要方向突击。我军战役炮兵先进行 15 分钟压制射击。接着，担任主攻的第 2 步兵团 5 营在坦克 6 连（9 辆 T54 坦克）、2 门 57 毫米高射炮、2 门 120 毫米迫击炮、2 个 12.7 毫米高射机枪连（10 挺高射机枪）加强下开始进攻首先拿下了安禄机场（也就是同隆机场），第 3 步兵团 9 营在 1 门 120 毫米重迫击炮、2 门 75 毫米无后坐力炮、1 个 12.7 毫米高射机枪连支援下攻克了安禄郊外的 128 高地。"

接着，越军迅速把高射机枪、高射炮、迫击炮和无后坐力炮靠前布置到同隆山，居高临下猛打安禄市区。一时间，安禄市内变成人间地狱，到处都是大口径榴弹、迫击炮弹、火箭弹、无后坐力炮弹在爆炸，高射机枪也朝市内泼洒密集弹雨。在越军猛烈炮火打击下，第 5 师团有线电话通信网一再中断。为了抢通电话线，第 5 通信营（第 5 师团直属通信营）和各团通信连的有线通信兵冒着炮火，穿梭在各条街巷，重新接通电话线。在复接过程中，许多有线通信兵以身殉职。正是他们的努力，才保障了安禄战役中第 5 师团和各个部队的联络通畅。不过，战斗过程中，单靠有线电话通信网有时会误事，因此黎文雄准将命令各单位打开 AN/PRC25 电台，一旦有线通信中断，马上进行无线电联系，防止指挥链中断。

7:00，越军开始炮火延伸。在市区东西两面，越军的炮弹几乎没有间歇地砸下来，别动军第 3 联团和第 5 师团 7 团也在各自防区和越军苦战。在北部城区，越军第 9 步兵师 2 团 5 营和第 20 坦克营 6 连拿下同隆山和机场后，沿街道缓缓扑向市区。越军步兵指战员在街道两侧行进，坦克沿街道往南开。

当坦克群抵达南越国军早已标好诸元的目标区时，配属给南越国军第 8 步兵团的炮兵联络官黄仲连少校立即下令："效力射，打！"与此同时，南越国军第 8 步兵团的 81 毫米迫击炮群也朝伴随坦克冲击的越军步兵开炮。突如其来的迫击炮火力打得越军第 9 步兵师 2 团 5 营损失惨重，只得抛下坦克，四下隐蔽。与此同时，密集的 105 毫米榴弹也在坦克群中爆炸。接下来的战斗，双方描述迥然不同。越南人民军第 9 步兵师师史写道："拿下机场后，第 2 步兵团 5 营和配合作战的坦克 6 连乘胜前进，插到雄王路时遭到美国空军猛烈轰击，坦克 6 连被打坏 7 辆坦克，5 营损失很大无法继续冲击，只得撤退。"越南人民军第 20 坦克营历史记载："第 20 坦克营 6 连和第 52 自行高射炮连奉命配合第 5 步兵师 2 团各步兵营连，担负对安禄市的主要进攻任务。4 月 13 日，第 20 坦克营 6 连分成两路，依靠步兵的配合打下了安禄机场和城北的 128 高地，迫使敌人退到安禄市内依托学校和省长厅区域进行固守。在打安禄机场和 128 高地的战斗中，第 20 坦克营 6 连和第 52 自行高射炮连出色完成了任务，发挥了迅猛突破的能力，他们和步兵密切协同消灭敌人近 1 个营。接着，第 9 步兵师 2 团决定让第 20 坦克营 6 连和步兵一起兵分两路，高速插向安禄市区。然而第 9 步兵师和第 2 步兵团通信联络不畅，发展进攻战斗的困难超出了预想，组织指挥和兵种协同不密切，打法也不适合。发现我军坦克在步兵引导下冲进市区时，敌人步兵没胆抵抗，而是召唤炮兵、空军火力进行激烈阻击，分割我军步坦协同。结果，第 20 坦克营 6 连沿街道继续冲击时，脱离了步兵的保护。敌人发现这个弱点后，果断组织反击。坦克 6 连冲进安禄市的 8 辆坦克（连长座车和另 2 辆坦克被堵在安禄市外）有 7 辆被敌打坏燃烧。[1]"应该说，越军对自己损失的记载是可信的，不过在市区内的具体战斗过程，由于第 20 坦克营 6 连突入部队几乎全军覆灭，因此还是联军方面的记载更为可信，当然击毁坦克数字就另当别论。

南越方面记载，越军步坦协同瓦解后，坦克纵队继续往南朝吴决路（13 号公路段）和阮仲实路行进，南越国军第 8 步兵团埋伏在吴决路两侧高楼的官兵们马上从楼房窗口架起机枪，居高临下射击，毙伤越军多名坦克机枪手，迫使剩下的越军坦克机枪手缩回车里，关闭炮塔顶部舱盖。当先导坦克冲到黄管广场时，队伍中的第 3 辆坦克突然被南越国军第 8 步兵团 1 名士兵用 M72 火箭筒击中，当即爆炸起火。不一会儿，浑身着火的坦克兵从坦克里跳出来，痛苦地在街道旁的墙角打滚，而迎接他们的是密集的 M16 自动步枪火力。

当前面 2 辆坦克继续沿着街道隆隆朝市中心行进时，队伍剩下的坦克却被第 3 辆坦克堵住了前进道路，不得不停下来。南越国军第 8 步兵团将士抓住这个宝贵的机会，一鼓作气又干掉 3 辆坦克。眼看形势不妙，队伍后尾的坦克群赶紧掉头，往左右两边转向，可还是有 3 辆坦克被别动军第 3 联团击毁，2 辆坦克被第 7 步兵团打掉。侥幸从南越国军第 8 步兵团虎口逃脱，冲在队伍最前面的 2 辆 T-54 坦克加速继续往南冲击。第一辆坦克冲到潘佩珠大街，靠近第 5 师团指挥部时，负责警戒黎文雄的师团指挥部大门的士兵惊慌失措，拔腿就跑。这是第 5 师团第一次见坦克，他们还是对 M72 火箭筒效能表示怀疑。看到越军坦克竟然如此嚣张，黎文雄准将抓起一枚手榴弹，准备在越军坦克冒险冲进防空洞时砸过去。当坦克掉头试图核实第 5 师团司令部位置时，第 5 师团副师团长黎元维上校从地下防空洞里冲了出来，扛起 M72 火箭筒瞄准坦克射击，把这辆坦克打爆在师团指挥部跟前。最终，这辆带伤的坦克在潘佩珠大街和黄花探路十字路口被南越国军第 7 步兵团击毁。第 2 辆坦克见势不妙，赶紧往后退，却在陶凤公园被南越国军第 51 炮兵营 1 个连用直瞄火力摧毁。著名的南越电视记者阮桥回忆了当时的情况：越军坦克冲到第 5 师团指挥部跟前的危急时刻，黎文雄准将告诉手下参谋自己决不能被生俘，一旦越军冲进来，他一定会自尽以保住荣誉。黎文雄对部下的唯一要求是出现这种极端情况时，务必销毁密码本。

9:00，美军武装直升机姗姗来迟。AH-1 眼镜蛇武装直升机低空飞到安禄市上空，用 2.75 英寸火箭弹将南越国军第 8 步兵团标定的 1 辆 T-54 坦克彻底击毁。接着，他们又在城区上空到处猎杀幸存下来的越军坦克。按照南越国军第 8 步兵团团长梅文长上校的说法，美军的 AH-1 武装直升机在他的防区里总计干掉越军 4 辆坦克。美军的 AH-1 眼镜蛇武装直升机在安禄战役中无役不与，他们的存在有力鼓舞了守军的士气。

大约 10:00，越军第 9 步兵师又在北部城区重新组织攻击。在第 8 步兵团防御地带，尽管美军进行了有效的近距离空中支援，可越军还是把第 8 步兵团打得节节后退，梅文长上校不得不让部队退到阮仲实大街，重新组织防御。与此同时，在东北地区，别动军第 31 营也承受了越军第 5 步兵师 4 团的猛烈冲击。在越军的强大进攻压力下，镇守安禄北面 13 号公路段的张福指挥的连队被迫往市区后退。6:50，把守同隆机场东面高地的连队和主力失去电台联系。一些从来没见过坦克的部队被突然冲过来的坦克吓破了胆，放弃阵地擅自后退。别动军第3联团长阮文别上校只得命令别动军第31营撤下来，在陈兴道广场北面重新组织防线。在别动军第3联团指挥部顶部的观察员报告说发现1辆坦克在附近街道往南行进，别动军作战副官遂请求空中支援。美国空军1架F-4"鬼怪"式战斗机呼啸而至，投弹命中坦克炮塔顶部，准确炸毁目标。负责拱卫环形防线东北面的别动军第36营也遭到从观利机场冲过来的越军坦克群和步兵的冲击。别动军第3联团司令部马上请求美军空中支援，及时炸毁了冲在前面的坦克，可越军步兵还是顽强冲了上来，攻击别动军第36营阵地，使其蒙受了惨重的损失，不得不往市区退却，接着在安禄东郊一个多层楼房占领防御阵地。下午，阮文别中校对所部一再后退忍无可忍，他命令所部一步都不准后退，必须死守自己的防区。

别动军第3联团主力和第8步兵团往市中区步步退却，使第52特遣队两翼暴露。他们兵力薄弱，而且没有炮兵、坦克和装甲车支援，在越军猛攻下，只能撤到东南地区，与平隆省保安军部队一起奋战。

为了支援安禄守军，美国空军和越南共和国空军从清晨起就进行全方位的空中支援。美国空军B52战略轰炸机干得很卖力，他们摧毁了安禄西面和西北的2个越军弹药库，其中一个弹药库持续爆炸了几个小时。随着安禄战役的进行，联军的空中支援模式也逐步完善：B52用来轰炸越军的后勤补给站和物资堆放地，同时对环形防线外进行战术支援；低速低空飞行的AH-1眼镜蛇武装直升机、A-37攻击机以及AC-130空中炮艇在市区内横扫越军步兵冲锋队形和坦克队伍，支援守军作战。联军空—地一体化协同防御战斗获得了巨大的效果，到4月13日中午，联军在安禄市区内宣称，T-54和PT-76坦克燃烧后的残骸遍布大街小巷。双方损失都不小，战斗继续。

4月13日下午，黎文雄准将接到报告，称越军一支部队占领了平隆省会展大楼，隔着街道朝对面的南越国军部队开火。

由于会展大楼离第5师团指挥部和别动军第3联团司令部很近，这个突破对安禄守军的指挥中枢构成了重大威胁，必须不惜代价予以铲除。黎文雄准将没有犹豫，马上命令别动军第3联团夺回会展大楼。阮文别把这个任务交给了别动军第 52 营 1 个连。从地形来看，会展大楼夺回作战可不好打，大楼建在一个高地上，拥有良好的通观条件和开阔的射界，攻方要夺回，就必须冒着越军的火力跨过开阔地才能冲进大楼。连长阮文协中尉亲自率部冲击，却被子弹爆头，倒在会展大楼跟前。虽然全连表现十分勇敢，但却被越军各种武器（包括重机枪和缴获的 M79 枪榴弹）压制得死死的。到黄昏前，眼看别动军第 52 营还是没法夺回会展大楼，阮文别上校只得让别动军第 52 营把攻击逐渐撤下来，脱离越军 M79 枪榴弹射程，同时命令别动军第 31 营抽调 1 个连投入战斗，一定要夺回会展大楼。

别动军第 31 营把这个任务交给了张福中尉的连队。该连队也是命运多舛，先前他们在安禄北面 13 号公路的防御和琴黎桥南面的战斗中蒙受很大的损失，目前只剩 20 名官兵能战。这次进攻，他们也毫无悬念地被会展大楼上居高临下的越军用各种火力打得根本抬不了头。张福请求空中支援，可越南共和国空军的武装直升机在飞抵现场后发现目标和友军离得太近，支援火力容易误伤自己人，不敢开火。接着，别动军第 3 联团的美军顾问召唤美国空军战斗机支援。虽然美国空军战斗机很快赴援，但却要求张福用白色烟幕弹标明自己的位置。这时，一阵不合时宜的风吹了过来，烟幕带飘向目标，遮挡了飞行员的视线，无法有效支援。既然 AH-1 武装直升机和喷气式战斗机都帮不上忙，阮文别只得请求 AC-130 空中炮艇出马。一开始，别动军的运气还是很背，第一架联络上的 AC-130 弹药耗尽正返回基地补充，所幸很快就联系上另一架正飞往安禄的 AC-130 空中炮艇，该机答应优先支援别动军夺回会展大楼。配属别动军第 3 联团的美军顾问和滞空统一指挥的空军前进指挥官取得联系，引导 AC-130 作战。不一会儿，AC-130 就发现了目标并发射了一枚火箭弹。接着，张福中尉调整部署，带手下官兵做好战斗准备，并请求 AC-130 进行"效力射"。在密集的火力打击下，会展大楼发生一连串爆炸，硝烟散去，张福带着官兵冲进大楼，歼灭残敌。他报告缴获 1 挺机枪、2 具 M72 火箭筒、6 支 AK-47 冲锋枪，以及大量弹药。

会展大楼激战的同时，越军第 9 步兵师 3 团也继续对安禄西北的南越国军第 8 步兵团阵地展开攻击。由于第 51 炮兵营的 M101 105 毫米榴弹炮群损失惨重，第 8 步兵团团长梅文长上校只能靠 81 毫米迫击炮支援步兵战斗，当然这些迫击炮也成为越军炮兵的重点打击目标。不过，这些炮手还是恪尽职守，保持了支援火力的持续不断。一天激战下来，越军拿下安禄市北城区许多地方，守军退到市中心和城南死守。但越军第9步兵师损失较大，已经无法继续突破了，双方除了零星的连排级别巷战争夺外，基本停止了大规模较量。

根据第5师团的作战报告，4月13日激战的损失和战果是：28人战死、53人负伤、6人失踪，损失3件多人操作武器和42件单兵武器，击毙越军169人，俘虏2人；缴获3件多人操作武器、5件单兵武器以及2部电台，击毁16辆坦克。

4月14日，越军继续进行零星炮击，主要集中轰击城市西南区。似乎是为了保持进攻势头，越军以1个坦克连、2门自行防空火炮，在小群步兵与猛烈炮火的支援下，突击了西部城区的南越国军第8步兵团阵地。这次进攻扑到距第5师团司令部约百米时被守军和眼镜蛇武装直升机击退。为了迎击越军新一轮坦克进攻，黎文雄命令各营马上组建"坦克猎杀小组"，各营都要挑选本单位最出色最勇敢的战士做坦克猎杀小组组长，每个小组由火箭筒手，甚至是熟悉市区地形、熟悉伏击歼灭坦克地点的平民组成，他们的装备是M72火箭筒和部分从越军手里缴获的B40、B41火箭筒。在接下来的战斗中，这些坦克猎杀小组发挥了巨大的作用。与此同时，南越国军第1伞兵旅团也从13号公路往北打，试图解除越军对安禄的围困，但遭到越军第7步兵师顽强抵抗。既然陆路强攻不成，第1伞兵旅团遂采取蛙跳战法。4月14日14:30，第1伞兵旅团第一梯队在安禄东南4千米的时山着陆，他们的到来标志着安禄守军开始获得增援。同一天，第3军区司令阮文明中将也在莱溪开设军区前指，直接指挥安禄防御战和13号公路打通作战。不过，这些都是后话。因为援军还没到来，越军又对安禄展开了第二次攻击。

二打安禄

第1伞兵旅团在时山着陆，使安禄之战增加了新的变数：越军被迫加大进攻力度，否则一旦南越国军援兵不断到来，就会给进攻带来很大的困难。

在这种情况下，越军第9步兵师只进行了一天的休整和补充，师长阮实冰就根据陈文茶中将的命令，指挥部队二打安禄。对这次战斗，双方记载都比较简略。越南人民军第9步兵师战史记载道："首战安禄的失败，并没有让第9步兵师气馁。4月15日，第9步兵师二打安禄。这次还是第2步兵团5营打主攻，该营在团长陈玉英指挥下，冲至陈兴道路北面；第3步兵团9营沿西北方向杀进陶风公园，第1步兵团部分兵力往安禄市监狱附近发展进攻。关键时刻，又是美国空军出手救了守城的西贡伪军。美军空中打击精度极高，不仅切断了我9步兵师师指和各团、营之间的联系，还和炮兵协同大量杀伤了我军步兵，打坏一些坦克装甲车，进攻再度受挫。"越南人民军第20坦克营历史也记载："首战失利后，（坦克-装甲兵种）指挥干部开会总结经验教训：在战斗发展阶段，进攻部队的组织、指挥不够密切，也没有及时处理突发状况，导致步坦协同被敌分割。各坦克分队和步兵分队的行动不够勇敢大胆，导致兵种联合进攻队形不够勇猛，结果没能取得胜利。4月14日，敌人以1个伞兵营在时山机降。4月15日，第20坦克营8连使用9辆坦克和2门自行高射炮继续从北面对安禄市展开第二次攻击，虽然配合战斗的步兵拿下了大半个民事区（khu dân sự），但还是无力发展，我军损失5辆坦克。[2]"

南越国军方面记载，越军打法依然是"先炮后冲"战术。4月15日4:00—6:00，越军先对安禄进行猛烈炮轰，1000多发各种口径的榴弹和火箭弹砸进安禄市区，重点是第5师团司令部和平隆小区，引发多起火灾。6:00，南越国军发现越军第9步兵师2团5营和第3步兵团9营在1个坦克连支援下从北面和西北面、第1步兵团在1个坦克连支援下从西面对安禄实施第二次攻击。7:00，第2步兵团突破了南越国军第8步兵团防御地带，把对方击退至雄王路。别动军第3联团也在越军第9步兵师1团猛攻下，退到雄王路南面的陈兴道路组织防御。不过，越军的步坦协同却没有丝毫的进步。这一次，越军坦克群还是在没有任何步兵保护的情况下就冲进南越国军防御纵深，战斗又变成了南越步兵和越军坦克的决斗。

第一辆坦克很快被别动军第36营击毁在阮度大街。第二辆坦克又在新集市周围被一枚航空火箭弹击中，炸成一团火球。第三辆坦克刚刚冲进陶风公园，就被第51炮兵营C连用105毫米榴弹炮直瞄击毁。第四和第五辆坦克冲到旧集市，被南越国军第8步兵团击毁。在这次防御战斗中，根据第一次的经验，守军在越军炮火准备时静静趴在掩体和战壕里，等到越军开始炮火延伸，就从阵地上冲出来，朝越军步兵和行进的坦克群开火射击。在打坦克战斗中，守军不仅使用了制式M72火箭筒，还用上了刚刚缴获的B40火箭筒和B41火箭筒。在大街小巷隆隆行进的越军坦克，由于缺乏步兵保护，很快成为南越国军"坦克猎杀小组"的牺牲品。在回忆录中，梅文长表扬了这些"坦克猎杀小组"，街巷的各个拐角都活跃着他们的身影。

10:00，双方沿着雄王路和陈兴道路继续展开激烈的战斗。不过，守军在美国陆军AH-1眼镜蛇武装直升机的有效支援下，逐步顶住了越军的冲击，稳住了防线。相对越军第2步兵团的猛烈进攻，西面的越军第1步兵团却打得软弱无力。

进攻前，越军先派一个特工连在安禄市西门铁丝网地带剪开一个口子，保障坦克群直接冲击南越国军阵地。遗憾的是，特工暴露，渗透进去的特工连被南越国军第8步兵团歼灭。特工偷袭失败后，越军第271步兵团和1个坦克连在安禄西面4千米的橡胶园占领进攻出发阵地，接着开始冲击。不幸的是，他们的冲击路线刚好落入美国空军B52的轰炸区域，还未接敌就损失惨重。越军第9步兵师被迫叫停了1团的进攻。到4月16日下午，安禄市内战斗强度逐渐减弱，越军开始巩固夺取的北城区，守军在南城区继续重新组织防御。在部分地带，双方隔街对峙。在4月15日的战斗中，南越国军战死18人，负伤89人，失踪38人，宣称击毙越军13人，俘虏3人，击毁10辆坦克。

两打安禄失败后，双方进入了对峙期。在此期间，越军第20坦克营6连又对安禄市进行了一次小规模进攻战斗。越南人民军第20坦克营历史忠实还原了这一幕："4月16—18日，敌人又把第1伞兵旅团主力机降到时山地区。虽然受到我军激烈阻击，但敌人对安禄的机降增援还是持续不断，并在内城连续组织对我军的反击。4月18日，第20坦克营6连使用剩下的3辆坦克支援步兵，又对安禄市进行了第三次攻击，冲到伪军第5师团指挥所附近时被挡住。这次战斗还是没有结果，我军损失2辆坦克。[3]"不过，南越国军对这次战斗没有任何记载。

为了支援主力部队打安禄，越军第 429 特工团于 4 月 16 日以 1 个排的兵力摸进莱溪，炸毁了一个弹药库，引起连环爆炸。尽管安全受到威胁，但第 3 军区司令阮文明中将还是宣布，自己在这个非常时期绝不能离开莱溪，并对安禄形势表示谨慎乐观。他认为两打安禄失败的越军绝不会善摆甘休，一定会三打安禄。他相信守军已经做好了迎击对方第三次进攻的准备。在安禄，趁着越军两打失败后的对峙期，越南共和国和西方国家记者乘直升机飞进安禄，进行采访报道。黎文雄准将在采访中表示："只要我活着，安禄就一定不会丢！"这句话既是他的决心，也是全体守军的表态。

对峙期间，南越国军积极组织兵力实施小群反击，夺回了部分失地。4 月 21 日，别动军第 36 营为了扩大东北城区的控制权，派第 4 连夺回防线东部对面的一栋楼房。组织火力掩护后，一个 4 人组的突击队冲进了楼房，宣称以 2 人负伤的代价击毙越军 9 人。为了抢救伤兵，副连长阿南少尉带几个人冲过街道，却被顶楼的越军冷不防砸下一枚手榴弹，随队通信兵被炸死。接着，连长阿关也带上连预备队冲上去，随同阿南一起战斗，不仅抢出伤兵，还夺回了楼房。由于这次果断出击，别动军第 36 营控制区往东扩大了 200 米。

几天后，在夜幕掩护下，别动军第 36 营营长钟越乐少校带着他的作战参谋和 1 位通信兵来到安禄市华人高中周围街道中央，爬进一辆被击毁的坦克里。钟越乐少校是一位勇敢出色的军人，也是一位能人：他懂得如何修复吉普车、卡车和电台，也懂得怎么驾驶直升机。别动军第 3 联团的一位参谋军官说每次他的部队实施机降突击时，钟越乐少校总是亲自飞指挥直升机，引导部队实施机降战斗。在被打坏的坦克里，钟越乐少校缴获了越军的通信文件，他还拆下 T-54 坦克的车载电台。不过，当他们三人爬出弹坑时，却被街道对面的越军火力打得抬不起头。钟越乐少校赶紧和联团司令部取得联系，请求空中支援。阮文别没有犹豫，赶紧接通第 5 师团，转达了钟越乐的请求。黎文雄表示，AC-130 空中炮艇刚刚支援完别的部队，目前正在返回基地，能帮他们的只有正赶往安禄上空的 AC-119 空中炮艇。和 AC-130 一样，AC-119 空中炮艇也是昼夜通吃，当然夜战效果更佳。它在禄宁和安禄上空的作战高度是 3500 英尺，机上装备的 7.62 毫米机枪和 20 毫米航炮是致命的撒手锏。由于 AC-119 同样具有强大的威力，南越国军官兵都亲昵地称呼它为"火龙"。根据阮文别和别动军第3联团的美军顾问报告,在安禄上空的美军空中指挥员引导AC-119准确射击,打掉了威胁钟越乐少校的越军火力点,掩护他们三人安全返回。

当阮文别看到钟越乐从敌坦克带回的文件时,他震惊了,里面竟然有第5师团的通信密码,这表明越军可以随便监听和破译第5师团的所有电报!此事非同小可,阮文别马上向第5师团司令部上报情况。几分钟后,副师团长黎元维上校和师团情报部的2名军官就来取走了文件和电台。不久,第5师团变更了通信密码,别动军第3联团和其他部队也更改密码,并重设各部队的呼叫代号,还调整了通信频段。别动军第3联团的作战副参谋阿奎上尉无不得意地回忆说:"(修改密码)措施效果立现,敌人已经无法再切入我们的通信频段,干扰我们的通信。"

虽然南越国军组织反击,不断收复失地,然而,对安禄守军来说,最困难的并不是地面战斗,而是如何在越军猛烈的陆空炮火封锁下,维持后勤补给。事实上,安禄的后勤保障状况每况愈下。经过一个星期的战斗,步兵轻武器开始出现弹药荒。除越军在环城地带组织防空火力网外,市民和难民的存在也大大增加了安禄补给的难度。据统计,安禄市内守军和平民每天需要200吨补给,而且还要考虑到周围村落涌进城里的人,合计平民达到15000人。还急需淡水,美军顾问估计,要保障安陆市内平民活下来,每天至少得空投65吨淡水。

从4月7日越军围困开始,对安禄市的补给就由南越国军空军第237直升机中队负责。4月12日,1架支奴干运输直升机被击落后,对安禄的补给任务改由南越国军空军固定翼飞机负责。同一天,第5飞行师团的C-123运输机和C-130运输机从新山一机场起飞,开始在700英尺高度给安禄市空投补给物资。4月13—16日,越南共和国空军总计出动27架次运输机,往安禄市投落135吨物资,但守军只回收了34吨,绝大部分落入越军控制区。为了有效切断联军对安禄的空路补给,越军加强防空火力密度,效果立现。4月17日,越南共和国空军执行空投任务的6架C-123运输机和C-119运输机全部被防空火力命中。1架C-123在安禄上空中弹爆炸,全体机组成员战死(包括中队长阮世神中校);4月19日,另一架满载弹药的C-123中弹凌空爆炸。从这时起，越南共和国空军取消对安禄的补给任务，改由美国空军接手。

事实上，美国空军早就做好了对安禄补给运输的准备。4月15日，美国空军2架C-130运输机飞往安禄，他们使用最新的计算机控制投落系统（简称CARP，计算机解算空投点）对安禄守军进行空投接济。按指示，C-130沿着13号公路飞，接近安禄市足球场时，飞控计算机接手驾驶，然后按解算空投点自动投落物资。第一架C-130运输机顺利投下食品和弹药，但机腹却被越军打中两弹。第二架C-130运输机驾驶舱中弹，机师阵亡，导航员和副驾驶负伤。尽管如此，这架受伤颇重的C-130还是跟跄飞回了新山一机场。4月18日，又一架美军C-130运输机进入足球场上空准备投落物资时被高射机枪打中。美军飞行员完成任务，然后在莱溪附近旷野迫降。由于这类投落代价太大，到4月20日，美国空军不分昼夜使用低空投落法。满载物资的运输机以树梢高度飞向安禄市，离空投区3英里时爬升到500英尺，然后从尾舱投落物资。采取这种投落方式固然保障了美军运输机组成员的安全，但物资却落入了越军控制区。

连续空投结果都不理想和运输机组成员伤亡日益增加的情况下，美国空军取消了昼间空投，把空投全部改为夜间进行，可物资不能准确落入守军控制区的问题依然存在。此外，守军兵力不足，没有人愿意在夜间顶着越军炮火和迫击炮火力去回收物资。1972年5月2日，在损失了第2架C-130运输机后，美国空军决定采取高空投落低空开伞的方式进行空投。这种技术就是降落伞延迟张开技术，原理是高空投下挂载物资的货伞，任其自由落体到低空才开伞，最大限度避免了过早开伞导致的横向偏移。这种技术最早应用于1954年的奠边府战役，安禄战役再次派上用场。使用高投低开的延迟伞技术后，空投准确率大大提高。根据美国空军统计，他们从1972年5月8日—6月25日共往安禄飞了230架次C-130，全部使用高投低开的延迟伞技术，累计投下2984吨物资，守军回收2735吨。[1]

---

[1] 1972年4月15日—5月中旬，美国空军在给安禄守军空投的行动中共有5架C-130运输机被击落，56架C-130被击伤，17名机组成员战死或失踪，另有10人负伤。

增援安禄

安禄的激战，始终牵动着第3军区的心。从禄宁之战开始，阮文明就想方设法收罗部队，保障安禄和莱溪（第3军区前指）之间的陆路交通。4月6日，阮文明命令第18师团所属的第43步兵团和第5装甲骑兵支团出动，北上打通莱溪到安禄之间的13号公路段。2支部队依令而行，途中一再受到越军M46 130毫米加农炮群轰击，但越军地面抵抗却微乎其微。4月7日，南越国军第43步兵团和第5装甲骑兵支团顺利抵达真城。第二天，南越国军第43步兵团和第5装甲骑兵支团继续前进，他们在头奥溪南面遇到依托半地下化、四通八达的堑壕系统的越军第7步兵师209团的顽强抗击。战斗中，南越方面损失惨重——第5装甲骑兵支团长张友德中校乘坐的飞机被击落，第43步兵团也损失了30%的兵力，被迫退出越军的炮火射程外，停止进攻。

4月7日，阮文绍在西贡召开紧急会议，决定把第4军区所属的第21师团和联合参谋本部的战略总预备队——第1伞兵旅团划归第3军区，目的是应付越军在平隆省发起的总攻击。得到增援，阮文明下令第21师团和第1伞兵旅团从南面沿13号公路往安禄方向打，确保重要的陆路交通，并和守军取得联系，解除越军的封锁围困。

不过，第21师团一时半会儿赶不上来，只有让第1伞兵旅团先打。4月11日清晨，第1伞兵旅团在黎光亮上校率领下，乘卡车从莱溪抵达真城。接着，伞兵们下车，以野战姿态往北攻击前进。和第43步兵团一样，他们刚出真城6千米，就在头奥溪南面遇到依托坚固阵地的越军第7步兵师209团的顽强阻击。由于缺乏第5装甲骑兵支团的坦克和装甲车支援（第5装甲骑兵支团在越军猛烈的迫击炮和火箭炮轰击下损失惨重，暂停前进），第1伞兵旅团没法击破越军阵地。

道路贯通作战出师不利，而越军两打安禄后，当地形势急剧恶化，第5师团已经让出了1/3的市区，俯瞰城北的同隆山和同隆机场均告陷落。越军趁机逼上一步，在市区周围部署强大的防空火力，不仅威胁进出市区内撤走伤员的联军直升机群，还给美国空军和越南共和国空军飞往安禄组织空投物资的运输机群带来巨大的压力，当时的形势确有崩溃的可能。显然，靠缓慢的陆路打通增援方式行不通，只能恶疾下猛药。

4月14日，阮文明在莱溪和伞兵师团长杜国东中将、第1伞兵旅团长黎光亮上校会晤，讨论采取机降进入安禄，加强守军的可能性。会上，阮文明告诉杜国东和黎光亮，目前越军已经不断收紧对安禄的绞索，而且守军在越军持续不断的炮击下伤亡与日俱增，当务之急是一定要在安禄周围建立一个前进基地（兼火力基地），一面组织火力支援守军，一面保障新锐部队能源源不断进城增援，加强守军力量。阮文明对两人表态，第1伞兵旅团是目前第3军区最适合执行这个任务的部队，他也点名让黎光亮负责这次作战。

第1伞兵旅团前身是南越国军第1伞兵联团，由第一次印度支那战争法国远征军编制内的第1、第3越南伞兵营战后改编而成。1966年，作为南越国军战略总预备队两大拳头部队之一的伞兵师团正式成立，第1伞兵联团也升格为第1伞兵旅团。战争中，第1伞兵旅团东征西讨，参加了诸如1968年顺化战役和西贡战役以及1971年兰山719行动等重要军事行动。时任第1伞兵旅团旅团长的黎光亮上校乃平阳省（原土龙木省）人氏，1954年毕业于守德预备役军官学校，1968年初升任第1伞兵旅团长，因军事素质高、指挥沉着、身先士卒，在伞兵师团中享有赫赫威名。精锐部队配猛将，由他们来增援安禄，阮文明可以说是一百个放心。

经过讨论，阮文明决定让第1伞兵旅团在安禄东南4千米的时山着陆。他给黎光亮的任务是先在时山——169高地区域建立一个火力基地，然后带第1伞兵旅团主力往西打，进入安禄市区。任务是布置下去了，可要顺利完成却不是那么容易的事。情报显示，越军第7步兵师所属的第165步兵团在安禄市东南的车琴—车泽地区、第141步兵团在安禄东面的朔贡村出现，这些地区离时山不到4千米，对第1伞兵旅团的机降作战构成严重威胁。如果能骗开这些越军，机降作战就成功了一大半。为此，阮文明准备利用新闻媒体进行欺敌作战。

4月13日，第3军区作战副参谋阮玉英中校参加南越国军举行的新闻发布会。临行前，阮文明面授机宜，要他散布假消息给西方媒体，掩护第1伞兵旅团在时山地区的机降作战，这场心理战只能赢不能输，一切就看阮玉英的表现了。在新闻发布会上，阮玉英中校首先介绍了越军一打安禄的情况和安禄周围形势，接着阮玉英向西方媒体透露了一个"秘密"，别动军第36

营捕捉了 1 名负伤的越军战士，根据他的供述，越军阮惠战役指挥长陈文茶中将已经把前指设在观利机场。这是个"爆炸性"的新闻（当然也是阮玉英编出来的），谁都知道陈文茶的赫赫大名——越南南方解放军副司令员！针对这个消息，感兴趣的西方记者遂提问：第 3 军区打算如何利用这个情报？阮玉英声称第 3 军区已经向联合参谋本部请求立即把战略总预备队之一的别动伞降第 81 联团投入战斗，要在观利机场北面机降，意在活捉陈文茶和消灭越军阮惠战役指挥部。这又是一个重磅消息，参加新闻发布会的西方记者都感到不虚此行。一位记者顺势提问：第 3 军区打算什么时候让别动伞降第 81 联团投入战斗？阮玉英也很"坦白"地告诉这位记者：明天早上就打！

当晚，别动伞降第 81 联团要在次日清晨对观利机场实施机降突击的消息传遍了全世界。这个心理战获得了极大的成功，越军第 7 步兵师 165 团和 141 团主力仓促撤离了阵地，只有警戒部队还留在周围，时山也不过只是越军的一个前哨而已。欺敌行动成功，为机降作战打开了胜利之门。

4 月 14 日莱溪会议结束后，黎光亮上校亲自坐飞机侦察了时山—169 高地区域。在仔细观察该地区地形后，他决定在离时山和 169 高地东面 1 千米的一个高棉人村庄地带实施机降。他打算让伞兵 6 营先着陆，伞兵 5、8 营和第 1 伞兵旅团司令部于次日着陆。一旦机降作战完成，伞兵 5 营和伞兵 8 营将以两路纵队往安禄行进，伞兵 6 营留下来，在时山和 169 高地建立火力基地。为了防范着陆后的越军反突击，第 1 伞兵旅团在机降前 2 天接收了大量新式 XM202 火箭筒（M72 火箭筒的改进型），最大射程可达 750 米，不仅能杀伤依托地堡、加盖掩体和散兵坑的敌方战斗人员，还可以造成巨大的心理震撼效果。

4 月 14 日 14:30，第 1 伞兵旅团的机降作战正式开始。伞兵 6 营 60 连在 245 号小道附近的一片空地着陆，距高棉村约 1 千米。着陆后，第 60 连的伞兵们抬头就看到西面的安禄市正被滚滚浓烟笼罩。几分钟后，伞兵 6 营营长阮文定中校又带着营部和第 61 伞兵连着陆。接着，阮文定命令副营长范金鹏少校带着 63 连（连长：阿永中尉）和 64 连（连长：阿全中尉）拿下时山。在安禄市内残存的 105 毫米榴弹炮的支援下，伞兵 63 和 64 连仅用半个小时就攻克了目标。16:30，越军开始猛轰着陆区，给伞兵 6 营造成中等程度伤亡。在 169 高地，伞兵 6 营也和别动军第 52 营 3 连取得联系。红色贝雷帽（南越伞兵的昵称）机降突击时山增援安禄的消息振奋了守军和市民。作为南越国军中最精锐最勇敢的部队，伞兵和海军陆战队一直享有很高的荣誉。黎文雄知道，伞兵们的到来，意味着第 3 军区不会抛弃他们，第 5 师团必须为安禄拼杀到底。

4 月 15 日，第 1 伞兵旅团全部机降到位。这次几乎完全没有受到干扰的机降作战顺利完成，除了阮玉英战前通过新闻发布会大打心理战外，也离不开第 1 伞兵旅团旅团长黎光亮上校的出色谋划。另外，驻边和机场的南越国军空军第 3 飞行师团所属的第 43 直升机中队（中队长：阮文克少校）也功不可没，他们原本就负责在安禄战役期间实施撤运伤员的飞行任务，现在又圆满把第 1 伞兵旅团的红色贝雷帽们安全送到指定地点，可谓劳苦功高。

然而，第 1 伞兵旅团的顺利着陆，并不代表后续行动也会一帆风顺。南越国军空军第 237 直升机中队的支奴干直升机群吊装着 8 门 105 毫米榴弹炮、飞往时山过程中，受到越军猛烈防空火力拦阻，只有 6 门 105 毫米榴弹炮到位，剩下 2 门火炮的吊装直升机被防空火力打中，被迫放弃任务，带伤返航莱溪。

炮兵到位后，黎光亮上校把伞兵 6 营、伞降第 3 侦察连、1 个伞降工兵连、1 个炮兵连，以及一个小型旅团临时指挥部（简称临指），留在时山—169 高地区域，由黎文玉少校统一指挥。他们的任务是在时山—169 高地建立火力基地，支援朝安禄方向打的第 1 伞兵旅团主力——伞兵 5 营和伞兵 8 营。

接着，第 1 伞兵旅团主力以两路纵队朝安禄方向打。南路纵队由伞兵 8 营、别动军第 52 营 3 连和保安军第 254 连组成，在文博宁（Van Ba Ninh）中校指挥下，于 4 月 17 日 7:00 顺利抵达安禄。不过，这一路人马并非安然无恙，别动军第 52 营 3 连连长在途中和越军战斗时身负重伤，因未及时撤退，几天后死于安禄。

北路纵队由伞兵 5 营（营长阮治协中校）和第 1 伞兵旅团指挥部组成。这一路运气可就没那么好了。他们先是穿过一片浓密的橡胶园林抵达朔贡村。4 月 16 日 9:30，当北路纵队抵达朔贡与富和村之间的一座小山包时，突然受到越军第 5 步兵师 4 团的攻击，战斗打得格外激烈，伞兵 5 营的先锋连——第 51 伞兵连首先遭到越军 1 个营的猛攻。经过 2 个小时的战斗，越军展开

U 字队形，意在包围歼灭伞兵。配属伞兵 5 营的美军顾问及时和 1 名美军空中指挥员取得联系，引导美军战术航空兵对 200 米外的越军实施火力打击。美军的航空火力效力的确惊人。刚刚从大叻陆军军官学院毕业的武文会少尉得到第 51 伞兵连的一位排长的报告，说美军喷气式战斗机投下的 1 枚炸弹把部分橡胶林夷为平地，强烈的冲击波令他永生难忘。打击过后，美军空中指挥官报告说越军这个营已被完全歼灭，扭曲的多人操作武器，包括迫击炮散落一地，越军尸体横七竖八地躺在地上。

尽管美军的航空火力支援如此猛烈，但越军的锐气并没有被摧毁。12:00，越军又进行了第二次进攻。这次，越军步兵在 1 个坦克连支援下，反复冲击。伞兵 5 营勇敢战斗，粉碎了越军的冲击，摧毁了几乎所有的伴随坦克。2 次战斗下来，伞兵 5 营流下了安禄之战的第一滴血——3 死 13 伤。宣称击毙越军 85 人，缴获 7 挺多人操作武器和 20 支 AK-47 冲锋枪。战斗结束，北路纵队重新获得补给，掩埋战死人员，召唤直升机撤走伤员后，黎光亮命令部队在小山包斜坡扎营过夜。夜间除了越军渗透进来的 2 名突击队员被击毙外，基本无事。

随着拂晓的到来，战斗又开始了。4 月 17 日 5:30，越军炮兵从北、西北、南面再次猛轰伞兵 5 营。炮击刚刚停下来，越军就发动潮水般的冲击。伞兵 5 营再次守住了阵地，保持了防御战斗队形的完整，并给攻方造成巨大的伤亡：伞兵 5 营宣称敌人弃尸 30 具，丢下 6 件多人操作武器（包括 1 挺 12.7 毫米高射机枪）和 5 件单兵武器；自己 5 死 17 伤（含伞兵 5 营副营长黎洪少校）。

接着，北路纵队继续往安禄行进。10:00，他们抵达观利大门附近的铁轨时，又遭到一支布置良好、依托散兵坑的越军小部队阻击。这些散兵坑原本是安禄市周围村民为防炮而挖掘的，越军一打安禄时，这里的人逃离家园进城避难，物尽其用的越军马上利用这些散兵坑对付伞兵，企图阻止南越国军对安禄的增援。尽管越军在北面炮兵观察哨引导下得到零星炮火支援，但伞兵 5 营还是冲上去用手榴弹和靠近攻击战法，逐个打掉了越军的阵地。经过 2 个小时的战斗，伞兵 5 营击破越军抵抗，第一梯队在中午进入安禄市。武文会少尉的伞兵排奉命和第 5 师团所属的第 5 侦察连协同，守卫平隆省医院及省卫生部（正对沿陈兴道广场扑过来的越军）。按照武文会的描述，安禄城里食品和淡水严重短缺，所有的水牛、黄牛、猪、鸡，甚至是猫和老鼠，都无处可寻，城内所有的水井，包括十米深的都被掘空。将士们不得不和友军甚至平民一起到处找水。他手下的一名士兵在附近水井打水时被一发炮弹炸死。伞兵5营51连的张登中尉也在4月17日被炸伤，紧急送往西贡。5月初，随着雨季的到来，安禄市内缺水的窘境得到缓解。平隆省医院的外科医生阮文桂回忆说，1972年雨季安禄的第一场雨是一场非同寻常的大暴雨，军民都从掩体里涌出来痛快地洗了个澡。

4月17日1:00，也许是整个安禄战役中第一次激动人心的时刻，第1伞兵旅团长黎光亮上校和第5师团长黎文雄准将两双大手紧紧握在一起。黎文雄准将当场打开了他最后一瓶啤酒，递给黎光亮上校。接着，他向黎光亮简单介绍了安禄地区最新双方情况，并把南部城区防务交给了第1伞兵旅团。离开第5师团司令部，黎光亮上校又去拜访了平隆省省长陈文壹上校，两人原本就是校友，相见甚欢。黎光亮决定把第1伞兵旅团司令部设在平隆小区，以便协调省保安军和第1伞兵旅团一起防守南部城区。为了保持战术的机动灵活性，以便随时对市区内任何地点按需要组织反击，黎光亮决定在南部城区防线外实施机动防御。

奉命增援安禄的部队并非只有第1伞兵旅团，还有南越国军的绿色贝雷帽——别动伞降第81联团。

4月14日，也就是第1伞兵旅团第一梯队在时山机降当天，原本沿柬埔寨边界的车缅作战的别动伞降第81联团返回西宁省朗庄机场。4月16日，别动伞降第81联团乘坐支奴干直升机抵达莱溪。中午，之前受到越军特工袭击的弹药库依然在爆炸中，别动伞降第81联团就已经在莱溪机场做好了机降进入安禄的战斗准备。

别动伞降第81联团——最初番号别动伞降第81营——是南越国军的特种部队。1970年，南越国军解散特种部队，该兵种大部分人员转移到各个别动营或伞兵师团服役。不过，备受重视的别动伞降第81营却升格为别动伞降第81联团，继续保留他们的军服和绿色贝雷帽。这支部队是南越国军特种部队的精华，擅长夜战和近战。在越南战争中，别动伞降第81联团多次通过奇袭作战，出色摧毁了越军的据点。整个联团编制1000多人，但战斗兵力只有 550 人，包括 1 个侦察连和 4 个步兵连。

4 月 16 日下午，别动伞降第 81 联团 550 人在范文勋中校带领下，乘坐 55 架直升机，在时山西南 1 千米的麦田着陆。接地后，别动伞降第 81 联团碰上了别动军第 52 营 3 连的 47 名士兵（防守 169 高地）。5 天前，别动军第 52 营 3 连曾受到越军进攻，5 死数伤。那次战斗结束后，47 名官兵就和连主力失去了联系。负伤的别动军士兵由别动伞降第 81 联团的医疗救护组周医生和阿生护理，最后乘坐直升机撤走。由于越军进攻重压，别动军已经很多天没有收到补给。饥肠辘辘、筋疲力尽的他们，对别动伞降第 81 联团的到来感到欣欣鼓舞。

16:00，别动伞降第 81 联团机降结束。接着，他们沿时山和 169 高地之间的一条小山谷往西行进。靠近安禄时，他们遭到 1 架喷气式战斗机的误击。不过，他们采取疏散队形行军，只有 2 人负伤。配属别动伞降第 81 联团的美军顾问霍金斯上尉和耶尔塔中士赶紧召唤美国陆军第 17 骑兵旅派直升机撤走伤员。接着，别动伞降第 81 联团继续往西北行进。当他们抵达富和橡胶园时，听到前方传来激烈的枪炮声。1 个侦察组立即前进，查看情况，结果碰上正和越军第 5 步兵师 4 团战斗的南越国军伞兵 5 营，但他们没有插手伞兵 5 营和越军的战斗。

4 月 16 日夜，别动伞降第 81 联团在朔贡村左侧宿营。这个村子本是蒙塔格纳德人的村庄，目前已经被战术航空兵摧毁，蒙塔格纳德村民也早已逃进安禄避难。和伞兵 5 营遭遇不同的是，别动伞降第 81 联团在次日安全进入安禄市区。由于越军对安禄市区实施歇性炮击，别动伞降第 81 联团的官兵不得不每人拉开 30 米间距，跑步进入安禄市北面指定的防御地带。按照南越国军第 5 师团长黎文雄准将的指示，别动伞降第 81 联团长范文勋中校要前往北部城区，和南越国军第 8 步兵团及别动军第 3 联团一起守住该地。别动伞降第 81 联团司令部的杜国兴中士回忆，他们一进安禄就看到越军和平民的尸体散落在各条街巷。走进安禄医院（平隆省医院），他看到几百具尸体堆在两个大坑里，尸体的恶臭几乎要把他熏倒。

根据新的防御计划，别动伞降第 81 联团要负责别动军第 3 联团和南越国军第 8 步兵团防御地带中间、从东面的阮游大街到西面的吴决大街之间地段。南越国军第8步兵团团长梅文长上校简要向范文勋中校介绍了安禄北部城区的双方情况和地形。

在别动伞降第81联团和第1伞兵旅团到来后，黎文雄准将决定组织反击，夺回失地。4月17日，伞兵8营奉命夺回安禄西面的一个橡胶园。沿着陈兴道大街，伞兵8营穿过富路门，离城约700米时突然遭到猛烈的75毫米无后坐力炮和迫击炮火力轰击，12名伞兵被炸死，62人负伤。营长文博宁中校好不容易收拢队形，重新组织进攻，才击破当面越军，抓俘3人。经过这次血战，安禄环形防线西面控制区得以扩张。

4月17日清晨，当伞兵攻打富路门西面的时候，越军又对安禄市进行新一轮猛烈炮轰。大约11:00，南越国军第8步兵团团长梅文长上校膝盖被弹片击中，失去意识。第5师团医疗官向黎文雄报告说梅文长伤势严重，至少要等24小时才能判明他是否能脱离生命危险。尽管平隆省医院的医疗条件连取子弹都做不到，而且也没有直升机把梅文长后送，但他还是活了下来，并指挥着第8步兵团一直战斗到解除越军的包围为止。几天后，黎光亮上校拜访梅文长时，后者已经逐渐恢复过来。梅文长上校简单地向黎光亮上校介绍了南越国军第8步兵团防区正承受越军步坦联合冲击重压的情况。

对越军坦克的威胁，黎光亮有些不以为意。他向梅文长建议把2枚155毫米高爆榴弹改造成防坦克地雷。做法是把2枚155毫米高爆榴弹串接起来，其中一枚插入雷管做引爆弹，另一枚做继爆弹，埋在越军坦克必经的路上。黎光亮告诉梅文长，他曾使用这种"土办法"在以往战斗中获得显著效果。果不其然，在越军三打安禄的战斗中，梅文长使用这种"土办法"，摧毁了越军大量坦克和装甲车辆，当然这是后话。

就在梅文长负伤和伞兵第8营反击的时候，刚刚抵达安禄不久的别动伞降第81联团也做好了反击准备。尽管照明弹没有了，但好胜心强的范文勋中校并不打算屈居人后。伞兵第8营能通过反击逐步夺回失地，他的别动伞降第81联团也不是孬种。开打前，范文勋亲自侦察了目标区，他发现该地区大部分建筑已经垮塌，许多原本是居民修筑用来防炮的掩体和地堡都被越军占据，几乎每座房屋前越军都拉置了铁丝网。

根据侦察结果，范文勋中校命令部队采取小分队的队形缓缓行进，避免发出声响，要不动声色靠到越军跟前，然后用刺刀和手榴弹干掉掩体里的守敌。从午夜到凌晨3:00，伞降别动第81联团的官兵往北行进，他们使用自己传统的近战攻击战法，成功把防线向前扩展400米。虽然别动伞降第81联团在当晚夺回了安禄城北大部分地区，但越军还是牢牢据守着平隆省野战警察司令部。接着，别动伞降第81联团2连对平隆省野战警察司令部实施冲击，很快冲进野战警察司令部内的庭院，但被来自同隆山的越军无后坐力炮火给压住了。

别动伞降第81联团的美军顾问霍金斯上尉马上请求空中支援。2架AC-130应声而至，按照顾问组的指示，它们用105毫米榴弹炮射击先压住了同隆山的火力点。然后，美军顾问耶尔塔中士不顾自身安危，站在街头引导AC-130对野战警察司令部的地堡掩体实施攻击，密集的炮弹瞬间把越军在野战警察司令部周围修筑的掩体顶部掀翻。经过30分钟持续的机炮火力支援，越军偃旗息鼓。别动伞降第81联团随即发起攻击，于16:00基本夺回野战警察司令部。可到了第二天，越军在安禄市北部依然有几个据点还在抵抗，双方还是处于对峙状态。不过，南越国军的防御态势相比二打安禄结束时已经有了质的改善。

虽然空中支援十分有效，保障了别动伞降第81联团反击战斗的胜利，却并没有解决别动伞降第81联团当前最紧迫的问题——他们急需近战条件下的迫击炮火力支援。由于别动伞降第81联团通常深入敌后实施远程巡逻，他们的武器编制表中都是轻便易携带的步兵武器（M16自动步枪和M2重机枪，以及60毫米迫击炮），81毫米迫击炮是没有的。另一方面，在以往的战斗中，别动伞降队员们如果脱离了己方炮兵火力射程（一般是6.8~8英里），通常会召唤武装直升机或战术航空兵进行航空火力支援。可这里是安禄，不是他们远程侦察的敌后地区，防御战斗的敌我距离通常都是几百米，远则有上千米，60毫米迫击炮威力不足，急需81毫米迫击炮。更重要的是，美军目前空投到安禄市区南面足球场给各个部队的步兵武器弹药箱里除了子弹以外，就只有81毫米迫击炮弹（没有60毫米迫击炮弹），别动伞降第81联团编制内的60毫米迫击炮根本用不了。虽然别动伞降第81联团设法从南越国军第8步兵团那里弄了1门81毫米迫击炮过来，可新的问题又来了——

这门81毫米迫击炮没有瞄准装置！通过美军关系，耶尔塔中士获得了一个崭新的M14瞄准具。这是美军使用的最新型号81毫米迫击炮瞄准具，当时南越国军普遍都没有装备。可能是东西太新了，别动伞降第81联团的美军顾问霍金斯上尉和耶尔塔中士自己都不太熟悉。好在M14瞄准具包装箱里还有使用说明书。霍金斯和耶尔塔很快看懂了说明书，然后教会伞降别动队员的迫击炮手使用M14瞄准装置打好81毫米迫击炮的诀窍。接着，这门81毫米迫击炮的炮长阿兴中士把炮架在一个四面高墙环绕的庭院里。从那里，阿兴给进行巷战争夺的伞降别动队员提供了准确的81毫米迫击炮火力支援。炮有了，可炮弹供应却并不轻松。为了从安禄市足球场拉回美军空投的81毫米迫击炮弹，阿兴最初用一辆三轮车冒着越军炮火往来穿梭于危险的2千米地带。不久，这辆三轮车被越军炮火炸毁，阿兴只得用独轮手推车，在同样危险的条件下，穿梭炮火封锁区2千米地带往返拉炮弹。危险还不止于此，越军炮兵很快就查明并标定了这门81毫米迫击炮的位置。一天，阿兴正在吃午饭，奉召要赶到联团司令部接受新的火力指示。他前脚刚走，越军的几发82毫米迫击炮弹就落在他的迫击炮位周围。当他回到阵地时，发现一条白色的狗已经重伤倒在地上，原来在他走了以后，这条饥肠辘辘的白狗就来偷吃他的剩饭，结果不幸被越军炮火炸中，很快伤重不治而亡。

虽然别动伞降第81联团反击获得很大的胜利，但别动军第3联团和第8步兵团却没有跟上来，使得别动伞降第81联团两翼暴露。为了防止越军侧翼反击，范文勋中校和第5师团取得联系，请求催促两翼友军也往前推进，保障别动伞降第81联团的侧翼安全。黎文雄准将没有马上答复他，而是征询了梅文长和阮文别的意见。梅文长指出8团防线当面建筑物稀疏、地形开阔，没有可供隐蔽的有利地形地物，一旦实施大规模反击，不仅要受到来自同隆山的越军75毫米和82毫米无后坐力炮，以及轻重机枪和75毫米山炮等直射火力的威胁，还会遭到越军战役炮兵（装备着D74 122毫米加农炮、M46 130毫米加农炮、DKB 122毫米单管火箭炮，以及107毫米多管火箭炮）的火力打击。综合以上因素考虑，梅文长拒绝反击，他要节约兵力，对付越军新一轮进攻。

既然第8步兵团兵力不足且当面地形开阔不好打，那让别动军加大反击力度总不过分吧。黎文雄准将又征询阮文别中校的意见，问他是否可以往前推进掩护别动伞降第81联团的右翼。阮文别答得很爽快，他表示自己愿意试一试，因为他也想往前扩展自己的防区。根据阮文别的命令，别动军第36营营长钟越乐少校率2个连的兵力往东北方向打，他们的任务是拿下观利机场附近的高地，掩护别动伞降第81联团右翼。由于战斗组织得当，别动军第36营1个连几乎没有遇到什么抵抗就拿下了指定目标。

眼看别动军第3联团和别动伞降第81联团拉平战线，心有不甘的越军决心利用左翼第8步兵团脱节的机会，从这里下手狠狠打击别动伞降第81联团的侧翼。在同隆山的迫击炮和75毫米无后坐力炮直射火力支援下，越军首先从北面对别动伞降第81联团进行第一次冲击，接着直接对左翼进行第二次冲击。在越军猛攻压力下，正不断组织反击的别动伞降第81联团暂停前进，除了留1个连死守具有重要战略价值的野战警察司令部外，全部退守安禄新集市。看到别动伞降第81联团往后退，别动军第3联团也只能跟着往后退回安禄市中心。别动伞降第81联团往北反击扩张的地盘得而复失，显然是因为没有得到南越国军第8步兵团的有力支援和协同。虽然别动伞降第81联团左翼的地形开阔，南越国军第8步兵团确实无法组织大规模进攻保护他们的侧翼，但好歹可以建立一些据点阵地支援别动伞降第81联团，同时对反击别动伞降第81联团左翼的越军实施翼侧打击。不幸的是，梅文长什么也没做。本来成功了一大半的反击最终却被迫吐出一半果实。

与此同时，在钟黎产据点困守的边防别动第92营于4月18日缴获了一份新文件，不仅证实越军正准备发动新一次进攻，而且连具体进攻时间都查明了。当时，边防别动第92营往西巡逻，在西宁省境内击毙了不少越军。他们从一具尸体的口袋里搜出了一份书面文件，这是一封越军第9步兵师政委写的信。信中表明下一次进攻时间是4月19日，里面还说明了越军第9步兵师打安禄失败的原因是联军有效的战术航空兵和B52战略轰炸机的空中支援，同时也强烈抨击了越军第9步兵师的糟糕表现和一塌糊涂的步坦协同。

4月19日清晨，越军第9步兵师又发动新的进攻，他们依然采取"先炮后冲"的战法，炮轰过后对北部城区组织冲击，被有效的近距离航空火力支援所阻，不过他们还是拿下了诸如新集市、野战警察司令部等北部许多重要地点。当越军调整部署，准备继续进攻的时候，别动伞降第81联团奉命组织反击。黎文雄准将给范文勋中校的任务还是要他们穿过陈兴道大街，夺回安禄新集市、安禄火车站和清冒村，恢复先前被南越国军第8步兵团丢失的西北城区。为了在巷战中避开越军狙击手的观察和射杀，以较小代价组织巷战攻击，别动伞降第81联团采取穿墙入房的战法，他们不沿着街道，而是从墙壁上凿穿了一个1米高0.5米宽的口子，然后鱼贯入房，和越军逐屋逐楼争夺，避免了直接从开阔地仰攻楼房。战斗中，别动伞降队员灵活且大量使用手榴弹和M72火箭筒，摧毁了越军大量火力点，逐个夺回楼房，压迫越军往北退却。

但当别动伞降队员冲到佛塔和野战警察司令部时，退却中的越军开始掉头反击，他们在各种口径的火炮弹幕射击支援下，猛打别动伞降第81联团左翼。虽然联军战术航空兵的近距离空中支援协助别动伞降第81联团暂时击退了对方的冲击，但黎文雄准将并不放心，他赶紧请求B52轰炸机群暂时放弃预定轰炸任务，转而对别动伞降第81联团战线当面两三百米的越军进行轰炸，防止了别动伞降第81联团的战线被突破。在战术航空兵和B52战略轰炸机支援下，别动伞降第8联团迅速调整部署，通过肉搏战打垮对手。到这天日落时，范文勋的手下基本夺回了失地。

在安禄南面，越军第9步兵师一部又对车琴门东南的南越伞兵5营阵地实施了一次试探性冲击，伞兵5营6死21伤。宣称毙敌35人，缴获6挺多人操作武器和6件单兵武器。

当安禄形势暂时得到控制的时候，时山和169高地的伞兵6营却在为生存而战。为了配合越军第9步兵师打安禄，4月19日，越军第5步兵师5团和第7步兵师141团对安禄市东南据守具有重要战略价值的时山和169高地的伞兵展开了攻击。由于安禄市内和观利机场的守军所有105毫米榴弹炮在连番激战中逐步被打掉，时山的6门105毫米榴弹炮是安禄守军能得到的唯一的炮火支援。充分意识到这点的越军自然是打算不惜一切代价要敲掉时山，剥夺安禄守军唯一的火力基地。

对时山的进攻，越军再次祭出了"先炮后冲"的战法。他们先是对时山进行猛烈的炮火准备，完全压制了时山的6门105毫米榴弹炮；山上储备着

1000 多发 105 毫米高爆榴弹的弹药库也被击中，发生猛烈爆炸。21:00，南越国军第 1 伞兵旅团旅团长黎光亮上校呼叫在时山临指的黎文玉中校，让他全权负责时山——169 高地地区战斗，一切皆可自行决定。为了迎战越军的进攻，黎文玉中校命令伞兵第 6 营营部和第 61、第 62 连一起防守高棉村。第 63 连和第 64 连在范金鹏少校指挥下，守卫时山。不过，留给伞兵第 6 营的时间不多了。炮火延伸后，越军步兵在坦克支援下，从北面和东北对时山发起冲击。陈大战少尉，一位大叻军官学院的应届毕业生——初临战场就碰上越军的步坦协同冲击。他沉着地等到坦克扑至 50 米内才开火射击，冲在最前面的 2 辆坦克中弹起火爆炸，越军步兵退了下来。第一次冲击失败后，越军又对时山进行了新一轮炮击，然后继续在剩下的 2 辆坦克的伴随支援下组织第二次冲击。

虽然伞兵顽强战斗又击毁了 2 辆坦克，可最终不敌越军猛烈进攻，守卫时山的伞兵第 6 营 63 和 64 连被击溃了，63 连残部逃到 169 高地和第 1 伞兵旅团临指，与伞降第 3 侦察连会合，64 连残兵跑到高棉村。接着，越军转移火力，炮轰 169 高地。意识到 169 高地也守不下去了，黎光亮上校只得命令黎文玉中校带着第 1 伞兵旅团临指，以及伞降第 3 侦察连、伞降工兵连撤进安禄，保存有生力量。接到命令，伞降第 3 侦察连、伞降工兵连及伞兵第 6 营 63 连残部和第 1 伞兵旅团临指于 4 月 21 日清晨撤进安禄。

第 1 伞兵旅团临指和侦察、工兵安全了，可伞兵第 6 营的形势就更危险了。伞兵 6 营营部及第 60、第 61、第 62 和第 64 连残部困在高棉村，弹尽粮绝，还带着 60 名伤员。4 月 20 日夜，他们奉命往东南方向的贝江转移，准备乘坐直升机离开战场。为了协助伞兵 6 营撤退，美军出动 B52 战略轰炸机进行三次轰炸支援，可还是没能挡住越军的追杀。一路上越军多次攻击伞兵 6 营，甚至到了预定乘机点他们依然没有摆脱越军的攻击。含伞兵第 6 营营长阮文定中校和 14 名伞降炮兵在内，只有 106 人乘坐直升机离开战场，返回莱溪。几天后，被击溃的幸存伞兵和掉队的伞兵也陆续突破越军封锁，撤进安禄、真城和莱溪。由于这次战斗损失太大，伞兵第 6 营（欠 63 连）留在莱溪重建。

伞兵们尽力了，可丢失时山—169 高地——这是外界对安禄机降增兵的着陆区——还是沉重打击了安禄守军的士气，最后一条和外界联系的通道被切断了，安禄再次陷入越军重围不算，唯一能支援守军的火力基地也被越军摧毁，而且越军重新控制安禄东南的时山——169高地区域，获得了制高优势，又可以居高临下组织对安禄更为有效的炮火封锁。

虽然士气再一次受到打击，但第1伞兵旅团和别动伞降第81联团的存在还是稳定了安禄的军心士气，他们坚信目前的困难只是暂时的，有红色贝雷帽和绿色贝雷帽在，安禄之战就一定不会输。第5师团的美军顾问米勒上校更是给第1伞兵旅团和伞降别动第81联团以很高的评价："我们可以安全回家的；有第81联团在内，伞兵在外，我们怎么样也不会倒下。"战争中，决定性因素往往不是武器，而是人。正是因为有了人的因素，有了士气和必胜的信念，安禄守军才能在被围死的情况下，仅仅依靠空中支援和空投接济，顽强打了3个多月，最终赢得了安禄战役的胜利。

4月21日清早，越军继续猛烈炮轰安禄市，集中兵力重点打南越国军第1伞兵旅团据守的南部城区。4月22日夜，越军在2辆T-54坦克和2辆PT-76坦克支援下，进攻了安禄南门的伞兵8营阵地。这一次，伞兵早有准备。伞兵8营使用新式XM202反坦克火箭筒，将4辆扑过来的坦克全部击毁，同时还引导1架AC-130干掉了从南面扑向市区的5辆越军坦克。在安禄西南，越军3辆坦克对伞兵5营阵地实施冲击。伞兵5营51连的武文会少尉回忆说，这3辆T-54坦克在毫无步兵掩护的情况下就隆隆冲进了他的阵地。他马上命令部队在铁丝网后面的堑壕占领阵地，用M72火箭筒瞄准冲过来的坦克射击（他手下32名伞兵共装备16具M72火箭筒、1具XM202火箭筒和16枚克莱默尔定向雷）。他首先扛起XM202火箭筒射击，把冲在最前面的T-54打成火炬，剩下的2辆坦克也被手下干掉。

4月30日夜，越军又进行试探性攻击。他们继续用"先炮后冲"战法，对城北和城西连续冲击，激烈战斗一直持续到5月1日11:00，越军才退了下去。但南越国军前线各营还是报告说越军在防线西面大约2千米的橡胶园周围集结重兵。梅文长上校立即把情况上报给黎文雄准将，请求战术航空兵支援。黎文雄照准所请，和美军空中指挥员取得联系，引导6架次A-37攻击机对目标实施打击。虽然航空火力打得很准，但没能阻止越军的集结。紧张的梅文长又一次联系黎文雄，报告说越军准备再次进攻；他还请求对安禄西北的 100 高地投掷凝固汽油弹。南越国军第 7 步兵团团长黎德关中校也请求对富路门西面的目标实施空中打击。尽管持续不断地投弹，越军还是扑上来发起了攻击。一线的南越国军第 8 步兵团两位营长赶紧打电话报告说他们的 81 毫米迫击炮群不管怎么射击也挡不住越军前进的步伐，请求对越军投掷凝固汽油弹。美军空中指挥员应允。

突然间，安禄一片死寂。梅文长发现天空中已经悄无声息，甚至连原本在安禄上空盘旋的美军空中指挥机也不见踪影。不一会儿，梅文长看到一阵滚滚烟尘冲天而起，继而地动山摇的爆炸声传来，一股红色的烟云升起，笼罩安禄市西北天空。黎文雄大概以为越军会继续冲击，赶紧打电话给梅文长要他查看目标状况，并报告 B52 的轰炸效果。烟云散去，梅文长抬头看了看西方地平线，已经看不到一个站立的越军了。

安禄守军又一次赢得了胜利，但他们很清楚最后的风暴也即将来临。

三打安禄

三打安禄前，越军第 9 步兵师按照陈文茶中将的意见，让第 2 步兵团 4 营和第 3 步兵团 9 营与新投入战斗的第 29 坦克营合练一天，了解步坦协同的动作和战术要领。同时，陈文茶还把 36 门 M46 130 毫米加农炮、160 毫米重迫击炮以及越军第 5 步兵师 5 团加强给越军第 9 步兵师。他要阮实冰全力以赴，把第 9 步兵师 3 个团加第 5 步兵师 5 团全部投入战斗，以诸兵种合成进攻的威力打垮守军，攻克安禄。

南越国军也没有坐等对手打上门，他们也在做着最后的战斗准备。1972年 5 月初，南越国军获得情报，称越军第 5 步兵师 2 个团——所谓的 E6 步兵团和第 174 步兵团（实际这两个团根本没有参加安禄战役）从禄宁南面转移到时山—169 高地；越军第 9 步兵师在安禄西南占领攻击出发阵地；越军第 7 步兵师 141 团和 165 团也逐步把 13 号公路的阻击阵地往后收缩。

除了情报机构的报告外，安禄守军也发现越军加大了对市区的火力侦察和试探性进攻力度，各种迹象都表明越军很快就要对安禄发动新的进攻。在这种情况下，南越国军第 3 军区司令阮文明中将和美军顾问霍林斯沃斯将军决心增加美国空军 B52 战略轰炸机往安禄周围的弧光打击任务,力求先阻止越军的进攻准备。根据美国远征军的统计资料,霍林斯沃斯将军从 4 月 10日起就已经召唤 B52 战略轰炸机对安禄周围目标的弧光打击任务多达 25 次,但这显然是不够的。霍林斯沃斯将军请求艾布拉姆斯上将从 1972 年 5 月 11日 5:30 起的 24 小时内,每隔 55 分钟就对安禄周围进行一次 B52 战略轰炸机的弧光打击任务,意在破坏越军的战役进攻准备。

在整个安禄战役中,霍林斯沃斯将军经常飞临被围的市区上空,通过和美军顾问及南越国军高级将领沟通并承诺美国空军会全力以赴支援他们作战来提振守军的士气。在此期间,霍林斯沃斯将军使用"危机 79"的呼叫代号来联系陈文壹(代号"M72"),了解安禄周围的战况。陈文壹上校经常在通话中邀霍林斯沃斯下来喝酒,亲自了解地面状况。不过,霍林斯沃斯一般都会礼貌拒绝,他会告诉陈文壹自己还有别的事要做。

得知越军要三打安禄,霍林斯沃斯表示很关心,因为守军各部队的美军顾问都报告说士气迅速下降,战斗疲劳综合征随处可见,部队无论是身体还是心理上的承受能力都已经达到了极限。他们已经击退了越军 2 次进攻,可伤兵无法有效后送,市区里日复一日积累的众多伤员对士气造成的影响是可想而知的。更为糟糕的是,安禄守军兵力已经严重不足了,包括第 1 伞兵旅团、别动伞降第 81 联团、第 5 师团及平隆省保安军在内,经过 1 个月连续激战,兵力已经从 7500 人下降到 4000 人,而他们的对手却是越军 4 个步兵团和 2 个坦克营(尽管第 20 坦克营已经快残废了),力量对比确实有些悬殊。这个情况让南越国军第 3 军区司令阮文明中将很着急,他想通过机降方式增援守军,但越军布置了强大的环城防空火力体系,给进出安禄上空的联军直升机群造成巨大威胁。5 月 9 日,南越国军空军 1 架支奴干运输直升机载运兵力试图飞进安禄时,被越军防空火力击落,除了机长阮新仲少校和机师阮文成被俘外,其他全部罹难。这架支奴干的坠落,标志着南越国军想在越军三打安禄前用直升机运兵增援安禄的行动以失败告终。

5 月 11 日 0:30,越军突然开始对安禄进行新一轮猛烈炮击。按照戴·安拉德的说法,越军炮弹如雨点般密密麻麻砸进了安禄市区,联军估计这次炮击越军打了 8300 发各种炮弹和迫击炮弹。连续击退越军 2 次进攻后,南越国军的控制区已经下降到大约 1 平方千米，意味着越军炮火准备的弹着密度是每 120 平方米一发。接着，越军第 9 步兵师展开战斗队形，他们以第 2 步兵团和第 1 步兵团从北面和东北展开攻击，第 5 步兵师 5 团从南面，越军第 9 步兵师 3 团从西面投入战斗。这次进攻，越军还把第 29 坦克营给拉了上来，和第 20 坦克营一起凑出了 25 辆坦克，配合步兵对安禄发起总攻。

3:00，越军开始炮火延伸，三打安禄正式拉开序幕。按照南越国军的描述，越军最初打得还好好的，采取步坦协同战法前进。但当他们来到守军防线跟前时，坦克却甩掉步兵试图高速沿街道往市中心猛插，再次出现了步坦协同脱节的窘境。守军抓住战机，派出各个反坦克猎杀小组，集中反坦克火箭筒猛打，击毁了不少坦克。在北面，越军第 2 步兵团 4 营对南越国军第 8 步兵团和伞降别动第 81 联团 3、4 连组织反复冲击。虽然南越国军第 8 步兵团在越军进攻重压下往市中心步步退却，但还是有部分兵力留下来撤进阮仲实大街两侧的高楼，居高临下用火力封锁街道，迟滞越军步兵的进攻速度，部分冲进别动伞降第 81 联团防线纵深的坦克也被南越国军第 8 步兵团的 M72 反坦克火箭筒甚至是"土造反坦克地雷"击毁。在 8 团右翼，精锐的别动伞降第 81 联团也在越军猛攻重压下，一步步往后退。安禄城北防区有崩溃的危险！为了挽救局势，南越国军第 5 团团与美军顾问密切协同，再次召唤 B52 战略轰炸机，对别动伞降第 81 联团战线当面仅仅 600 码实施弧光打击。幸亏有 B52 战略轰炸机，在越军攻击下如惊涛骇浪中的一叶孤舟的别动伞降第 81 联团总算站稳了脚跟。接着，范文勋中校调整部署，指挥别动伞降第 81 联团积极反击，部分恢复了原阵地。

在东北方向，越军第 9 步兵师 1 团（平也团）主要对别动军第 36、第 31 营展开猛烈进攻。虽然别动军官兵一开始就击毁了 1 辆 PT-76 水陆两用坦克，但越军的攻击势头一浪高过一浪，他们抵挡不住，只得让出观利机场周围的部分阵地。接着，别动军第 36 营依托安陆市华语高中的坚固建筑物，在战术航空兵和武装直升机支援下顽强战斗，击退越军多次冲击。别动军第 31 营也陷入苦战，而且形势更加危急。4:00，越军第 9 步兵师 1 团部分兵力在团指指挥下一鼓作气，冲到白桥地区，差点就要打穿别动军第 31 营防线。

为了阻止越军突破，别动军第 3 联团长阮文别中校请求 B52 战略轰炸机对别动军第 31 营防线外 1 千米进行弧光打击。再一次，守军靠 B52 战略轰炸机挽回了局势，密密麻麻落下的炸弹把安禄城东震得地动山摇。硝烟散尽，越军第 9 步兵师 1 团已经没有人再敢冲上来，别动军第 31 营得救了。第二天清晨，31 营派巡逻队前往观利种植园，他们在种植园南面发现横七竖八的越军尸体和扭曲不成样的轻重武器。

城北防区看似稳定，不料越军第 9 步兵师 2 团 4 营稍事调整，又在坦克支援下，选择别动伞降第 81 联团和别动军第 3 联团结合部做突破口（也是城北防区的薄弱点）实施冲击，很快打垮了别动军第 52 营，然后直插安禄市中心。面对越军的进攻，被打垮的别动军第 52 营不是选择继续退下来重新组织防御，而是全营溃逃。如此差劲的表现，让配属别动军第 3 联团的美军顾问理查德·J·麦克马努斯中校大为光火，他认为全营如此糟糕完全是营长阿头少校领导无方、指挥无能所致。不过，当时的别动军第 52 营状况确实不佳：经过 1 个多月的战斗，全营损失了一半的兵力，就是剩下的半数官兵也都是至少负过一次伤，实际已经失去了战斗力，加上面对越军的猛攻，心理崩溃了。这是安禄战役中，南越国军第一次也是最后一次全营溃逃的事件。

在城西，越军第 9 步兵师 3 团 7、9 营穿过富路门，往市中心实施冲击，遭到南越国军第 7 步兵团坚决抵抗，2 辆 PT-76 水陆两用坦克被击毁。尽管如此，越军第 9 步兵师 3 团还是在 9:15 击破守军抵抗，拿下安禄市监狱和市政府大楼。这个突破险些造成赛点，如果越军第 9 步兵师 3 团的突击方向是往东南直插安禄市中心的话，他们很可能端掉南越国军第 5 师团司令部，干掉黎文雄准将。遗憾的是，他们打下的却是毫无战术价值的市政府大楼。伴随着越军第 9 步兵师 3 团的突破，南越国军第 7 步兵团 3 营也在 9:30 往市中心退却，往第 5 师团司令部位置靠拢。奇怪的是，越军并没有乘胜继续前进，而是停下来巩固战果，让南越国军第 7 步兵团获得了宝贵的喘息机会。

在城南和东南，越军又把第 5 步兵师 5 团投入战斗，在 PT-76 水陆两用坦克配合下，连续实施 2 次冲击。第一次进攻目标是南越国军的心理战连指挥部和平隆小区，1 辆直接对着南越国军防线冲击的 PT-76 坦克被罗仲胜中士用 M72 火箭筒击毁，但越军还是在平隆小区前打下了一个楔子。接着，越军第 5 步兵师 5 团又对车琴门实施冲击，南越国军第 48 步兵团 1 营力战不敌，让出了阵地。

地面战斗打得热火朝天，空中也没有闲着。美国空军提前判明了越军的进攻意图，早就做好了战斗准备。从 5 月 11 日 4:00 开始，美国空军就对安禄守军提供不间断的空中支援。喷气式战斗机、AH–1 眼镜蛇武装直升机和 B52 战略轰炸机对安禄市环形防线周围甚至对市区内的目标进行猛烈打击。当天，联军一共往安禄飞了 350 架次战术航空兵和 26 架次 B52 战略轰炸机的弧光打击任务。美军飞行员报告说 CBU 集束炸弹对进攻之敌的杀伤效果是致命的，越军多次冲击都被 CBU 集数炸弹瓦解。虽然空中支援很给力，但美国空军也付出了巨大的代价：1 架 A–37 攻击机、2 架眼镜蛇武装直升机、2 架 O–2 观察机和南越国军空军 1 架 A–1 被越军布置在安禄环城周围的 SA–7 箭 2 红外制式肩扛式防空导弹和高射炮火力击落。

尽管得到美军全力以赴的空中支援，可到 10:00，南越守军的形势还是很危急。在城北，越军第 9 步兵师 2 团 4 营攻下平隆省野战警察司令部、新集市及会展大楼，并冲到离第 5 师团司令部不到 500 米处；在西面，越军第 9 步兵师 3 团拿下市政府大楼，在离第 5 师团司令部仅 300 米处收住了脚步，转入巩固战果；在南面，越军第 5 步兵师 5 团逼近了平隆小区；在东南区（不含车琴门），第 1 伞兵旅团顽强守住了阵地，重创了进攻的越军第 5 步兵师 5 团一部。

面对危急的形势，守军虽然在兵力上处于绝对劣势，但他们很清楚，消极防守只有死路一条。10:00，黎光亮上校不顾困难，下令伞兵第 8 营开始反击，一定要夺回车琴门。美国空军出动战斗机，全力以赴支援伞兵作战，他们打掉了 6 辆越军坦克和装甲车（含 1 辆 BTR–50 装甲车），顺利夺回了车琴门。接着，黎光亮上校让伞兵 6 营 63 连防守车琴门，伞兵 8 营继续和平隆省保安军一起组织新的反击，意在夺回被越军第 5 步兵师 5 团突破的南部和西南城区。完全恢复平隆小区的防线后，伞兵 8 营营长阿宁中校以 82 连加强南部城区。

第 1 伞兵旅团反击胜利，大大鼓舞了守军的士气，黎文雄准将的信心也完全恢复了，10:00，他命令黎光亮继续反击，把两面威胁第 5 师团司令部的越军给打出去。大约 11:00，黎文雄准将又把梅文长上校召过来，询问南越国军第 8 步兵团防御地带的情况。梅文长告诉他，自己的部队正在调整部署，准备阻止越军沿阮仲实大街继续突破。听完梅文长的报告，黎文雄叹了口气，介绍说第7步兵团防线也被突破了，这还是得到钟黎产据点的155毫米榴弹炮群支援的情况下的结果，南越国军第7步兵团已经在第5师团司令部附近重新组织防御，越军已经用B40火箭筒射击第5师团的指挥所，目前他正命令黎光亮上校抽调1个营救驾。

谈话中，黎文雄准将再次表明了自己决不当俘虏的态度："如果伞兵来迟了，敌人攻破第5师团司令部，我宁可自尽也不当俘虏。如果我死了，你马上带部队和别动伞降第81联团一起往真城突围转移。"大惊失色的梅文长赶紧劝黎文雄别放弃希望。他马上把第8侦察连调过来，赶在伞兵到来前，保护第5师团司令部。

与此同时，黎光亮上校也命令警戒城南的伞兵第5营回师内城，消灭威胁第5师团司令部的越军。当时，第5师团司令部左翼的南越国军第7步兵团还在市政府大楼附近和越军对峙，右翼的部队在蒙塔格纳德小学和越军对峙。下午，黎光亮上校派第3伞降侦察连赶往保护第5师团司令部。为了给伞兵第5营的反击提供火力支援，黎光亮上校摆开4门81毫米迫击炮。在81毫米迫击炮火力支援下，伞兵第5营打了一整天，到傍晚基本稳定了形势。

越军方面，经过一天激烈战斗，他们也拼尽全力取得了不少突破，但还是没能让守军低头。尽管损失极为惨重，但越军还打算第二天拼力前进，扩张战果。5月11日夜，当越军巩固战果的时候，南越国军派出多个小分队穿插到越军战线背后，切断了他们的补给线。受到南越国军偷袭，猝不及防的越军仓促撤退。5月12日，越军又以第9步兵师3团在西面、2团在城北发动钳形攻势，为了支援这两个团，越军拼凑出了1个坦克连，他们的进攻又一次被得到战术航空兵有力支援的守军击退了。在别动伞降第81联团地带，越军虽然加大力度继续扩大突破口，但他们的炮兵引导员和战役炮兵沟通不佳，抵消了步兵的努力。别动伞降第81联团3连的一位队员报告说，当越军实施步坦联合冲击时，冲在队伍最前面的部队却被自己的炮火打中了，进攻无果而终。

到了傍晚，形势已经很明朗了，越军的攻势已经失去了势头，就像前两次进攻那样，三打安禄也以失败告终。

这次战斗，南越国军经受住了最严峻的考验，共战死51人，负伤137人，失踪136人，损失武器142件；宣称击毙越军218人，抓俘2人，缴获13挺多人操作武器和23件单兵武器，击毁23辆坦克。

对这次失意的战斗，越南人民军第9步兵师师史记载："1972年5月11日3:00，师长阮实冰下令部队展开攻击。在主要方向上，我第9步兵师2团4营以3辆T-54坦克为先导，冲进市区，沿着潘佩珠大街发展进攻；第3步兵团7、9营冲过突破口时被敌人火力封锁，蒙受重大损失才冲了过去，一路拿下了安禄市监狱，解救了被关押的36名战士。在次要方向上，第1步兵团撕开了一个突破口，步兵很快冲进了安禄市区，可还是遭到敌空中火力拦阻，步坦协同被分割，损失大而没法继续前进一步。更糟糕的是，第1步兵团团指受到美军B52战略轰炸机的攻击，团长郭迈和政委陈文实双双牺牲。战至5月11日10:00，战线僵持在安禄市劳动局、仓库区和陈兴道路一线。战斗中，敌人空军和炮兵严重威胁了我步兵和坦克兵，造成我军巨大损失。"

僵持战熬到5月12日凌晨，越军第9步兵师副师长武文丹和各团指挥干部进入安禄市区了解情况，组织剩下的兵力继续突破，但由于各单位兵力损耗大，突破没有成功，调整部署后重新组织攻击，还是没有取得任何突破，相反各单位都失去了战斗力：坦克29营投入25辆坦克和装甲车，有14辆坦克和4辆装甲车、自行高射炮被打坏或起火燃烧；第3步兵团7营3个连参加战斗兵力是105人，伤亡82人。[4]

三打安禄失败后，越军被迫彻底停止对安禄的进攻，转入围困。战役焦点转移到13号公路，在这里，双方同样进行了惨烈的生搏死斗。

地狱公路

前面提到，1972年4月7日，越南共和国总统阮文绍在抽调战略总预备队——第1伞兵旅团和别动伞降第81联团的同时，还下令第4军区所属的第21师团暂归第3军区节制。

得到这些援军后，第3军区司令阮文明中将马上命令第21师团展开兵力，在1个装甲骑兵支团的加强下，往北重新打通13号公路，解除越军对安禄的包围。对第21师团的作战目的，配属该师团的美军顾问却有不同的看法，他们认为第21师团的真正目的不应该是打通13号公路，而是牢牢牵制住越军第7步兵师，保障西贡的安全。拿美军顾问的话来说："正是我们在13号公路的奋战，你们才能在西贡睡个安稳觉。"

4月11日，第21师团先锋团——第32步兵团乘车抵达真城。第二天，第21师团主力，包括师团炮兵，乘坐飞机抵达边和机场，然后乘车转移到莱溪地区。4月12—23日，第21师团在莱溪建好自己的后勤系统，并准备在13号公路实施贯通作战。以往，第21师团是在湄公河的水稻田、沼泽、运河地区和越军地方部队厮杀，他们已经习惯了打游击队，可现在却要到满是森林和橡胶园的山区地形实施进攻战斗，而且他们的对手也不再是越军地方部队，而是装备精良、训练有素、别号"战胜B师"的越军第7步兵师和特工第429团。

虽说第21师团并非南越国军的绝对主力，但他们的到来还是让越军吃了一惊。越军第7步兵师赶紧展开兵力，实施分段堵截，阻止第21师团打通13号公路。第一梯队是越军第16步兵团和特工第429团1个营，他们在莱溪北面10英里组织防御。

4月23日，准备就绪的第21师团终于开始动手了。在师团长阮永仪少将的命令下，第32步兵团和第33步兵团从真城和莱溪对进攻击，他们张开了两把铁钳，目的是消灭真城到莱溪之间13号公路段的越军第16步兵团和特工第429团1个营。越军抵抗异常顽强，第21师团尽管得到第5装甲骑兵支队1个小队的支援，但还是耗费5天时间，于4月29日勉强控制莱溪到真城之间的13号公路段。这个胜利来之不易，第21师团在作战报告中指出，第32和第33步兵团损失了300多人，宣称毙敌600左右。

初战打得如此吃力，总算让南越国军联合参谋本部意识到越军第7步兵师的本事。打通真城到莱溪尚且如此费力，要继续往安禄打那不更难吗？显然，光靠第21师团是不行的，联合参谋本部遂把第3伞兵旅团也调过来，加强给第3军区。

4月24日，伞兵师团临指在胡忠厚上校率领下，乘坐直升机于真城展开，任务是统一指挥第1伞兵旅团和第3伞兵旅团的战斗。得知第3伞兵旅团来增援，第3军区司令阮文明大喜过望，赶紧重新划分战场，他把打通安禄以南从头奥溪到车琴之间的 13 号公路段的任务交给了第 3 伞兵旅团，头奥溪南面（含平阳省境内的 13 号公路段）的道路贯通作战任务交给第 21 师团。当时，情况紧急，容不得半点耽搁。因此，南越国军第 3 伞兵旅团才到位一天就仓促投入战斗。

4 月 25 日，第 3 伞兵旅团所属的伞兵 2 营分别在头奥东北和新凯东面 1 千米机降。遗憾的是，他们的着陆点也被越军掐得分毫不差。第一梯队的伞兵刚刚着陆，就遭到一顿猛烈的炮轰，但越军没有组织冲击。收拢队形，伞兵 2 营迅速建立了一个代号"英勇"的火力基地，南越国军空军的支奴干运输直升机也吊装 8 门 105 毫米榴弹炮，送到"英勇"火力基地，支援安禄守军和伞兵 2 营的道路贯通作战。

4 月 26 日，伞兵 1 营在新凯北面 4 千米的德永实施机降。和伞兵 2 营一样，伞兵 1 营在着陆时也受到越军炮兵的轰击，不过基本没和越军接触。正当他们认为越军不过如此的时候，对方却在第二天偷偷靠上来，用 75 毫米无后坐力炮直接攻击"英勇"火力基地，打坏了 3 门 M101 105 毫米榴弹炮。5 月 2 日，胡忠厚上校又命令伞兵 3 营在 13 号公路东面、新凯到头奥之间的地点实施机降，任务是向西扩张南越国军的控制区，同时和北面的伞兵 1、2 营取得联系。

5 月 5—7 日，伞兵 3 营和越军一直进行营级规模的战斗，双方损失都很大。5 月 5 日，越军炮击了头奥南面的伞兵 2 营，炸伤营长，副旅团长吴黎兴中校赶紧过去接替指挥。为了保障伞兵的战斗，第 21 师团给伞兵 2 营加强了第 21 侦察连。随着战斗的进行，第 3 伞兵旅团发现当面的越军只要有可能，就尽量避免和伞兵正面较量，采取跟踪伏击、袭击和炮火袭扰的方式，迟滞伞兵的推进，并加大伞兵的伤亡。

形势最糟的是 13 号公路西面的伞兵 3 营。5 月 12—13 日，他们遭到越军几乎是无止境的追击和炮轰。期间，1 架友军战机还误把炸弹扔到他们的头顶上，炸死了副营长和许多伞兵。5 月 14 日，受尽折磨的伞兵 3 营又在头奥以南大约 500 米的一片开阔稻田遭到越军伏击。尽管得到强大的航空火力支援，伞兵 3 营还是损失很大，33 连连长和许多伞兵都战死了，剩下的伞兵被迫销毁所有的武器装备，带着死伤战友撤退。5 月 15 日，伞兵 3 营重新获得补给并后送伤员后，重新沿着 13 号公路东面前进，但又一次受到越军炮击，再度增添了不少伤亡。在德永地区作战的伞兵 1 营也因伞兵 2、3 营无法北进而没有挪动一步。

尽管道路贯通作战打得并不顺利，可南越国军联合参谋本部所需考虑的并非只有安禄战场。新任第 1 军区司令的吴光长中将急需稳住美政河防线，然后准备往广治反击。可目前第 1 军区兵力严重不足，需要抽调伞兵师团北上增援。在这种情况下，联合参谋本部决定把第 3 伞兵旅团调出平隆省，北上美政河。和第 3 伞兵旅团换防的是南越国军第 4 军区另一个主力——第 9 师团 15 团（团长：胡玉琴中校）。这道命令意味着第 3 伞兵旅团带着满身伤痕离开了平隆省。在这次半吊子作战中，第 3 伞兵旅团战死 60 人，负伤 340 人，失踪 24 人，损失 21 件多人操作武器和 38 件单兵武器。

伞兵们打得很苦，第 21 师团也不轻松。好不容易才打通莱溪到真城路段，第 21 师团继续北进。5 月 1 日，南越国军第 21 师团所属的第 31 步兵团在真城北面 7 千米实施机降突击作战，突然受到越军第 7 步兵师 165 团反击。在 165 团配合下，209 团死死挡住了 31 团的前进之路。

看到 31 团寸步难行，第 21 师团遂于 5 月 6 日命令第 32 团 2 个营对越军阵地东面实施包围运动。5 月 8 日，南越国军第 31 步兵团 3 营往北实施垂直机降，意在协同第 31 步兵团主力和第 32 步兵团包围当面之敌。尽管得到强大的火力支援，包括 8 次 B52 轰炸和 142 架次战术航空兵以及 2 万发炮兵弹药的火力投射，可第 31 团还是没法击破头奥溪南面的越军阻击阵地，且损失惨重：第 31 步兵团团长阮友谦上校身负重伤，两位营长、第 32 步兵团 2 营副营长及 300 多名士兵战死沙场。

5 月 11 日，越军第 9 步兵师三打安禄，让第 21 师团身上的担子更重了。为了尽快打通 13 号公路，南越国军第 32 步兵团只得在第 5 装甲骑兵支团和别动军第 6、第 73、第 84 营加强下，对头奥南面的越军阵地重新组织攻击。他们遭到了越军第 7 步兵师 209 团（得到师侦察连加强）、特工第 94 连和 1 个反坦克连在 3 千米宽正面的阻击。越军依托密覆果园的丘陵构筑阵地，顽强抗击。激烈战斗持续了 3 天，南越国军第 32 步兵团才在真城北面 8 千米击破了越军第 209 团的防线。

5 月 13 日，蒙受重创的越军第 7 步兵师 165 团和 209 团退到头奥溪南面，依托四通八达的地下工事系统，继续顽强抗击南越国军第 32 步兵团的冲击。美军的支援还是很给力，包括 B52 在内的战略轰炸机不断往返战场，轰击越军阵地。但南越国军第 32 步兵团从 1972 年 5 月 11 日—6 月 21 日整整打了40 天，还是无法击破依托四通八达的地下工事体系据守的越军部队。

围绕头奥桥周围的贯通作战，南越国军第 32 步兵团损失惨重，计 95 死（含1 名营长）455 伤 4 失踪，4 辆 M113 装甲运兵车被打坏；宣称击毙越军 503人，缴获 37 件多人操作武器和 71 件单兵武器。

13 号公路的惨烈战斗对双方皆然。虽然越军第 7 步兵师一再击退南越国军的冲击，可自己的损失也很大。在第 21 师团地面进攻和联军持续不断的航空火力打击下，越军第 7 步兵师在兵力和武器装备上都蒙受极大的损失，目前急需生活用品、大米、淡水、弹药、新兵和武器装备的补充。尽管如此，越军第 7 步兵师还是没有辱没"战胜 B 师"的名声，他们依托良好的据点工事系统，还在死守 13 号公路，确实令南越第 21 师团无可奈何。

不过，第 21 师团进攻没有得手的根本原因除了部队战斗力弱、根本没有进行过师团级别合成训练（南越国军只有伞兵师团、海军陆战师团和第 1师团进行过这种训练）外，还和临战变更指挥系统有极大关系。由于第 4 军区司令吴光长中将调任第 1 军区司令，第 21 师团师团长阮永仪少将升任第4 军团军团长，在莱溪的伞兵师团临指司令胡忠厚上校奉命出任第 21 师团师团长。实际上，胡忠厚既不了解部队，对越军的能力判断也有所低估。接掌第 21 师团指挥权后，胡忠厚决定派师团工兵营去修复真城东面的 13 号公路西段，同时调动机械化部队运动，试图营造要打同帅地区的越军后方的假象。他希望通过这个战役佯动引开越军部分兵力，减轻 13 号公路贯通作战的压力。不幸的是，越军第 7 步兵师一心一意盯着 13 号公路，压根就没理会胡忠厚的佯动，导致第 21 师团沿 13 号公路的北上反击战斗受到极为强烈的抵抗，进展十分缓慢。

5 月 11 日，当南越国军第 21 师团 32 团在真城北面发动新一次进攻的同时，南越国军第 9 师团 15 团在第 9 装甲骑兵支团加强下，抵达真城县。5月 14 日，9 师团 15 团 2 营奉命抽调 1 个连增援安禄守军。然而，围困安禄的越军布置的环城防空火力实在太猛，搭载9师团15团2营1个连的直升机群根本无法着陆，只得返回莱溪。下午，根据第21师团师团长胡忠厚上校的命令，第9师团15团组成第15特遣队，下辖第15步兵团3个营、第15侦察连、第9装甲骑兵支团、105毫米和155毫米榴弹炮各1个连。

5月15日，南越国军第15步兵团1营在第9装甲骑兵支团和第95炮兵连支援下，先是攻下13号公路东面的玉楼，继而前出到新凯。5月17日，南越国军第15步兵团2营在新凯东面1500米的保壹村实施机降，顺利与第15步兵团1营汇合。接着，第15特遣队指挥部、105毫米榴弹炮连和155毫米榴弹炮连相继抵达新凯村，建立飞龙火力基地。5月17日，南越国军第15侦察连和第15步兵团3营分别在新凯西北和西面实施机降。接着，第21师团33团1个营也在飞龙火力基地实施机降，换下了第15步兵团2营，后者奉命要和第15步兵团3营取得联系。

与此同时，南越国军第21师团33团剩下的部队也奉命穿过13号公路东面森林地带往新凯前进，意图加快向安禄的突破速度。5月18日，第15特遣队（含第9装甲骑兵支团）在西面，第21师团33团在东面，以新凯为进攻出发线，向北对安禄实施新一轮道路贯通作战。同一天，越军发现了飞龙火力基地，于是动用炮兵进行压制。5月19日，第15特遣队往德永2村运动时开始遇到越军抵抗。接下来几天，越军紧紧咬住对手，和第15特遣队保持50米间距，用60毫米迫击炮和320法抛射炸药轰击南越国军，增加对手的损失。在困住第15特遣队的同时，越军还加大对飞龙火力基地的围困和炮击力度。在后方受到越来越大压力的情况下，第15特遣队司令阿琴上校赶紧派第15步兵团1营加强飞龙基地防务。他心里很清楚，飞龙火力基地的存在不仅能给第15特遣队提供火力支援，还能作为安禄守军的后勤和伤员转移基地。

5月20日夜，第15特遣队悄悄跨过车吉河往德永2村运动，先头部队报告说听到对面有坦克引擎轰鸣声。第二天，特遣队继续北进时却受阻于越军侦察分队，同时还受到零星炮击，交火也时有发生。为了继续前进，第15步兵团团长胡玉琴中校命令部队采取"交替掩护攻击战法"：第一梯队先到指定点占领阵地，展开火力掩护第二梯队超越攻击，第二梯队抵达目的地后再展开火力掩护第一梯队超越，如此反复。使用这个战法，第15特遣队逐步突入了越军防御纵深。战斗取得进展固然是好事，可如何维持后勤补给，又让胡玉琴犯难了。由于越军防空火力猛烈，直升机无法在战场机降，只得派运输机采取伞降投落方式进行补给。

5月22日，第15特遣队继续前进、抵达清平村（新生村）以南1千米时，却突然受到越军围攻。在越军的打击下，第15特遣队伤亡剧增，情况十分危急。许多轻伤员依然操枪顽强战斗，击退越军冲击，掩护剩下的官兵就地掩埋死者。第15特遣队损失很大，越军损失也不小。双方只得协商停火，日落后双方暂停射击，掩埋死者，后送伤员。

5月23日，越军又在坦克支援下实施新一轮冲击。6:00，越军坦克群冲破了第15特遣队防线，虽然南越士兵打坏了冲在最前面的1辆PT-76水陆两用坦克，但剩下的坦克还是继续冲击。守军没有退却，死守阵地又打坏另一辆坦克。最终越军丢下24具尸体和18件扭曲的武器，撤了下去。第15特遣队的损失也不轻——12死25伤。为了支援第15特遣队防御，美军出动B52战略轰炸机轰击了清平村。对第15特遣队来说，气是能喘上一口了，但形势依然没有好转。由于双方战线相距仅百米，直升机群无法撤走伤员，也没法提供空投补给，更要命的是越军控制了车吉溪，第15特遣队官兵连水都喝不上，一旦爬出阵地取水就会被越军狙击手打。部队再能打，没水没饭伤员送不下去，士气也要崩溃。胡玉琴中校无可奈何只得暂停北进，派第9装甲骑兵支团的M113装甲运兵车载着伤兵从德永撤到新凯，然后拉回淡水和口粮。

第15特遣队的困境丝毫没有逃过越军的法眼。5月24日，越军第7步兵师141团摸到第15特遣队后方，使用B40火箭筒、B41火箭筒和75毫米无后坐力炮伏击了后送伤员的南越M113装甲运兵车群。第9装甲骑兵支团损失惨重：8死77伤8失踪，22辆M113装甲运兵车被打坏。由于损失太大，第9装甲骑兵支团退出战斗，撤回飞龙火力基地重新补充装备和人员。不过，第9装甲骑兵支团的牺牲却极大缓解了第15特遣队的粮荒和水荒困境。

第二天，重新巩固了清平村南面1千米新基地后，第15特遣队继续北进。遗憾的是，他们还是受到越军顽强抵抗，很快就止步不前。南越国军第33

步兵团也从同发村往安禄突击，同样被越军打得寸步难移。越军第7步兵师的顽强给南越国军留下了深刻的印象。按照第3军区作战副参谋长阮玉英中校的说法，根据无线电监听和定位，确认越军第7步兵师的师指在安禄西南大约7千米处，第165团团指在安禄南面4千米的车琴橡胶园中央的一个加固的地下掩体，周围有绵密的据点群保卫，越军依托这个防御体系，阻挡了南越国军第21师团33团和第15特遣队的前进。

要击破越军的抵抗，就必须炸掉越军的指挥体系。为此，第3军区司令阮文明中将请求美国空军出动B52战略轰炸机，重点对车琴橡胶园的越军第165步兵团团指实施轰炸。遗憾的是，他的请求被霍林斯沃斯将军打了回票。

求人不如求己，阮文明遂向越南共和国空军求援。1972年6月初，第3军区司令部召开作战会议。会上，驻边和机场的第3飞行师团师团长黄博兴准将和二把手黎文想上校讨论了第3飞行师团究竟可以用哪种飞机投掷CBU炸弹或其他类型的炸弹来摧毁车琴地区的越军防御体系。

经过一阵讨论，黄博兴准将对阮文明说，安禄上空美军战机较多，空中拥挤现象明显，他们通常是18:00回到自己的基地或航空母舰。为了避免空中拥挤造成的撞机危险，第3飞行师团的AD-6"天袭者"攻击机可以在18:00以后飞临车琴上空，对越军第165步兵团团指投掷CBU集束炸弹。

接着，黄博兴要黎文想介绍投掷CBU需要注意的事项。黎文想回答说，目前战斗机中队拥有美军提供的5~7种小型CBU炸弹，要投掷这些炸弹最好用低空高速飞行的AD-6天袭者攻击机，这款单座攻击机的低空投弹精度高于A-37攻击机。既然空军做了保证，那阮文明也就不客气了。他在会上给第3飞行师团下命令，要求他们使用AD-6天袭者攻击机投掷CBU集束炸弹，摧毁车琴的越军第165步兵团团部。

除了第3飞行师团要投入战斗，轰击越军第165步兵团团部外，另一个消息也振奋了守军的士气：4月21日在安禄东南的时山—169高地被打垮的伞兵第6营现在又恢复了战斗力，准备重新投入战斗。1972年6月4日，伞兵6营（有效战斗兵力是600人）乘坐直升机群抵达飞龙火力基地，一同抵达的还有给第15特遣队、第21师团33团以及安禄守军的2200名补充兵（值得一提的是，安禄的第5师团从4月11日开始就没有收到任何补充兵）。6

月 6 日，伞兵 6 营（得到给安禄守军的 1000 名补充兵的加强）在德永 2 村北面和越军发生激烈战斗。虽然伞兵 6 营新兵充斥，但在营长阮文定中校带领下，全体官兵英勇战斗，以 1 死 64 伤的代价击破越军阵地，宣称击毙越军 31 人，缴获 2 挺多人操作武器和 12 件单兵武器。6 月 7 日，第 21 师团 33 团和第 15 特遣队设法把部分伤员疏散走，并补充兵力和物资，而后，胡忠厚上校继续以第 15 特遣队为左翼，第 33 团居中，伞兵 6 营为右翼，往安禄攻击前进。

6 月 7 日晚 18:30，南越国军空军 2 架 A-37 攻击机先行扫射了车琴的越军第 165 步兵团团指周围阵地，接着 4 架 AD-6 天袭者攻击机跟进，投下 4 枚 CBU 集束炸弹，引发 4 起大爆炸，震撼了目标区周围 1 千米地带。轰炸结束，亲临目标区上空的阮文明中将命令伞兵 6 营立即往北攻击前进，打垮安禄以南的越军第 165 团残部。阮文定依令而行，伞兵 6 营迅速突破车琴，在一个 300 平方米的掩体内（深入地下 3 米）清点到 200 具完整的尸体。这次集束炸弹轰击给伞兵们留下了深刻的印象。6 月 8 日，伞兵 6 营乘胜继续往清平村东部前进，又一次遇到越军抵抗。不过，对方的意志已经大不如前，伞兵 6 营只消 45 分钟就轻松击破了对手，宣称击毙越军 73 人，缴获 2 挺多人操作武器和 33 件步兵武器，自己 11 死 31 伤。

1972 年 6 月 8 日 17:45，伞兵 6 营的 62 连和伞兵 8 营 81 连会师，越军对安禄的围困被击破了。为了纪念这一激动人心的时刻，伞兵 6 营营长阮文定中校和伞兵 8 营副营长陈善川中校在 2 个伞兵营的欢呼声中紧紧拥抱在一起。不久，第 15 特遣队也在清平村附近和第 1 伞兵旅团取得联系。在平隆小区，陈文壹上校拿出了仅剩的 1 瓶白兰地，和胡玉琴中校一起举杯庆贺。

第 15 特遣队在打通 13 号公路的作战中，共战死 153 人，负伤 592 人，失踪 27 人，损失 1 挺 M60 重机枪和 3 支 M16 自动步枪；宣称击毙越军 304 人，缴获 41 挺多人操作武器和 85 件单兵武器，击毁 2 辆 PT-76 水陆两用坦克。

噩梦沉沦

伞兵第 6 营和伞兵第 8 营会师后，南越国军发起了意在夺回安禄周围失地的战斗。在北面，别动伞降第 81 联团和别动军第 3 联团几乎没有遇到什么抵抗，就夺回了安禄城北地区。6月10日，别动伞降队员在一个很深的地下掩体里抓获了1名越军战士，他供认说自己是越军第5步兵师的炊事兵，他说自己部队的许多战士牺牲了，自己奉命拿起武器投入战斗，但他不愿意打仗，只能躲在掩体里。第二天，别动军第3联团和别动伞降第81联团继续往北打，又夺回了安禄北面的诸高地。6月12日，别动军第36营在炮兵军属宿舍区广场升起国旗。接着，别动军第52营夺回同隆机场和同隆山附近高地，有力支援了别动伞降第81联团的前进。在强大的火力支援下，别动伞降第81联团2、3连和4个侦察小组一起，在阮山上尉率领下，夺回了俯瞰安禄北面制高点的同隆山。6月11日晚，上述部队兵分三路，抵达同隆山顶附近。白天，别动伞降队员们突袭了越军阵地，他们摸到跟前才开火射击，并朝越军掩体砸手榴弹，迫使对手丢下许多尸体和武器，逃到附近的一片森林中。6月12日清晨，利中尉自豪地在同隆山升起国旗。同一天，黎文雄少将宣布，安禄之围完全解除。

与此同时，在城区西面，南越国军第7步兵团也夺回了5月11日越军三打安禄夺取的街道。在南面，第1伞兵旅团也和第15特遣队一起不断扩展安全走廊。面对南越国军的破围，当面的越军再无战意，纷纷选择退却。在安禄周围的扫荡战斗中，守军发现大量被毁和被遗弃的坦克与装甲战斗车辆。

在伞兵第6营、伞兵第8营以及第15特遣队和第1伞兵旅团在清平"战略村"（安禄南面）取得联系的时候，第21师团长胡忠厚准将（已经获得晋升）宣布自己的任务已经完成。但他高兴得太早了，此时的第21师团主力还在真城北面，没有冲到安禄。6月6日，南越国军第31步兵团团长和该团的美军顾问爱德华·斯坦因中校遇到伏击，赶紧通过美军空中指挥员召唤空中支援。2架A-37攻击机突破越军防空火力网投弹，救了他们一命。相对斯坦因的好运，配属给第32步兵团的威利中校和第33步兵团的查尔斯·布特勒中校就没那么好的运气了。6月19日，当南越国军第32步兵团在13辆坦克支援下攻打越军阵地时，遭到越军火箭炮和迫击炮火力打击。一枚火箭弹直接在团部中间爆炸，接着又是一枚火箭弹落下来，第三次前往越南服役的威利中校不幸丧命。6月21日，南越国军第32步兵团的美军顾问布特勒中校战死。一周后，第33步兵团团长阮越琴中校率部抵达同发村（安禄东南）

时，被越军炮火炸死。付出如此高昂的代价，第21师团也没能完成沿13号公路早日冲到安禄的任务。

6月13日，阮文明中将宣布换防：第21师团31团2营乘坐直升机飞进安禄，接替第5师团。① 同一天，第18师团所属的第48团也进入安禄，和第31团2营一起接过安禄守备任务。一周后，第21师团32团和第25师团46团换防。6月18日，第1伞兵旅团也离开了安禄，他们在安禄战役期间一共伤亡1429人，还未及补充就要北上第1军区，参加对广治的反击。6月24日，别动伞降第81联团也离开安禄，前往第1军区，配合伞兵师团作战。对范文勋上校来说，安禄是难以磨灭的记忆，他带进安禄的550人中就有68人战死，差不多300人负伤。7月3日，别动军第3联团也在把防务交给别动军第5联团（联团长：吴明行中校）后，离开了安禄。

随着第1伞兵旅团、第21师团、别动军第3联团以及伞降别动第81联团的离去，安禄战役也彻底结束了。这次战役，是继1968年1—5月西贡战役以来，越南人民军和南越国军在越南南部平原进行的规模最大的生死较量。这次战役，南越国军获得了最终的胜利，可代价却非常昂贵。1973年8月15日，南越国军联合参谋本部对1972年4月1日—8月上旬的禄宁到安禄的系列战役（包括13号公路贯通作战和边界各个哨所的战斗）进行详细统计：南越国军共战死2280人、负伤8564人、失踪2091人、损失单兵武器1846件、多人操作武器118件、坦克装甲车38辆、火炮（105毫米榴弹炮和155毫米榴弹炮）32门；越南共和国空军损失2架C-123运输机、3架AD-6天袭者攻击机、1架轻型观察机、14架直升机；美国空军损失2架C-130运输机、1架A-37攻击机、1架支奴干运输直升机、1架AC-119空中炮艇、3架眼镜蛇武装直升机、1架O2观察机、1架UH-1休伊直升机。宣称击毙越军6464人，俘虏56人。

空中支援方面：越南共和国空军从1972年4月7日—8月3日往安禄出击3337架次战斗机和攻击机，美国空军战斗机和攻击机出击8778架次，

---

① 阮文明中将之所以选择第21师团31团2营，是因为黎文雄曾在1960年任该营营长。

武装直升机出击 6473 架次，B52 战略轰炸机一共实施了 268 次弧光打击。炮兵弹药消耗：678000 发 105 毫米榴弹和 148329 发 155 毫米榴弹。

伞降补给方面：1972 年 4 月 3 日—7 月 12 日，C-130 出动 305 架次，C-123 出动 123 架次，消耗降落伞 3336 个。投下的物资包括 3868 吨食品、弹药和药品，以及 118600 升汽油。安禄战役期间，联军平均每天给安禄补给 35 吨食物、23700 升汽油、7530 发 105 毫米榴弹和 1550 发 155 毫米榴弹，其他物资 91 吨，人员运输 55 人。平均每天可用运输工具为 4 辆载重卡车、35 辆运输卡车、越南共和国空军 9 架 CH-47 和 1 架 C-123，及美国空军 5 架 C-130 运输机，从安禄往平阳省疏散 36179 人次，从安禄往真城疏散 7723 人次。

南越国军损失大，越南人民军损失也很惊人。《越南人民军卫生勤务史第三卷》第 280 页记下了阮惠战役阶段越军一组组沉甸甸的伤亡数字："整个战役[①]共收治 13412 名伤兵，主要方向 10246 人，次要方向 3166 人；同时也收治了 33138 人次的病员。伤病员总数是 46550 人。"[5] 同一页还对各部队在安禄战役阶段的损失及各个技术兵种伤亡率进行了详细区分统计："（1972 年）4 月 4 日—5 月 13 日，第 5 步兵师共有 2034 人伤亡，含伤兵 1534 人。4 月 4 日—5 月 31 日，第 7 步兵师 1956 人伤亡；第 9 步兵师伤亡 3238 人，含 2045 名伤兵。4 月 1—4 日，第 30B 步兵师伤亡 762 人，含 618 名伤兵。[6] 战役阵亡[②]人数占总伤亡的 22.8%，各兵种单位（火线）死亡率都高于步兵：炮兵 33.7%（阵亡 182 人，共伤亡 539 人）、坦克兵 52%（阵亡 73 人，共伤亡 141 人）、特工 53%（阵亡 197 人，共伤亡 334 人）。[7]"

对于担负战役主要进攻任务的越南人民军第 9 步兵师来说，安禄战役是继 1968 年西贡总攻击失败后又一个苦涩的回忆。越南人民军第 9 步兵师战史记载："1973 年 1 月 19 日，阮惠战役结束。结果是我军歼敌 13000 多人（俘虏 5381 人），缴获 282 辆军事车（含 12 辆坦克装甲车）、45 门火炮、6000 多支枪，击落击毁 400 架飞机。仅第 9 步兵师就有 1179 名干部战士牺牲，

---

① 阮惠战役，1972 年 3 月 30 日—1973 年 1 月 28 日。
② 越南语直译是"火线死亡"。

4494 位同志负伤，含 50% 的党员以及超过 20% 的排团级干部。[8]"不过，第 9 步兵师记载的牺牲数字并不正确，按照前面卫生勤务史的统计，越军第 9 步兵师仅 4 月 4 日—5 月 31 日就战死 1193 人，根本不可能全年才牺牲 1179 人。不管怎么说，越军 3 个主力师在阮惠战役中损失惨重，累计损失仅次于 1968 年总攻击，这是黎明前最大的挫折。不过，巴黎协定的签署和美军撤离越南南方，让他们看到了胜利的希望。美军走了，胜利不远矣！

注释

1. Đại đội Tăng 6 bị địch bắn cháy bảy trong tổng số tám xe trong thị xã An Lộc (trừ một xe của đại đội trưởng và hai xe bị sa lầy ở ngoài thị xã).

2. Ngày 14 tháng 4, địch đổ bộ một tiểu đoàn dù xuống Núi Gió. Ngày 15 tháng 4, Đại đội Tăng 8 sử dụng chín xe T54 và hai xe cao xạ tự hành tiếp tục tiến công thị xã An Lộc lần thứ 2 từ hướng bắc, tuy cùng bộ binh chiếm được phần lớn khu dân sự, nhưng không đủ sức phát triển, ta tổn thất năm xe.

3. Ngày 18 tháng 4, Đại đội Tăng 6 sử dụng ba xe tăng lại cùng bộ binh đánh vào thị xã lần thứ 3, tiến gần đến sở chỉ huy sư đoàn 5 ngụy thì bị chặn lại. Trận đánh cũng không đạt kết quả, ta tổn thất hai xe.

4. 18 trong số 25 xe tăng bị phá hủy và hư hỏng nặng. Tiểu đoàn 7 (Trung đoàn 3) có ba đại đội, số quân đi chiến đấu là 105, bị thương vong 82 cán bộ, chiến sĩ. Các đơn vị khác cũng bị tổn thất nặng.

5. Trong chiến dịch đã thu dung cứu chữa 13.412 thương binh, trong đó có 10.246 thương binh ở hướng chủ yếu và 3.166 thương binh ở hướng thứ yếu; đã thu dung cứu chữa 33.138 lượt thương binh, tổng số có 46.550 lượt thương binh, bệnh binh.

6. Từ ngày 4 tháng 4 đến ngày 13 tháng 5, sư đoàn 5 có 2.034 thương vong, trong đó có 1.534 thương binh. Từ ngày 4 tháng 4 đến ngày 31 tháng 5, sư đoàn 7 có 1.956 thương vong, sư đoàn 9 có 3.238 thương vong, trong đó 2.045 thương binh. Từ ngày 1 tháng 4 đến ngày 30 tháng 4, sư đoàn 30b có 762 thương vong, trong đó 618 thương binh.

7. Tỷ lệ tử vong hỏa tuyến cả chiến dịch là 22,8% so với tổng số thương vong, các đơn vị binh chủng có tỷ lệ tử vong cao hơn bộ binh: pháo binh 33,7% (tử vong 182, thương vong 539), xe tăng 52% (tử vong 73, thương vong 141), đặc công 53% (tử vong 197, thương vong 334).

8. Ngày 19 tháng 1 năm 1973, chiến dịch Nguyễn Huệ kết thúc. Kết quả ta loại khỏi vòng chiến đấu hơn 13.000 tên địch (bắt 5.381 tên), thu 282 xe quân sự (có 12 xe tăng, xe bọc thép)ii, 45 khẩu pháo, hơn 6.000 súng các loại, bắn rơi và phá hủy 400 máy bay. Riêng Sư đoàn 9, có 1.179 cán bộ, chiến sĩ hy sinh, 4.494 đồng chí bị thương, trong đó trên 50 phần trăm là đảng viên, hơn 20 phần trăm là cán bộ từ trung đội đến trung đoàn.

参考资料

越军资料：

[1] BỘ QUỐC PHÒNG CỤC QUÂN Y – TỔNG CỤC HẬU CẦN（越南国防部总后勤局——卫生局）.Lịch sử quân y quân đội nhân dân Việt Nam tập II (1954-1968)[M].NHÀ XUẤT BẢN QUÂN ĐỘI NHÂN DÂN,Hà Nội–1995.

[2] HỒ KHANG.Lịch sử kháng chiến chống Mỹ, cứu nước 1954-1975,tập 5[M].Chính trị quốc gia,2008.

[3] Thanh Nhàn Nguyễn, Vietnam. Quân đội nhân dân.Quân đoàn 4.Lịch sử Sư đoàn bộ binh 9, 1965-2010[M]. Nhà xuất bản Quân đội nhân dân,2010:643.

[4] Khu VIII-Trung Nam Bộ kháng chiến chống Mỹ, cứu nước,1954-1975[M].Chính trị quốc gia, 2001:759.

[5] Hải Phụng Trần, Phương Thanh Lưu.Lịch sử Sài Gòn, Chợ Lớn,Gia Định kháng chiến, 1945-1975[M]. Nhà xuất bản Thành phố Hồ Chí Minh,1994:702

[6] Hồ ˋng Lĩnh Lê.Cuộc đồng khởi kỳ diệu ở miền Nam Việt Nam, 1959-1960[M].Nhà xuất bản Đà Nẵng,2006:389.

美军资料：

[1] Commanding General United States Military Assistance Command,Vietnam ATTN.

[2] The Defense of Saigon 14 December 1968，HQPACAF Directorate,Tactical Evaluation CHECO Division，Prepared by:Maj.A.W.Thompson，Project CHECO 7th AF,DOAC.

《奠边府战役》

抗法战争传奇

越南立国战争

开启东南亚独立崛起运动先河

《神话、谎言和奇迹：溪山血战》

从越美双方视角披露越战声势浩大的围困与反围困战

140张资料图及作战态势图

《兰山血、广治泪：从南寮—9号公路大捷到广治大会战》

冷战时期亚洲地区规模最大的火力战役

钢铁火海和血肉之躯的较量

《神话与现实：1975年西贡大捷》

从福隆到西贡

1975年春季攻势纪实

解密南越国军的溃散

单兵作战技能手册

COMBAT SKILL MANUAL

OF THE SOLDIER

单兵作战
技能手册

邓敏 编著

COMBAT SKILL
MANUAL
OF THE SOLDIER

360 余幅示意图详细展示每
名士兵都应具备的战斗技能

内容源于美国陆军部陆军司令部（Headquarters
-Department Of The Army）颁布的作战训练条例
和美国陆军步兵学校（US Army Infantry School）
的训练手册

COMBAT
MANUAL
OF THE SOLDIER

内容源于美国陆军部陆军司令部颁布的作战训练条例和
美国陆军步兵学校的训练手册